„Und wenn du nicht sprichst wie alle..."

Zur schulischen Nichtaussonderung von Kindern mit Sprachbehinderungen

Inge Katharina Krämer

Centaurus-Verlagsgesellschaft
Pfaffenweiler 1994

Die Deutsche Bibliothek – CIP-Einheitsaufnahme

Krämer, Inge:
"Und wenn du nicht sprichst wie alle..." : zur schulischen
Nichtaussonderung von Kindern mit Sprachbehinderungen /
Inge Katharina Krämer. – Pfaffenweiler : Centaurus-Verl.-Ges.,
1994
 (Reihe Pädagogik ; 9)
 Zugl.: Berlin, Techn. Univ., Diss., 1993
 ISBN 3-89085-731-0
NE: GT

ISSN 0930-9462

Satz: Vorlage der Autorin
Druck: Difo-Druck GmbH, Bamberg

Vorwort

Die vorliegende Arbeit stellt eine überarbeitete Form meiner Dissertation dar, die im Sommer 1993 am Fachbereich Erziehungswissenschaft der Technischen Universität Berlin angenommen wurde. Sie ist das Ergebnis meiner achtjährigen praktischen Tätigkeit als Sonderschullehrerin und meiner Arbeit als wissenschaftliche Mitarbeiterin am Fachbereich Erziehungswissenschaft der Universitäten Hannover und Berlin.

Das vorliegende Buch verfolgt das Ziel, Praktiker/innen dazu zu ermutigen, den Weg zur gemeinsamen Erziehung von Kindern mit und ohne Behinderungen zu beschreiten.

Mein besonderer Dank gilt den Professorinnen Dr. Hildegard Heidtmann und Dr. Jutta Schöler, die mich ermutigt und engagiert beraten haben und den Werdegang meiner Arbeit von Anfang bis Ende intensiv begleiteten.

Für die inhaltliche Diskussion und Zusammenarbeit bei der Gestaltung des Manuskriptes und der Abbildungen danke ich Frau Fabienne Parmentier. Ebenso danke ich Herrn Frank Dreisow, der meinen Text in kurzer Zeit in eine ansprechende Form brachte und Herrn Rainer Appelt, der die reprofähige Druckvorlage für das vorliegende Buch erstellte.

Hannover, Oktober 1993   Inge Katharina Krämer

Inhaltsverzeichnis

I. Einleitung

Die vorliegende Arbeit ist vor dem Hintergrund meiner langjährigen beruflichen Erfahrungen als Sonderschullehrerin entstanden. Acht Jahre war ich als Klassenlehrerin und Sprachtherapeutin an verschiedenen Sonderschulen für sog. verhaltensgestörte, körperbehinderte und lernbehinderte Schüler/innen tätig. Während dieser Zeit habe ich eindrücklich erlebt, daß Probleme meiner Schüler/innen in den meisten Fällen weniger in ihren Schädigungen, sondern in ihrem gesamten Lebensumfeld begründet waren. Den Kindern, die Sonderschulen besuchen - unabhängig davon, um welche Institution es sich handelt- werden durch ihre Isolation von allen anderen Schülern/innen wichtige Anregungen zum Lernen und für ihre Persönlichkeitsentwicklung vorenthalten. Nicht nur für die Schüler/innen bringt der Besuch einer Sondereinrichtung Isolationserfahrungen mit sich, sondern auch für die dort arbeitenden Lehrer/innen.

Deshalb stellt meine Arbeit das Ergebnis eines langjährigen Prozesses des Fragens, Suchens und Forschens nach Möglichkeiten zur Veränderung der (Sonder=)Schule dar. Den vier übergeordneten Kapiteln liegen meine Hauptfragestellungen zugrunde. Sie beziehen sich auf die Frage nach

- den aktuellen Rahmenbedingungen des Lernens und Lehrens in(Sonder=)Schulen für Sprachbehinderte,
- den gesamtgesellschaftlichen und schulorganisatorischen Bedingungen für eine Schule ohne Aussonderung,
- den Kooperationsmöglichkeiten zwischen Eltern, Regel- und Sonderpädagogen/innen bei der Sprachförderdiagnostik in Integrationsklassen und
- der Umsetzbarkeit einer solchen Konzeption im Praxisfeld.

Diese Fragestellungen haben sich während meines Entwicklungs- und Forschungsprozesses mehrmals verändert, sowohl durch die Auseinandersetzung mit verschiedenen Theorien und durch die Diskussion mit Lehrern/innen, Wissenschaftlern/innen und Schulverwaltungsbeamten/innen als auch durch Menschen mit Behinderungen.

Die verschiedenen Menschen mit Behinderungen, denen ich begegnet bin, haben mein Denken beeinflußt. Ihre Art, verbal und nonverbal Kontakt aufzunehmen, sich zu behaupten, sich nicht an den Rand der Gesellschaft drängen zu lassen, sind ebenso bestimmend für Inhalt und Methode meiner Arbeit wie die Erkenntnis der gesellschaftlichen Ausschlußmechanismen, mit denen sie täglich kämpfen.

Auch Kinder mit Normabweichungen im sprachlich-kommunikativen Bereich haben - manchmal schon im Kindergartenalter - mit gesellschaftlichen Ausschlußmechanismen zu rechnen. Auf die individuelle Bedrohung und Chance, die für die /den Einzelne/n mit einer Normabweichung im sprachlich-kommunikativen Bereich verbunden sein *kann*, verweist der Titel des Buches; er lautet: *„Und wenn du nicht*

*sprichst wie alle...“ Zur schulischen Nichtaussonderung von Kindern mit Sprach-
behinderungen.*
Auf die Verwendung des Integrationsbegriffes habe ich bewußt verzichtet. Er wird
innerhalb der Sprachbehindertenpädagogik unter einem inhaltlichen Tenor verwendet, der nicht mit meinem pädagogischen Grundverständnis übereinstimmt. Namhafte
Fachvertreter/innen der Sprachbehindertenpädagogik favorisieren seit ca. 20 Jahren
das Prinzip der Integration durch Rehabilitation (vgl. z.B. Braun/Homburg/Teumer
1980; Knura/Neumann 1982; Orthmann 1969). Den Ausgangspunkt ihrer Überlegungen bildet die gestörte Sprache und deren Auswirkungen auf die Persönlichkeitsentwicklung (vgl. Orthmann 1969). Aus diesen werden besondere Erziehungsbedürfnisse abgeleitet, die sich - nach der Logik dieser Argumentation - speziell für die
Personengruppe mit Sprachstörungen beschreiben lassen (vgl. Knura 1982). Im Sinne
einer anthropologischen Kategorie beschreibt Orthmann den 'dominant Sprachbehinderten' als Menschentypus mit speziellen Merkmalen wie z.b. 'normaler'
Intelligenz bei einem gestörten Lern-, Leistungs- und Sozialverhalten (vgl. Orthmann
1969). Die 'Erziehungsbedürfnisse' dieser so kategorisierten Personengruppe sind in
der Schule für Sprachbehinderte zu realisieren, so die fachwissenschaftliche Festlegung (vgl. Teumer 1972). Durch die Rehabilitation eines Kindes in einer Sondereinrichtung sollen die Voraussetzungen für seine spätere Integration geschaffen
werden. Somit hat ein Kind Vorleistungen im Sinne einer Annäherung und Anpassung
an normative Vorstellungen und Erwartungshaltungen zu erbringen, damit es den
privilegierten Status der Integration erreicht. Homburg bringt die Maßgabe von der
Rehabilitation durch Integration auf folgenden Nenner:

> „In sprachheilpädagogischen Arbeitsfeldern rechtfertigt die Ziel-Mittel-Relation eine zeitwei-
> lige Separierung (...). Die in der Integrationsdebatte gegenüber „der" Sonderschule vorgetragene
> Kritik trifft die Sprachheilschule nicht. Diese ist eine Durchgangsschule, die nach dem Normal-
> schullehrplan unterrichtet und den übergroßen Teil ihrer Schüler wieder auf die allgemeine
> Schule zurückführt" (Homburg 1986, 210).

Mit dem innerhalb der Sprachbehindertenpädagogik vorherrschenden Integrations-
verständnis sind folgende Ziele verbunden:

> „(...) die Entwicklung in fachlich abgesicherten und für alle überschaubaren Schritten voranzu-
> treiben, ohne dabei den heute erreichten Standard sprachheilpädagogischer Versorgung durch
> eine vorschnelle Auflösung bewährter rehabilitativer Systeme zu gefährden" (DGS 1988, 125).

Die Frage danach, unter welchen Rahmenbedingungen und mit welchen Intentionen
zur Zeit innerhalb dieser 'bewährten rehabilitativen Systeme' - Schule für Sprachbehinderte und unterrichtsbegleitende Sprachförderung - gearbeitet wird, behandele
ich im *Kapitel III* meiner Arbeit.

Mein pädagogisches Verständnis basiert auf der Konzeption der Nichtaussonderung
und legt eine interaktionistische Sichtweise der Austauschprozesse zwischen dem
einzelnen Menschen und seinem Umfeld zugrunde. Von der Gestaltung dieses

Verhältnisses sind die individuellen Chancen zu lernen und sich zu entwickeln abhängig. Eine individuell vorhandene Schädigung wie z.b. eine Gaumenspalte oder eine Sprachstörung infolge einer Hirnschädigung stellt keine Rechtfertigung dar, um diesen Menschen der Kategorie der 'Sprachbehinderten' zuzuordnen. Ziel meiner pädagogischen Bemühungen ist es, die individuellen sprachlich-kommunikativen Fähigkeiten zu analysieren und weiter zu entwickeln im Hinblick auf ein größeres Maß an Funktionalität und pragmatischer Verwendbarkeit im sozialen Umfeld. Nach diesem Verständnis wird eine (Sprach-)Behinderung als das Ergebnis unangemessener Sozialisationsbedingungen betrachtet, oder - wie Sander formuliert - es liegt dann eine (Sprach-)Behinderung vor, wenn „(...) ein Mensch aufgrund einer Schädigung oder Leistungsminderung ungenügend in sein vielschichtiges Mensch-Umfeld-System integriert ist" (Sander 1988, 81). In meinem Plädoyer für eine Schule ohne Aussonderung (*Kapitel II*) untersuche ich, welche gesamtgesellschaftlichen und schulorganisatorischen Bedingungen und Veränderungen notwendig sind, damit die allgemeine Schule tatsächlich eine Schule für alle Kinder wird. In diesem Zusammenhang werden Leitideen einer nichtaussondernden Erziehung und Bildung beschrieben.

Neben den Menschen mit Behinderungen sind es unterschiedliche theoretische Einflüsse, welche den Inhalt meiner Arbeit maßgeblich bestimmen. Sie haben immer wieder Konflikte in meinem Denken ausgelöst und zu inhaltlichen Kursänderungen geführt. Die Zugrundelegung nur einer einzigen Theorie beschränkt die Tätigkeit des Erkennens insofern, als sie nur einen bestimmten Bereich der Wirklichkeit erklären kann und andere im Dunkeln bleiben. Deshalb fließen in meinen konkreten Arbeitszusammenhang Grundannahmen der materialistischen Behindertenpädagogik, die im Wesentlichen durch Feuser und Jantzen geprägt ist, ebenso ein wie der ökologische Ansatz von Bronfenbrenner und der ökosystemische Ansatz Sanders, der in gewisser Weise als eine Synthese aus beiden betrachtet werden kann. Nicht zuletzt sind es die Grundannahmen des interaktionistischen Spracherwerbsansatzes, die einen Bezugsrahmen für meine Arbeit darstellen. Die genannten theoretischen Grundlagen sind Gegenstand von *Kapitel IV*.

Vor diesem theoretischen Hintergrund habe ich die „Analyse sprachlich-kommunikativer Fähigkeiten eines Kindes in seinem Umfeld (SKFU-Analyse)" entwickelt. Sie liefert eine wichtige Antwort auf meine Frage, wie Eltern, Grund- und Sonderschullehrer/innen gemeinsam den Prozeß der sprachlich-kommunikativen Förderung eines Kindes in einer Integrationsklasse - im Sinne einer Kooperation - gestalten können. Kooperation meint das Verfolgen gemeinsam entwickelter pädagogischer Zielsetzungen. Die Fähigkeit zu professioneller Kooperation kann bei Lehrern/innen jedoch aufgrund ihrer Ausbildung nicht vorausgesetzt werden. Deshalb ist die von mir entwickelte und erprobte SKFU-Analyse für Lehrer/innen eine Unterstützung in ihrer konkreten Arbeit und der erste Schritt in Richtung Professionalisierung. Die SKFU-Analyse gibt eine feste Struktur vor, welche eine Orientierung für die Zusammenarbeit bietet. Sie erleichtert die Strukturierung und Reflexion von Sprachförderprozessen.

Die SKFU-Analyse ist als förderdiagnostische Methode konzipiert und stellt einen konkreten Beitrag zur Nichtaussonderung dar. Ziel dieser Analyse ist es, herauszufinden, welche Art der individuellen pädagogischen Unterstützung ein Kind beim sprachlich-kommunikativen Lernen braucht. Die im Rahmen der SKFU-Analyse vorgeschlagene Arbeitsweise weicht von traditionellen Methoden ab, denn die sprachlich-kommunikative Störung eines Kindes als solche steht nicht im Vordergrund. Viel wichtiger ist es herauszufinden, wie das Kind selbst, dessen Eltern und Lehrer/innen die Relevanz der Störung für die gesamte Lebenssituation einschätzen. Somit ist der wesentliche Ansatzpunkt nicht das Beheben einer Störung, sondern die kooperative Entwicklung von Fördervorschlägen, die an den Fähigkeiten des Kindes anknüpfen.

Die Entwicklung der SKFU-Analyse ist in enger Rückkoppelung mit den Bedingungen des pädagogischen Feldes geschehen. Nach der Fertigstellung des theoretischen Konzeptes bot sich die Möglichkeit an, das Material erstmalig zu erproben. Dabei ging die Initiative von Eltern, deren Tochter eine Integrationsklasse besucht, und ihrer Klassenlehrerin aus. Sie hatten sich entschlossen, Lindas Sprachförderung innerhalb der Schule durchzuführen. Sie baten mich um Unterstützung bei diesem Prozeß. Dadurch hatte ich nahezu zwei Monate lang Gelegenheit, meine Konzeption an den praktischen Gegebenheiten zu überprüfen und zu modifizieren. Im *Kapitel V* dokumentiere ich den Ablauf der SKFU-Analyse anhand des Fallbeispieles von Linda, ihrer Lehrerin und ihrer Familie.

Mein methodisches Vorgehen ist an den Grundsätzen handlungswissenschaftlich orientierter Forschung ausgerichtet. Handlungsforschung verfolgt u.a. das Ziel als Wissenschaft verändernd auf die pädagogische Praxis einzuwirken. Ein wichtiges Ziel meines Vorgehens als Forscherin sehe ich in der Herstellung eines gleichberechtigten Verhältnisses zwischen mir und den Menschen, in deren Alltag ich eintrete, um fachwissenschaftliche Fragen zu klären. In diesem Sinne halte ich es für wichtig, daß alle an meiner Untersuchung Beteiligten in den Forschungsprozeß einbezogen wurden. Ich habe z.B. mehrere Expertengespräche mit Schulaufsichtsbeamten/innen, Lehrer/innen und Eltern geführt, deren Ergebnisse in den Kapiteln 5.2., 6.3. und 8. dokumentiert sind. Dabei habe ich mich in meinem Vorgehen stets an den Praxisgegebenheiten orientiert, d.h. an Fragestellungen der Betroffenen angesetzt, gemeinsam mit ihnen nach Lösungen für ihre konkreten Probleme gesucht und für sie relevantes Material bereitgestellt u.ä.. Meine schriftlichen Ergebnisse habe ich den Befragten zugänglich gemacht, ihre Änderungsvorschläge mit ihnen diskutiert und diese in meine Darstellung einbezogen. Insofern ist meine Arbeit auch das Ergebnis eines Interaktionsprozesses zwischen mir, den von Behinderung Betroffenen, den Eltern und einer Anzahl praktisch tätiger Pädagogen/innen.

Das wesentliche Ziel meiner Arbeit sehe ich darin, einen konkreten Beitrag zur Nichtaussonderung von Kindern mit Sprachstörungen zu liefern. Meine Arbeit beinhaltet Vorschläge auf theoretischer und praktischer Ebene, die Wege zur Überwindung isolierender Bedingungen aufzeigen. Die gesamte Konzeption eröffnet

Möglichkeiten zur Kooperation zwischen Lehrern und Lehrerinnen verschiedener Schulformen. Die Mitwirkungsmöglichkeiten von Eltern bei der Sprachförderung ihres Kindes werden dadurch erweitert, daß sie als Experten anerkannt werden. Kinder mit Sprachstörungen werden nach der Maßgabe der nichtaussondernden Pädagogik und im Rahmen der SKFU-Analyse nicht als Objekte der Erziehung behandelt, sondern sie sind Protagonisten ihrer (Sprach-)Entwicklung .

Die folgenden sprachlich-redaktionellen Anmerkungen dienen dem besseren Verständnis meiner Arbeit. Den Personenkreis, der nach dem traditionellen Verständnis 'sprachbehinderte Schüler' genannt wird, bezeichne ich als „Schüler/innen, die individuelle pädagogische Unterstützung beim sprachlich-kommunikativen Lernen brauchen". Auf die Frage der Terminologie nehme ich im Kapitel 4.1. ausführlicher Bezug. Im Sinne einer nichtaussondernden Pädagogik stigmatisierende Bezeichnungen werden in meinem Text in einfache Anführungsstriche gesetzt.

Aus der englischsprachigen Fachliteratur übernommene Zitate habe ich übersetzt und wie folgt gekennzeichnet: (Übers. I.K.K.). Für das Dilemma einer angemessenen sprachlichen Berücksichtigung der Tatsache, daß es männliche und weibliche Personen gibt, ist meines Wissens bisher keine sinnvolle Lösung gefunden worden. Ich habe mich für die Nennung der maskulinen und femininen Form entschieden.

II. Plädoyer für eine Schule ohne Aussonderung

1. Die Idee der Integration und der Nichtaussonderung

1.1. Leitideen einer nichtaussondernden Erziehung und Bildung

Nichtaussonderung und Integration sind keine trennscharfen Begriffe. Im Sprachgebrauch wie in der Fachliteratur wird vorwiegend der Terminus Integration verwendet, wenn von dem gemeinsamen Schulbesuch von Kindern mit und ohne Behinderungen die Rede ist. Innerhalb der Sprachbehindertenpädagogik wird insofern Begriffsverwirrung betrieben, als eine aussondernde Einrichtung wie die Schule für Sprachbehinderte, von Homburg als „Modell für Integration" bezeichnet wird (Homburg 1986).

Mir geht es im Folgenden nicht um eine terminologische Abklärung des Integrationsbegriffes, sie kann bei Kobi und Bleidick nachgelesen werden (Bleidick 1988, 57f; Kobi 1988). Ich vernachlässige ebenfalls Überlegungen von Autoren/innen, die sich auf einer rein philosopisch-hermeneutischen Ebene bewegen und keine konzeptionellen Vorschläge hinsichtlich organisatorischer Durchführung und Beschreibung von Rahmenbedingungen liefern. Vielmehr setze ich mich mit Positionen auseinander, welche die Integration als Menschenrecht, als humane demokratische Verpflichtung (vgl. Wocken 1987, 72) begreifen und als einziges Bollwerk, um das Lebensrecht von Menschen mit Behinderungen zu schützen (vgl. Feuser 1991).

Die Bestimmung des eigenen Standortes erfolgt unter Rückgriff auf die Arbeiten der Integrationsforscher/innen Georg Feuser, Alfred Sander, Jutta Schöler und Hans Wocken. Eine Berechtigung ausgerechnet diese Wissenschaftler/innen in einem Atemzug zu nennen, leitet sich aus der Tatsache ab, daß in vielfältiger Weise Übereinstimmungen hinsichtlich ihres Integrationsbegriffes, ihrer Forschungsmethoden und -ergebnisse festzustellen sind.

Den grundlegenden Ausgangspunkt der Argumentation aller genannten Wissenschaftler/innen stellt die anthropologische Prämisse dar. Sie beinhaltet die Annahme des Menschen als Mensch in seinem So-Sein und betrachtet ihn als Wesen, das mit unaufgebbarer Würde und Individualität ausgestattet ist (vgl. auch Bönsch 1990, 1). Die Aussonderung von Menschen mit Behinderungen - aus den allen anderen zugänglichen Lebenszusammenhängen - verstößt gegen die Menschenwürde und stellt eine zusätzliche Behinderung in der Persönlichkeitsentwicklung dar. Es erwiesen, daß die Voraussetzung einer umfassenden Persönlichkeitsentwicklung in der Vielfalt der sozialen Beziehungen eines Menschen und der angemessenen Organisation seiner Entwicklungsprozesse zu suchen ist (vgl. Jantzen 1987, 260-280). Feuser spricht von der „fortschreitenden psychischen Verkrüppelung gerade dieser Menschen (mit Behinderungen, Anm. I.K.K.) durch das Diktat ihrer Isolation" (Feuser 1981, 5).

Reichmann unterscheidet innere und äußere isolierende Bedingungen. Krankhafte Prozesse, Sinnesschäden, Bewegungsbeeinträchtigungen, Störungen des Zentralnervensystems werden als innere isolierende Bedingungen aufgefaßt (Reichmann 1984, 310-317). Schulische Aussonderung wird von Feuser als Maßnahme der äußeren Isolation bezeichnet. Äußere isolierende Bedingungen ergeben sich aus der sozialen Lebenssituation und werden beispielsweise durch eine sonderpädagogische Diagnose eingeleitet. Mit Feuser ist festzustellen, daß isolierende Lebensbedingungen einen zentralen Faktor darstellen, der zu einer beeinträchtigten Persönlichkeitsentwicklung führt. Er schreibt:

> „Humanbiologie, Neuropsychologie und Lernpsychologie, denen wir uns wissenschaftlich besonders verpflichtet fühlen, belegen seit Jahren, daß das Lernen aller Menschen denselben Grundbedingungen der zentralnervösen und psychischen Organisation ihrer Austauschprozesse mit der Umwelt folgt. Eine individuelle Beeinträchtigung kann bei entsprechender Strukturierung und Organisation der Lernprozesse weitgehend durch soziale Intervention ausgeglichen werden bzw. würde durch eine integrative Förderung zumindest nicht noch durch Ausschlußpraktiken verschlimmert" (Feuser 1981, 13).

Als entscheidendste Maßnahme zur Minimierung isolierender Bedingungen betrachtet er die Integration eines Menschen mit Behinderung. Seine umfassende Definition des Integrationsbegriffes lautet:

> „Mit Integration bezeichnen wir i.w.S. die gemeinsame Erziehung, Bildung und Unterrichtung behinderter und nichtbehinderter Kinder und Jugendlicher. Dabei verstehen wir unter Erziehung die Strukturierung der Tätigkeit der Kinder und Schüler mit dem Ziel größter Realitätskontrolle und begreifen Bildung als Ausdruck des Gesamts der Wahrnehmungs-, Denk- und Handlungskompetenzen eines Menschen im Sinne seiner aktiven Selbstorganisation, verdichtet in seiner Biographie. Erziehung und Bildung stehen dabei in einem unauflösbaren Zusammenhang, sie sind zwei Seiten ein und derselben Medaille" (Feuser 1989, 19).

Weitgehender inhaltlicher Konsens zwischen den genannten Wissenschaftlern/innen besteht auch in deren Sichtweise von Behinderung. Sie wird nicht als individuumsbezogenes und hervorstechendes Merkmal eines Menschen, sondern als sozialer Tatbestand und qua Definition festgelegt beschrieben (Feuser 1981, 10f; 1990, 359; Sander 1988b, 220; Schöler 1989a, 12). Feuser liefert eine, in diesem Sinne umfassende Definition des Begriffes Behinderung:

> „Behinderung verstehen wir als Ausdruck jener gesellschaftlichen, ökonomischen und sozialen Prozesse, die auf einen Menschen hin zur Wirkung kommen, der durch soziale und/oder biologisch-organische Beeinträchtigungen gesellschaftlichen Minimalvorstellungen und Erwartungen hinsichtlich seiner individuellen Entwicklung, Leistungsfähigkeit und Verwertbarkeit in Produktions- und Konsumtionsprozessen nicht entspricht. Sie definiert folglich einen sozialen Prozeß und ist in diesem selbst wiederum eine wesentliche Variable. Davon unterscheiden wir humanbiologisch-organische Beeinträchtigungen eines Menschen, die als Bedingungen den Prozeß der 'Be'-Hinderung seiner Persönlichkeitsentwicklung im o.a. Kontext auslösen und modifizieren" (Feuser 1990, 359).

Während Sander (1988b, 220) eine Schädigung als Ausgangspunkt für die Entstehung einer Behinderung ansieht, beschreibt Schöler die allgemeine Schule mit ihrer

Selektionsfunktion als wesentliche Verursacherin für die Diagnose Behinderung:

> „Der weitaus größte Teil aller Kinder, die in der Bundesrepublik Deutschland Sonderschulen
> besuchen, sind Kinder, die wegen 'Entwicklungsverzögerungen', 'Entwicklungsstörungen',
> wegen 'Minimaler Dysfunktionen' oder wegen sozialer Schwierigkeiten erst durch die Schule
> zu Behinderten gemacht werden (...)" (Schöler 1990, 1).

Vor dem Hintergrund der anthropologischen Prämisse und der Annahme der gesellschaftlichen Festlegung von Behinderung ist es ein Gebot der Logik, die vieldisku-
tierten 'Grenzen der Integration' ebenfalls als willkürliche Setzung anzusehen. Der
von Feuser geprägte Terminus von der Unteilbarkeit der Integration wird auch von
Schöler und Wocken inhaltlich vertreten. Schöler schreibt:

> „Wenn es grenzen (der Integration, Anm. I.K.K.) gibt, dann sind dies unsere grenzen. Es sind die
> grenzen der erwachsenen, die grenzen der gesellschaftlichen bedingungen" (1989b, 1).

Wocken verweist auf die Aufgaben einer allgemeinen Pädagogik, in deren Zuständigkeitsbereich die Erziehung und Bildung aller Kinder liegt und schlußfolgert,

> „(...) daß grundsätzlich alle Kinder integrationsfähig sind. Es gibt nicht zwei Klassen von
> behinderten Kindern, integrationsfähige und nicht integrationsfähige" (Wocken 1988a, 88).

Entsprechend der ausgeführten inhaltlichen Gemeinsamkeiten in Grundsatzpositionen
sind Übereinstimmungen im methodologischer Hinsicht festzustellen. Das Vorgehen
der genannten Wissenschaftler/innen ist dem Bereich der Handlungsforschung
zuzuordnen.

Unter Handlungsforschung ist nach Mayring die Art von Forschung zu subsumieren,
die ihre Ergebnisse bereits im Forschungsprozeß in die Praxis umsetzt und als
Wissenschaft verändernd in die Praxis eingreift (vgl. Mayring 1990, 34f). Als
Grundgedanken dieser Forschungsrichtung sind zu nennen:

- direktes Ansetzen an konkreten sozialen Problemen,
- Ablauf der Forschungsprojekte nach   Praxisgegebenheiten ausgerichtet,
- gleichberechtigtes Verhältnis zwischen Forscher/in und Betroffenem,
- praxisverändernde Umsetzung der Ergebnisse im Forschungsprozeß.

Zusammenfassend läßt sich bei den genannten Autoren/innen inhaltliche Übereinstimmung hinsichtlich ihres Verständnisses von Integration darin feststellen, daß sie
von der prinzipiellen Gleichheit aller Menschen ausgehen, Behinderung als soziale
Kategorie definieren, Grenzen der Integration als gesellschaftliche und nicht als
tatsächliche Grenzen ansehen.

Integration wird von ihnen sowohl als Ziel wie als Weg begriffen (Sander 1988b,
224; 1990b, 27). Eine Zusammenschau zu den referierten Positionen bietet die
Abbildung 1.

STANDORTBESTIMMUNG HANDLUNGSWISSENSCHAFTLICH ORIENTIERTER INTEGRATIONSFORSCHER/IN

FORSCHER/FORSCHERIN	AUSGANGSPUNKT DER FORSCHUNG	THEORIEN	METHODEN	INTEGRATIONS-VERSTÄNDNIS	ZIEL
Feuser	entwicklungspsychologische Forschung Sonderinstitutionen als Form äußerer Isolation historischer Bezug(Comenius, Rousseau)	Tätigkeitstheorie materialistische Behindertenpädagogik	Verhaltensbeobachtung	Integration bedeutet, daß alle Kinder am gemeinsamen Gegenstand in Kooperation miteinander auf ihrem Entwicklungsniveau spielen und lernen	- wohnortnahe Integration für alle Schüler/innen - Abschaffung isolierender Lern- und Entwicklungsbedingungen - Veränderung von Schule und Unterricht - Überwindung des viergliedrigen Schulsystems.
Sander	Zweifel an der unterrichtlichen Effizienz der Sonderschule Institutionskritik	systemisches Denken ökosystemischer Ansatz	hermeneutische Interpretation	Integration als allgemein menschlicher Prozeß, in dem jeder sein Leben lang steht	
Schöler	Kritik an der Selektionsfunktion der Schule	systemisches Denken	Fallstudien vergleichende Forschung	Integration als individueller und gesellschaftlicher Prozeß, dialektisches Verhältnis zwischen beiden	
Wocken	politische Idee einer demokratischen Schule	systemisches Denken	empirische Kontrollgruppenuntersuchung soziometrische Verfahren	Integration als humane und demokratische Verpflichtung, die alle angeht	

Abb. 1 Standortbestimmung Integrationsforscher/innen

1.2. Nichtaussonderung bedeutet Veränderung der Schule

Grundlage meiner folgenden Ausführungen ist die wechselseitige Abhängigkeit zwischen Schule und Gesellschaftsystem (vgl. Fend 1974, Hofmann 1991, Klemm et al. 1986, Preuss-Lausitz 1991). Den gemeinsamen Schulbesuch von Kindern mit und ohne Behinderungen begreife ich nicht als vereinzeltes Angebot, das mehr oder weniger zufällig nur dort zustande kommt, wo engagierte Eltern sich dafür einsetzen. Schulische Nichtaussonderung ist ein Reformansatz, der auf längere Sicht zu einer inneren und äußeren Schulreform beiträgt (vgl. Deppe-Wolfinger 1990, 13). Deshalb ist es notwendig, den angesprochenen Zusammenhang von Schulsystem und Gesellschaftssystem zu reflektieren.

Hofmann bezeichnet die Schule als Spiegel der Gesellschaft und beschreibt das Verhältnis zwischen beiden wie folgt:

> „Da Entstehung und Bestand von pädagogischen Strukturen und insbesondere von Schule immer mit Vermittlung der für den Bestand einer Gesellschaft notwendigen Kenntnisse und Fähigkeiten zusammenhängt, muß mit dem gesellschaftlichen Wandel immer auch eine Änderung der pädagogischen Systeme und der Schule einhergehen, wobei immer zugleich eine pädagogische Utopie die gesellschaftlichen und institutionellen Veränderungen anregen kann" (Hofmann 1991, 70).

Hofmann formuliert ein dialektisches Verhältnis zwischen gesellschaftlichem Wandel und pädagogischen Strukturen. Von diesem Zusammenhang gehe ich aus und erörtere anhand von vier Thesen, daß eine Veränderung der Schule die Voraussetzung und das Ergebnis einer nichtaussondernden Erziehung darstellt.

1. Nichtaussondernde Erziehung geht mit Veränderungen auf der gesellschaftspolischen und institutionellen Ebene einher.

Sowohl in Dänemark wie in Italien gingen gesamtgesellschaftliche Veränderungssprozesse in den 60er und 70er Jahren mit Demokratisierungsbestrebungen innerhalb des Schulsystems einher, welche den gemeinsamen Schulbesuch von Kindern mit und ohne Behinderungen als Teil einer gesellschaftlichen Reform mit sich brachten. Anders in Deutschland, wo zwar ebenfalls ab Mitte der 60er Jahre im Zusammenhang mit der Studentenbewegung Reformdiskussionen geführt wurden, diese schlossen jedoch Schüler/innen mit Behinderungen nicht ein (vgl. Klemm 1986, 17).

Die Grundgedanken einer nichtaussondernden Erziehung haben ihren Ursprung im skandinavischen Normalisierungskonzept (vgl. Adam 1977, Thimm 1984) und in der italienischen Theorie und Praxis der gesellschaftlichen und schulischen Nichtaussonderung von Menschen mit Abweichungen, wie z.B. psychischen Krankheiten oder Behinderungen (vgl.Cuomo 1988, Roser 1981, Schöler 1983, 1987a).

Das Normalisierungsprinzip wurde zuerst Ende der 50er Jahre von Bank-Mikkelsen in Dänemark formuliert. Er forderte, daß Menschen mit Behinderungen gleichberechtigt an allen Bereichen des öffentlichen und privaten Lebens teilnehmen können und ihnen ebenso wie anderen gleiche Chancen, Rechte und Pflichten eingeräumt werden (vgl. Adam 1977, 73). Diese Forderungen wurden auf breiter gesellschaftlicher Ebene diskutiert, etwa zeitgleich fand der Begriff der Normalisierung Eingang in die skandinavische Sozialgesetzgebung. Mit der Veränderung der Sozialgesetzgebung wurde Menschen mit Behinderungen per Gesetz ein einklagbares Recht auf ein Leben unter normalen Bedingungen eingeräumt.

In Dänemark fand in den 60er Jahren eine breite gesellschaftliche Diskussion um die Demokratisierung der Schule statt. Das stark selektierende Schulsystem verstoße gegen demokratische Prinzipien, so der Tenor von Schulkritikern und Kritikerinnen (vgl. Lambert 1990, 28f). Diese Auseinandersetzung stellte die Grundlage für die Einführung der neunjährigen obligatorischen Einheitsschule dar. Das im Zusammenhang damit stehende Entwicklungsprogramm für die Volksschule sah im Punkt 5 vor, daß Kinder mit Behinderungen in einem „normalen Schulmilieu" unterrichtet werden können, falls die Eltern dies wünschen (ebenda 28).

Im Sinne des Normalisierungsprinzips ist es, bezogen auf die schulische Situation, für ein Kind (unabhängig von der Schwere seiner Schädigung) normal,

- die Schule an dem Ort zu besuchen, wo es wohnt;
- als Kind wie alle anderen und nicht als 'Behinderte' oder 'Behinderter' behandelt zu werden;
- selbständige Erfahrungen zu machen und Risiken dabei eingehen zu dürfen;
- an dieser Schule auf seine Schädigung abgestimmt personelle und materielle Hilfe, unabhängig von der Höhe der   finanziellen Aufwendungen, zu erhalten;
- Hilfe zu bekommen, damit es die vielfältigen sensorischen,   motorischen und sozialen Erfahrungen gemeinsam mit den Kindern seiner Altersstufe machen kann;
- an Klassenfahrten teilzunehmen;
- den Schutz von nichtbehinderten Freundinnen und Freunden zu genießen.

Am Beispiel Italiens kann aufgezeigt werden, daß die gesellschaftspolitische Aufbruchstimmung in der zweiten Hälfte der 60er Jahre auch die Lebenssituation von Menschen mit Behinderungen zum Gegenstand hatte und zu Konsequenzen auf der institutionellen Ebene führte. Vor allem in Betrieben, innerhalb des Gesundheitssystems und in den Gewerkschaften wurden sehr grundsätzliche Auseinandersetzungen um Menschenrechte und Menschenwürde geführt, die den Zusammenhang von politischen Interessen und der Funktion gesellschaftlicher Institutionen mit ihren hierarchischen Strukturen, wie psychiatrischen Anstalten und Sonderschulen reflektierte (vgl. Jervis 1979, Schöler 1987a). Als Ausdruck eines kritischen öffentlichen Bewußtseins bewerte ich die Tatsache, daß 1974 ein Psychiatrie-Professor in Turin zu fünf Jahren Gefängnis und lebenslangem Ausschluß vom öffentlichen Dienst wegen Mißhandlung seiner Patienten/innen verurteilt wurde (vgl. Papuzzi 1982). Aus den gesamtgesellschaftlichen Diskussions- und Auseinandersetzungsprozessen resultierte u.a. die Auflösung der psychiatrischen Anstalten und Umstrukturierungen im Gesundheitsbereich, ebenso wie Maßnahmen der äußeren und inneren Schulreform.

Schon 1962 war ein Gesetz erlassen worden, das eine achtjährige allgemeine und gleiche Schulpflicht für alle festschrieb (vgl. Schöler 1987a, 22). Weitere wichtige Schulgesetze wurden in den 70er Jahren verabschiedet. Dies sind:

1973 - das Gesetz 477, das die Mitbestimmung von Eltern, Lehrer/innen, nichtlehrendem Personal und Schüler/innen an Schulen demokratisch regelte;

1976 - das Gesetz 517, das die Eingliederung von Schülerinnen und Schülern mit Behinderungen in die Regelklassen der Pflichtschule festlegte;

1977 - wurden die Ziffernzensuren per Gesetz abgeschafft (vgl. Schöler 1987a, 31f).

Die ausländischen Beispiele beleuchten die Bedeutung einer gesamtgesellschaftlichen Verankerung der Nichtaussonderung. Wenn nichtaussondernde Erziehung als isolierte Form der Erziehungspraxis betrieben wird, ist sie nach meiner Meinung über kurz oder lang zum Scheitern verurteilt. In Deutschland steht die öffentliche Diskussion um die Nichtaussonderung noch weitgehend in den Anfängen und es existiert kein gesellschaftlicher Grundkonsens darüber, daß Menschen mit Behinderungen gleiche Rechte haben wie alle anderen Bürger. Beispielsweise gibt es kein Gleichstellungs- oder Antidiskriminierungsgesetz, das mit der dänischen Gesetzgebung vergleichbar ist. Die Belange von Menschen mit Behinderungen werden traditionsgemäß häufiger auf der caritativen als auf der gesellschaftspolitischen Ebene behandelt. Es sind in unserem Land immer noch vorwiegend von Behinderung Betroffene, ihre Eltern und Lehrer/innen und Wissenschaftler/innen, die sich aus beruflichem und in selteneren Fällen aus primär politischem Interesse engagieren. Eine breite Öffentlichkeit, die für demokratische Rechte und Chancengleichheit von Menschen mit Behinderungen eintritt, formiert sich erst in Ansätzen.

2. Nichtaussonderung bedeutet eine Absage an die Gliedrigkeit und Selektion innerhalb unseres Schulsystems

Ein gegliedertes, auf Auslese und Konkurrenz aufgebautes Schulsystem wie das deutsche, bietet schlechte Voraussetzungen für den gemeinsamen Schulbesuch von Kindern mit und ohne Behinderungen. Meistens ist in den alten Bundesländern vom dreigliedrigen Schulsystem die Rede, obwohl es sich eigentlich - schließt man die Sonderschule ein - um ein viergliedriges System handelt und die Gesamtschule als eigenständige Säule betrachtet werden kann.

Schon die Grundschule ist längst keine Schule für alle Kinder, wie dies auf der Grundlage der Weimarer Verfassung durch das Grundschulgesetz 1920 festgelegt wurde (vgl. Muth 1986, 23). Kinder mit Behinderungen werden häufig erst gar nicht gemeinsam mit allen in die Grundschule eingeschult. Schon nach vier Schuljahren trennen sich die Wege der übrigen Kinder und die soziale Heterogenität wird aufgehoben.

Bereits bei der Einschulung in die Grundschule wird überprüft, ob ein Kind als 'schulfähig' gelten kann oder nicht. Es erfolgt entweder eine Zurückstellung vom Schulbesuch oder die Empfehlung für den Besuch einer Sonderschule. Schließlich dienen die an Durchschnittsnormen orientierten Zensuren der Rechtfertigung des Sitzenbleibens, das ein weiteres schulinternes Selektionsinstrument darstellt. Eine Überweisung in die Sonderschule steht außerdem als selektive Maßnahme während der Grundschulzeit zur Verfügung, um Kinder, welche die 'Lernfortschritte der anderen hemmen' könnten, zu entfernen.

Die Selektionsfunktion unseres Schulsystems geht einher mit einer frühzeitigen sozialen Weichenstellung. Schulerfolg und die Dauer des Schulbesuches sind auch heute noch ein wesentlicher Faktor für das Erreichen guter Berufspositionen, die mit sozialer Sicherheit, guten Konsummöglichkeiten und sozialem Aufstieg verbunden sind (vgl. Rolff, 1973, 15; 1992).

Muth stellt einen engen Zusammenhang zwischen dem Gutachten zur Ordnung des Sonderschulwesens, das 1960 von der ständigen Konferenz der Kultusminister publiziert wurde und der „krassen" Entwicklung der Grundschule zur Leistungsschule her (Muth 1986, 23). Es schreibt bundesländerübergreifend allgemeine Richtlinien für die Einrichtung und Benennung von Sonderschulen, für die Lehrerausbildung und die Praxis der Überweisung vor. Im Anschluß an die Veröffentlichung des Gutachtens erfolgte ein starker Ausbau des Sonderschulwesens, zwischen 1960 und 1973 verdreifachte sich die Anzahl der Kinder, die Sonderschulen besuchten (ebenda 20). Zwar konstatiert Muth das „humane Anliegen" dieses Gutachtens, kritisiert aber gleichzeitig, daß den Sonderschulen darin die Funktion einer Entlastung der Volksschule zugeschrieben wurde. Er schreibt:

> „Es muß aufhorchen lassen, wenn man erfährt, wie sehr der Entlastungsgedanke, der in unserem Volke faschistisch belastet ist, noch um 1960 und danach Juristen, Politiker und Pädagogen faszinieren konnte" (Muth 1986, 25).

Letztendlich sind es in Deutschland bisher hauptsächlich Gesamtschulen, welche z.T. auf schulinterne Selektionsmaßnahmen, wie Ziffernzensuren und Sitzenbleiben verzichten und der Heterogenität von Schülern/innen durch Differenzierungsmaßnahmen begegnen und somit den Erfordernissen einer nichtaussondernden Erziehung in gewisser Weise Rechnung tragen.

3. Nichtaussonderung erfordert neue Qualitäten schulischer Arbeit, die den Prinzipien der Ganzheitlichkeit und Verschiedenheit Rechnung tragen.

Grundlegende Arbeitsweisen und Organisationsformen des deutschen Schulsystems basieren auf der Annahme eines Prinzips der Homogenität, das davon ausgeht, daß Kinder und Jugendliche innerhalb von Klassen und Schulformen so zusammengefaßt werden können, daß in etwa gleiche Schüler/innen eine Klasse oder Schule besuchen. Das Bestreben nach künstlicher Herstellung von Homogenität spiegelt sich auf inhaltlicher und schulorganisatorischer Ebene wieder. Kinder werden einmal im Jahr zum gleichen Termin eingeschult, mit der Einschulungsuntersuchung soll gewährleistet werden, daß alle Kinder hinsichtlich ihrer motorischen, kognitiven und sozialen Entwicklung einem annähernd gleichen Standard genügen. Innerhalb einzelner Schulklassen müssen die Schüler/innen in etwa gleichaltrig sein, zur gleichen Zeit das Gleiche lernen und vergleichbare Leistungen erbringen. Zwar können Kinder diesem Dogma der Homogenität nie vollständig entsprechen, da sie verschiedene Individuen mit entsprechend unterschiedlichen Voraussetzungen und Biographien sind; mittels schulischer Selektionsmaßnahmen war und ist es bisher jedoch möglich, den angestrebten Zustand zumindest annähernd herzustellen.

Besonders in den letzten zwanzig Jahren haben gesellschaftliche Wandlungsprozesse eingesetzt, die Auswirkungen im schulischen Bereich zeigen und die das Festhalten der Schule am Prinzip der Homogenität immer zweifelhafter und schwieriger erscheinen lassen. Diese Veränderungen beziehen sich hauptsächlich auf den gesamten Bereich dessen, was unter den Schlagwörtern veränderte Sozialisationsbedingungen, multikulturelle Gesellschaft und Nichtaussonderung von Menschen mit Behinderungen subsumiert werden kann.

Die Beschreibung der Wandlungsprozesse in der kindlichen Lebenswelt und die Folgen der Einwanderung von Menschen aus anderen Kulturkreisen sind eigenständige umfassende Themen, die ich hier nur anreißen kann. Ausführliche Darstellungen über veränderte Sozialisationsbedingungen sind z.B. bei Ernst/Stampfel (1991) und Rolff/Zimmermann (1990), zum Bereich interkulturelle Erziehung z.B. bei Borelli (1986) und Essinger (1990) zu finden. Ich greife einige Aspekte heraus, die mir im Hinblick auf die Diskussion meiner These wichtig erscheinen.

Preuss-Lausitz schließt aus den veränderten Lebensbedingungen eine Gefahr der Individualisierung und Isolierung heutiger Kinder und Jugendlicher (vgl. Preuss-Lausitz 1991, 8). In Anbetracht der Tatsache, daß 40% aller Kinder in Deutschland ohne Geschwisterkinder aufwachsen, ebenfalls 40% nur mit einem Geschwisterkind zusammenleben (nicht-deutsche Kinder ausgenommen) und in Städten 20% aller Heranwachsenden mit nur einem Elternteil leben, fehlen heutigen Kindern oft intime Erfahrungen mit jüngeren, älteren oder gegengeschlechtlichen Menschen. Öffentliche Spielplätze und andere Freiräume, an denen sich Kinder außerhalb ihrer Wohnungen und ohne Beaufsichtigung durch Erwachsene treffen können, weichen einer zunehmenden Bebauung und sind zumindest in Städten häufig kaum noch vorhanden. Durch die Zunahme des öffentlichen Massenverkehrs ist die Unversehrtheit des Lebens von Kindern immer mehr gefährdet. Jedes zweite Kind, das stirbt, stirbt in Deutschland an den Folgen eines Verkehrsunfalls (vgl. Rolff/Zimmermann 1990, 65). Die Straßensozialisation früherer Jahre weicht zunehmend einer Innenraumsozialisation mit eingeschränkten konkreten und sinnlichen Erfahrungsmöglichkeiten, bei der Fernsehapparat, Videogerät und Computer wichtige Sozialisationsinstanzen darstellen (ebenda 72-80, Schnoor/Zimmermann 1988).

16

Die Schule ist aus den genannten Gründen für Kinder ein wichtiger Ort der Begegnung, der sozialen Erfahrungen und muß deshalb dem sozialen Lernen breiteren Raum geben als dies bisher der Fall ist. Durch die Anwesenheit von Kindern mit Behinderungen wird das soziale Verhalten der Mitschüler/innen angesprochen. Zwischenmenschliche Verhaltensweisen, wie das intensive Wahrnehmen und Verstehen der/des Anderen, Geduldigsein, Hilfe und Unterstützung zu geben sind im Schulalltag in Integrationsklassen täglich gefordert. Das alltägliche Zusammensein mit Menschen mit Behinderungen bietet schon für Kinder die Chance ihr eigenes Verhalten, ihre Fähigkeiten und Schwächen aus einer anderen Perspektive zu betrachten. Die Weichen für solche Lernprozesse werden durch gemeinsamen Kindergarten- und Schulbesuch zwischen Kindern mit und ohne Behinderungen gestellt.

Die meiner Arbeit zugrunde liegende Konzeption von der schulischen Nichtaussonderung akzentuiert die Bedeutung der vollen sozialen Teilhabe eines Menschen mit Behinderung an allen Bereichen des gesellschaftlichen Lebens von Beginn an. Sie verweist darauf, daß Behinderung gesamtgesellschaftlich als mögliche Spielart menschlichen Lebens akzeptiert und nicht mit Hilfe pränataler Diagnostik ausgeschaltet werden darf. Die menschliche Heterogenität innerhalb einer Lerngruppe wird als Chance für Lernprozesse und nicht als Zustand begriffen, den es zu verhindern gilt.

Meine folgenden Gedanken beziehen sich auf Kinder nicht-deutscher Herkunft, die ich nicht als 'Ausländer' bezeichne. Ein Großteil von ihnen besitzt zwar keinen deutschen Paß, ist aber in Deutschland geboren, nicht wenigen von ihnen ist die deutsche Kultur vertrauter als die ihres Heimatlandes. Durch ihre zunehmende Anzahl - an Grundschulen sind es 11% aller Kinder - wird das Prinzip der Homogenität ebenfalls unterlaufen (Beauftragte der Bundesregierung 1992, 29). Die Anwesenheit dieser Schüler/innen spricht - ähnlich wie dies bei Kindern mit Behinderungen der Fall sein kann - bei den übrigen Kindern und den Erwachsenen den Umgang mit 'dem Fremden' an. Dadurch entsteht die Möglichkeit 'das Fremde' nicht abzuwehren, sondern Ängste abzubauen und von der Vielfalt, die durch andere Kulturen in die Schule getragen wird, zu profitieren.

Kinder sind neugierig und offen, durch unterschiedliche kulturelle Elemente erfahren sie vielfältige Bereicherungen. Unter entsprechenden pädagogischen Rahmenbedingungen können sie differenzierte Sichtweisen von sich selbst und 'den Anderen' ebenso wie eine Relativierung des Primates der eigenen Kultur entwickeln. Bisher sind Bildungskonzeptionen, die über den Bereich der rein sprachlichen Förderung hinausgehen und die Gleichwertigkeit verschiedener Kulturen vermitteln, wenig verbreitet.

Abschließend formuliere ich weitere Anforderungen an die Schule, welche sich auf ihre Qualifikationsfunktion beziehen. Mit dieser Funktion fällt der Schule die Aufgabe zu, an die nachwachsende Generation Fähigkeiten zu vermitteln und Arbeitsvermögen herzustellen, das dem jeweiligen Stand der technischen Entwicklung und privatwirtschaftlichen Interessen entspricht. Sich wandelnder industrieller Bedarf an spezifischen Qualifikationen spiegelt sich im schulischen Bereich in bestimmten didaktisch-methodischen Konzepten, wie z.b. dem programmierten Unterricht in den 70er Jahren oder dem computergesteuerten Lernen der 80er und 90er Jahre wieder. Allerdings ist es ein Trugschluß anzunehmen, daß mit der Zunahme der Technologisierung in allen Bereichen der Erwerbstätigkeit Qualifikationsanforderungen verbunden seien, die sich auf einfache Spezialtätigkeiten beschränken. Gerade solche Tätigkeiten können von Industrierobotern ausgeführt werden. Neue Produktionskonzepte und Arbeitsplatz-beschreibungen im Bereich der Angestelltenberufe benötigen Mitarbeiter/innen, die über die Kompetenz verfügen, die richtigen Fragen zu stellen, die in der Lage sind, Strukturen zu erkennen und die über soziale Kompetenzen verfügen (vgl. Rolff 1987, 220ff). Die Vermittlung solcher kognitiven und sozialen Kompetenzen erfordert didaktische und methodische Konzeptionen, welche selbständiges ganzheitliches Lernen fördern und die derzeit noch weitverbreitete Zersplitterung und Entfremdung des Lernens in der Schule überwinden.

4. Nichtaussonderung macht die Entbürokratisierung und Dezentralisierung innerhalb der Schule erforderlich.

Ich charakterisiere die deutsche Schule plakativ anhand der drei Merkmale: Hierar-chisierung, starre Organisationsformen und Geschlossenheit. Meine Betrachtungs-ebenen sind einerseits auf das System Schule und seine Verwaltung und andererseits auf die Erwachsenen, die vorwiegend als Beamten/innen Teil dieses Systems sind, gerichtet.

Der stufenweise Aufbau des Schulsystems nach verschiedenen Hierarchieebenen stellt sich folgendermaßen dar:

- Kultusministerium (obere Schulbeh.) *legislative Ebene*
- Bezirksregierung (mittlere Schulbeh.) *administrative Ebene*
- Schulaufsichtsamt (untere Schulbeh.) *administrative Ebene*
- Schule *pädagogische Ebene*

Die pädagogische Arbeit findet an der breiten Basis der einzelnen Schulen statt, während Planungs-, Verwaltungs- und Organisationsaufgaben die Tätigkeiten sind, die hauptsächlich auf den drei übergeordneten Ebenen ausgeführt werden.

Der berufliche Aufstieg eines/einer Beamten/in erfolgt Stufe für Stufe innerhalb der dargestellten Hierarchie. Aufstiegsmöglichkeiten sind an bestimmte Qualifikationsvor-aussetzungen und an das Absolvieren von Prüfungen gebunden. Besonderes Engage-ment von Lehrern/innen außerhalb dieser Strukturen, das sich z.B. auf die Innovation der Schule oder die Übernahme neuer Aufgabenbereiche, wie z.B. der Durchführung gemeinsamen Unterrichtes für Kinder mit und ohne Behinderungen beziehen, wird weder mit Aufstiegsmöglichkeiten, noch finanziell honoriert.

Aufstieg im vorgegebenen hierarchischen System bedeutet für den/die einzelne Beamten/in eine weitgehende bis vollständige Entbindung von der unmittelbaren pädagogischen Arbeit. Ebenso geht der unmittelbare Einblick in die pädagogischen und sonstigen Probleme einzelner Schulen vor Ort dadurch verloren, daß vielfältige Verwaltungsaufgaben und kontrollierende Tätigkeiten besonders von Beamten/innen der mittleren und unteren Schulbehörde durchgeführt werden müssen. Durch diese Organisationsform werden für die pädagogische Arbeit relevante Entscheidungen kaum vor Ort, sondern vorwiegend auf höheren Ebenen getroffen. Diese Tatsache prägt die beruflichen Erfahrungen von deutschen Lehrern/innen und führt zu einem eingeschränkten Maß an Flexibilität und Bereitschaft zur Innovation.

Die hierarchische Organisation auf der Ebene der Schulverwaltung läßt sich im Inneren des Schulsystems in seiner Gliedrigkeit wiederfinden. Darüberhinaus wird der Handlungsspielraum der einzelnen Schule als eigenständiges System und der Lehrer/innen durch eine Vielzahl von Verordnungen, Erlasse und Richtlinien bestimmt und eingeschränkt. Das Merkmal der Starrheit drückt sich in der Vielzahl von Reglementierungen aus, die den unmittelbaren Unterrichtsprozeß bestimmen. Wenn in einer vorgegebenen Zeit eine festgelegte Anzahl von Leistungsnachweisen zu erbringen sind oder bestimmte Lernziele erreicht werden müssen, ist der inhaltliche und organisatorische Rahmen des Unterrichtes dadurch stark festgelegt. Diese Aufzählung von innerschulischen Reglementierungen, welche den pädagogischen Handlungsrahmen von Lehrern/innen kennzeichnet, ließe sich beliebig fortsetzen. M.E. bietet das deutsche Schulsystem mit seinen starren Organisationsformen ungünstige Voraussetzungen für die Nichtaussonderung von Kindern mit Behinderungen und individuellen Bedürfnissen.

Die deutschen Schulen sind in sich verhältnismäßig geschlossene Systeme, - Institutionen, welche Eltern immer noch wenig Raum zur Mitgestaltung und Mitarbeit in der Schule bieten und eine Öffnung zum Stadtteil oder zur Gemeinde nur punktuell und langsam vollziehen. Gegen die Anbindung von Personen mit sozialpädagogischer Kompetenz an die allgemeine Schule, die nicht nur im Hinblick auf den gemeinsamen Schulbesuch von Kindern mit und ohne Behinderungen, sondern z.B. auch im Hinblick auf die Belange von nicht-deutschen Kindern und ihren Eltern wünschenswert wäre, bestehen Vorbehalte.

Ein System, das anhand der Merkmale Hierarchisierung, Starrheit und Geschlossenheit kurz beschrieben wurde, stößt dann in besonderem Maße an seine Grenzen, wenn es Kinder aufnimmt, die sich durch ihre Besonderheit in solche festen Strukturen nicht einfügen lassen.

Es besteht die Notwendigkeit, daß schulorganisatorische Vorgaben gelockert, überprüft und verändert werden können, wenn dies die pädagogischen Notwendigkeiten erfordern. Insofern ist es notwendig, daß in den einzelnen Schulen vor Ort - im Sinne einer Dezentralisierung - aus den Erfordernissen der pädagogischen Situation resultierende Entscheidungen getroffen werden können. Diese Forderung gewinnt besondere Bedeutung in Anbetracht des wohnortnahen Schulbesuches für Kinder mit und ohne Behinderungen, auf den ich im nächsten Kapitel eingehe.

Die folgende Abbildung 2 Ebenen der Nichtaussonderung ist als komprimierte Zusammenfassung der Kapitel 1.2. und 1.3. zu betrachten. Sie stellt inhaltliche Schwerpunkte, die in Kapitel 1.2. behandelt wurden und Gedanken, die in Kapitel 1.3. entwickelt werden im überblick dar.

EBENEN DER NICHTAUSSONDERUNG

INNER-PSYCHISCHE	INTER-AKTIONALE	INSTITU-TIONELLE	GESELL-SCHAFTLICHE
Konfrontation mit der Angst vor Behinderung	Erfahrungen von Gleichheit und Verschiedenheit	Aufbrechen starrer Organisationsstrukturen	Aufgabe utilitaristischer Prinzipien im Umgang mit Menschen
Auseinandersetzung mit dieser Angst	Erweiterung kommunikativer und sozialer Kompetenzen	Demokratisierung Abbau von Hierarchien	Normalisierung als Rechtsprinzip
Bearbeitung und Überwindung von Abwehrmechanismen gegen Behinderung	erhöhte Anforderungen an Kreativität und Flexibilität		Veränderung der Gesetzgebung u. Schulgesetzgebung

Abb. 2 Ebenen der Nichtaussonderung

1.3. Wohnortnaher Schulbesuch als konsequente Form der Nichtaussonderung

Wohnortnaher Schulbesuch bedeutet, daß die Grundschule oder weiterführende Schule ihre pädagogische Arbeit so verändert, daß grundsätzlich alle Kinder aus dem Wohnumfeld gemeinsam lernen können. Kinder mit besonderen Problemen werden nicht mehr an andere Schulen überwiesen (vgl. Heyer et al. 1990, 15).

Wenn Kinder mit Behinderungen die wohnortnahe Schule besuchen sollen, erfordert dies weitreichende konzeptionelle Veränderungen für die Arbeit. Roser bringt die diesbezüglich notwendigen Maßnahmen auf einen prägnanten Nenner, indem er schreibt:

„In einer kindgerechten Schule kann ein behindertes Kind nicht störend sein" (Roser 1981, 17).

Eine kindgerechte Schule berücksichtigt die individuellen Lernbedürfnisse der Heranwachsenden, sie bietet den Erwachsenen angemessene Arbeitsbedingungen und ist eine zur Gemeinde hin offene Institution. Die grundlegenden Prinzipien für die Gestaltung einer kindgerechten wohnortnahen Schule sind bei Feuser/Meyer 1987, Feuser/Wehrmann (1985), Heyer (1988), Heyer et al.(1990) nachzulesen. Ich beschränke mich auf eine tabellarische Darstellung der nötigen Rahmenbedingungen und Prinzipien (in Anlehnung an Feuser/Meyer 1987, 11; vgl. Abb. 3) und konzentriere mich auf die Erörterung möglicher entwicklungspsychologischer Auswirkungen beim einzelnen Kind und der sozialpsychologischen Auswirkung von schulischer Nichtaussonderung innerhalb der Gemeinde.

Entwicklungspsychologische Auswirkungen

Als wichtigster Begründungszusammenhang für wohnortnahen Schulbesuch von Kindern mit Behinderungen ist die Bedeutung der vollen sozialen Teilhabe dieses Personenkreises am Leben, das allen anderen zugänglich ist, zu nennen. Die sozialen Bedürfnisse des Menschen stellen eine wesentliche Triebfeder für die aktive Gestaltung seiner Lernprozesse dar, welche immer im Kontext gesellschaftlicher Verhältnisse ablaufen und durch diese maßgeblich bestimmt werden (vgl. Keseling et al. 1974, 10ff). Die Personen in der sozialen Umwelt sind es, die für ein Kind als Vorbilder, Helfer/innen und Anreger/innen bei seiner Aneignung der Welt fungieren. Wie Feuser und andere Vertreter/innen der Tätigkeitstheorie belegen, führt jede Reduzierung oder Einschränkung hinsichtlich angemessener Sozialbeziehungen zu Störungen und Beeinträchtigungen im Lernen und in der menschlichen Persönlichkeitsentwicklung (vgl. Feuser 1984, 300; Jantzen 1987, 270-280; Probst 1978).

Beim wohnortnahen Schulbesuch orientiert sich das Kind in der Organisation seiner Lernprozesse nicht an künstlichen Scheinwelten, wie dem Schonraumklima einer Sonderschule, sondern an den Anforderungen des realen Lebens. Die Aneignung von Fähigkeiten und Kenntnissen hat Ernstcharakter, Lernanlässe knüpfen am unmittelbaren Erfahrungshorizont an und beziehen das soziale Umfeld, repräsentiert durch Personen und Institutionen, ein.

Erfahrungs- und Lernmöglichkeiten für Menschen ohne Behinderungen

Besonders für die Eltern von Kindern mit Behinderungen bleibt beim wohnortnahen Schulbesuch eine wesentliche Qualität an Lebensbedingungen erhalten, auf die 'Sonderschuleltern' nur in seltenen Fällen zurückgreifen können. Nachmittägliche gemeinsame Spiele entlasten Eltern von der Rolle als Animateure für ihre Kinder mit Behinderungen und ermöglichen die Teilhabe an der wohnortbezogenen gemeinschaftlichen Organisation unter den Eltern. Feuser beschreibt die Bedeutung der Erhaltung von sozialen Zusammenhängen insbesondere für die Eltern und Kinder wie folgt:

> „Grundlegende soziale Bezüge entfalten sich in diesem Sinne (des wohnortnahen Schulbesuches, Anm. I.K.K.) für die Kinder wie ihre Eltern unter Bedingungen räumlicher Nähe viel weitreichender. Man begegnet sich häufig, lernt sich schnell kennen, findet gemeinsame Interessen und Wege der gegenseitigen Hilfe. Auf diese Weise können völlig neue Qualitäten, auch im Austausch der Eltern untereinander entstehen" (Feuser 1985, 384).

Qualitativ neue Erfahrungen bringt der wohnortnahe gemeinsame Schulbesuch zweifelsohne für alle anderen Bürger/innen mit sich, die bei schulischer Aussonderung kaum Möglichkeiten haben, Menschen mit Behinderungen kennenzulernen. Milani-Comparetti und Roser beschreiben Prozesse, die sich auf der interaktiven Ebene zwischen Menschen mit und ohne Behinderungen abspielen unter unterschiedlichen Gesichtspunkten (vgl. Milani-Comparetti 1987, 227-234; Roser 1982, 22; 1987, 38-53; vgl. auch Abb. 2).

Milani-Comparetti analysiert aus psychoanalytischer Sicht den Problemkreis der Angst vor Behinderung, die jeder Mensch in sich trägt. Eine aktive Bearbeitung dieser Angst ist in unserer Gesellschaft nahezu unmöglich. Kinder und Jugendliche können in deutschen Schulen bisher kaum Erfahrungen im Umgang mit Schüler/innen mit Behinderungen sammeln. Schöler geht für das Jahr 1991 davon aus, daß ca. 12 von 10 000 Schülern/innen Erfahrungen mit integrativem Unterricht sammeln konnten (vgl. Schöler 1991, 13). Im unmittelbaren Lebensumfeld des Arbeitsplatzes oder der Konsumsphäre begegnet man Menschen mit Behinderungen kaum in der Rolle als geschäftsfähigen Partnern/innen. Üblich ist es, Menschen mit Behinderungen nur in größeren Gruppen mit anderen Behinderten oder hinter den Scheiben eines 'Behindertenbusses' von Weitem zu sehen. Somit bleibt die Angst vor Behinderung bei den Nichtbehinderten unbearbeitet und wird verdrängt oder verleugnet. Aus dem geschilderten Erfahrungsdefizit innerhalb der Bevölkerung resultieren als Ergebnis Stigmatisierung und soziale Isolierung auf vielen gesellschaftlichen Ebenen.

Roser betont die Bedeutung des aktiven sozialen Austausches zwischen Bürgerinnen und Bürgern mit und ohne Behinderungen, damit eine Wahrnehmung der eigentlichen Probleme, die mit Behinderungen verbunden sind, ermöglicht wird. Auswirkungen, die dieser Umgang auf nichtbehinderte Bürger/innen zeigt, beschreibt er wie folgt:

„Dagegen mit dem Behinderten in einer realen Umwelt leben und wirken, erfordert ein ständiges Überdenken und Suchen, erfordert Krativität, Flexibilität, Auseinandersetzung. Wir sollten uns nicht davor fürchten, denn Sondereinrichtung ist Ausdruck von Angst und Pessimismus, Integration ist Ausdruck einer hofffenden, einer sich entwickelnden Welt" (Roser 1987, 53).

Es folgt eine tabellarische Darstellung notwendiger Rahmenbedingungen und Prinzipien des wohnortnahen gemeinsamen Schulbesuches für Kinder mit und ohne Behinderungen in Anlehnung an Feuser/Meyer (1987, 11).

Wohnortnähe für alle Kinder

Regionalisierung
Unterricht wird im Lebensumfeld organisiert

Dezentralisierung
personelle u. materielle Hilfen am Ort der Lernens

integrierte Therapie
Pädagogik, Unterricht u. Therapie als Einheit

Kooperation
zwischen verschiedenen Berufsgruppen

Kompetenz-Transfer
fachlicher Austausch u. wechselseitige Aneignung von Kenntnissen

Team-Teaching
zwischen Grund- u. Sonderschullehrer/in

Abb.3 Prinzipien wohnortnahen Schulbesuches

2. Gemeinsamer Unterricht als Erziehungs- und Bildungsangebot für alle Kinder

2.1. Vorteile des gemeinsamen Unterrichtes

Im In- und Ausland sind hinlänglich wissenschaftliche Beweise dafür erbracht worden, daß die gemeinsame Unterrichtung von Kindern mit und ohne Behinderungen in didaktisch-methodischer Hinsicht leistbar ist und die humanste Form der Erziehung darstellt. Dies gilt sowohl für den Primar- wie für den Sekundarbereich und unabhängig von der individuellen Schwere der Behinderung (Cuomo 1988, Deppe-Wolfinger/ Prengel/Reiser 1990, Feuser/Meyer 1986, Schley/Boban/Hinz 1989, Schöler 1987a, 1990b). Trotz unterschiedlicher Schwerpunktsetzung der einzelnen Untersuchungen sind die Vorteile integrativer Beschulung übereinstimmend herausgearbeitet worden. Vor allem den betroffenen Eltern sind die Vorteile von nichtaussondernder Beschulung so offensichtlich, daß sie zunehmend mehr nach dieser Organisationsform verlangen und eine Sonderbeschulung für ihre Kinder ablehnen.

Wenn entsprechende Rahmenbedingungen vorhanden sind (vgl. auch Abb. 3), so nützt der gemeinsame Unterricht allen Schülerinnen und Schülern, nicht nur, wie fälschlicherweise oft angenommen wird, den Kindern mit Behinderungen. Als wesentliche Voraussetzungen und Vorzüge integrativen Unterrichtes werden Binnendifferenzierung und ein veränderter Leistungsbegriff beschrieben.

Binnendifferenzierung und Individualisierung

Die Ergebnisse der wissenschaftlichen Begleitforschung von Schulversuchen belegen die positiven Auswirkungen des gemeinsamen Unterrichtes für alle Schüler/innen, insbesondere für leistungsstarke Schüler/innen und Kinder mit sporadischen Problemen. Die Unterrichtsplanung und -durchführung in Integrationsklassen ist bestimmt durch die Heterogenität ihrer Schüler/innen hinsichtlich des Lern- und Entwicklungsniveaus. Deshalb ist die Durchführung eines binnendifferenzierten Unterrichtes zwingend notwendig.

Maßnahmen der Binnendifferenzierung oder inneren Differenzierung sind pädagogische Entscheidungen und beinhalten unterschiedliche Lernangebote innerhalb einer Schulklasse. Innere Differenzierungsmaßnahmen können hinsichtlich der Methoden und Medien bei gleichen Lernzielen und Lerninhalten durchgeführt werden (vgl. Demmer-Dieckmann 1991, 15ff). Eine zweite Form der Differenzierung bezieht sich auf Lernziele und Lerninhalte und wird häuptsächlich in Integrationsklassen praktiziert. Die zuletzt genannte Form der Unterrichtsdurchführung ist nur sinnvoll, wenn sie auf ausführlichen Schülerbeobachtungen basiert. Aufgabe der Lehrer/innen ist die Beschreibung des Lern- und Entwicklungsniveaus der Schüler/innen und die darauf basierende Abstimmung des differenzierten Lernangebotes. Deshalb profitieren gerade leistungsstärkere Schüler/innen durch den Besuch von Integrationsklassen, weil sie ein, ihren individuellen Fähigkeiten entsprechendes Angebot erhalten (Schöler 1989b, 8). Während sich Maßnahmen der Differenzierung auf Schüler/innengruppen innerhalb eines Klassenverbandes beziehen, knüpfen Maßnahmen der Individualisierung unmittelbar an der Lern- und Entwicklungsgeschichte eines einzelnen Kindes an. Individualisierung bezieht sich häufig auf die Lernziele und Lerninhalte und ist als weitestgehende Form der inneren Differenzierung zu kennzeichnen (vgl. Demmer-Dieckmann 1991, 15-34).

Im Verlauf des Schulbesuches treten bei vielen Jungen und Mädchen sporadisch Lernprobleme auf, welche durch binnendifferenzierte Unterrichtsmaßnahmen und einen höheren Personalschlüssel in Integrationsklassen besser berücksichtigt werden können.

Veränderter Leistungsbegriff

Kinder haben im allgemeinen Spaß daran, ihre Fähigkeiten zu erproben - etwas zu leisten. Sie werden mit sehr unterschiedlichen individuellen Voraussetzungen in die Grundschule eingeschult und mit der unpädagogischen Haltung konfontiert, daß plötzlich alle das Gleiche lernen und können sollen. Der Maßstab für schulische Leistungen, die fast ausschließlich kognitiver Art sind, ist eine imaginäre Durchschnittsnorm. Eine Annäherung bzw. Entfernung von dieser Norm wird mit guten oder schlechten Zensuren quittiert. Dies führt dazu, daß ein nicht unerheblicher Teil der Schüler/innen sich als Leistungsversager/innen erleben und mit psychosomatischen Beschwerden (vgl. Müller 1984, 15/16) oder Leistungsverweigerung reagieren.

Trotzdem wäre es eine falsche Konsequenz in der Schule gänzlich auf Leistungen verzichten zu wollen. In Anbetracht der gesellschaftlich notwendigen Qualifikationsfunktion der Schule ist dies nicht möglich und in Anbetracht der geschilderten kindlichen Bedürfnisse, sich zu beweisen, nicht kindgemäß.

Sinnvolle Konsequenz des kurzen Problemaufrisses ist die Entwicklung eines pädagogischen Leistungsverständnisses, wie dies bezogen auf den gemeinsamen Unterricht diskutiert und praktiziert wird (vgl. Wocken/Antor/Hinz 1988, 379-414; Feuser/Meyer 1987, 209-218).

Ein pädagogischer Umgang mit dem Leistungsbegriff bezieht sich im wesentlichen auf die inhaltliche Seite dessen, was unter Leistung gefaßt wird und auf den Problemkreis der Leistungsbeurteilung.

Ein pädagogisches Leistungsverständnis wendet sich auf der Ebene der Inhalte gegen die in der Schule vielfach praktizierte intellektuelle Vereinseitigung, im Sinne der Höherbewertung kognitiver Inhalte. Im Sinne des Bildungsziels der allgemeinen Schule nach allseitiger Entfaltung und Entwicklung der kindlichen Persönlichkeit, läßt sich die hier angesprochene Revision des Leistungsbegriffes zugunsten einer Äquivalenz in der Bewertung von kognitiven und sozialen Lerninhalten mit bestehenden

Schulgesetzen und Rahmenrichtlinien vereinbaren. Feuser/Meyer schlagen beispielsweise vor, soziale, kommunikative und Handlungskompetenzen sowie Kooperationsfähigkeit als Kriterien für Leistungsbeschreibung zugrunde zu legen. Das von ihnen entwickelte „Raster zur intraindividuellen Schülerbeurteilung" ist auf sehr heterogene Schüler/innengruppen anwendbar (vgl. Feuser/Meyer 1987, 213-214).

Im Bereich der Leistungsmessung herrscht gegenwärtig eine Orientierung an sozialen Bezugsnormen vor, d.h. die Leistungen einzelner Kinder (unabhängig von ihren unterschiedlichen Voraussetzungen) werden verglichen und nach den Kriterien 'besser' oder 'schlechter' miteinander in Beziehung gesetzt. Bei dieser Form der Bewertung lernen die Schüler/innen, zueinander in Konkurrenz zu treten, nicht zu kooperieren und werden frühzeitig darauf vorbereitet, in der Gesellschaft existierende Hierarchien zu akzeptieren. Anders bei einer individuellen Bezugsnormorientierung: aktuelle Arbeitsergebnisse eines Kindes werden zu seinen früheren in Beziehung gesetzt, so können Schüler/innen eine positive und kritische Einschätzung ihrer Fähigkeiten und Schwächen erlernen.

Wocken faßt die Vorteile des veränderten Leistungsbegriffe wie folgt zusammen:

„(...) eine individuelle Bezugsnormorientierung fördert das Zutrauen der Schüler in ihr eigenes Leistungsvermögen. Schüler aller Fähigkeitsgrade entwickeln eine wachsende Erfolgszuversicht; sie erleben, daß sie etwas können und stetig dazulernen. Insbesondere leistungsschwache Schüler haben bei individueller Bezugsnormorientierung weniger Angst vor Mißerfolgen und Prüfungen. Gute wie schwache Schüler nehmen wahr, daß sie ihre Tüchtigkeit steigern und ihnen immer mehr Dinge immer besser gelingen" (Wocken/Antor/Hinz 1988, 390).

Bedenken, daß der Unterricht in heterogenen Lerngruppen zu einem Absinken des Leistungsniveaus führen könnte, entkräftet Wocken durch seine Kontrollgruppenuntersuchungen über Schulleistungen in 'normalen' Grundschul- und Integrationsklassen. Während eines mehrjährigen Untersuchungszeitraumes stellte er keine belangvollen Leistungsunterschiede fest. Das Fazit seiner Arbeit lautet:

„Zwischen Integrationsklassen und Regelklassen bestehen keine bedeutsamen Leistungsunterschiede. (...) Die Ausgrenzung behinderter Kinder aus Grundschulen kann daher mit etwaigen Beeinträchtigungen der Leistungsentwicklung nichtbehinderter Kinder nicht begründet und legitimiert werden" (Wocken 1987, 304/305).

Insofern gehe ich davon aus, daß nach der gegenwärtigen Erkenntnislage viel eher Begründungen dafür gefunden werden müssen, wieso ein Kind aus der allgemeinen Schule ausgesondert werden soll, als dafür, daß es integriert wird.

2.2. Nachteile des Sonderschulbesuches

Vielfältige Ergebnisse aus dem Bereich der Unterrichts- und Sozialisationsforschung bestätigen die These, daß Erziehung in isolierten Sonderschulen nicht die effektivste Form der Föderung darstellt (Bleidick 1966, Preuss-Lausitz 1981, Rockemer 1978, Sander 1978). Entsprechende wissenschaftliche Beweise werden ab Anfang der 70er Jahre publiziert und sollen in knapper Form dargestellt werden.

Mangelnde unterrichtliche Effizienz und Ungleichheit im Bildungsangebot

Sander geht im Rahmen einer umfassenden Analyse der Frage nach, ob Kinder mit Aneignungsproblemen im mentalen Bereich an der Schule für Lernbehinderte besser gefördert werden können als in der allgemeinen Schule. Er referiert empirische Untersuchungen über die unterrichtliche Effizienz der Schule für Lernbehinderte im Bereich der Kulturtechniken. Fazit seiner Recherchen ist,

> „(...) daß die Lernbehindertenschule ihre Schüler im Durchschnitt längst nicht so weit fördert, wie vielfach angenommen wird" (Sander 1978, 165; vgl. auch Bleidick 1966, Rockemer 1978).

Probst beschäftigt sich ebenfalls mit der Frage nach der Effizienz der Arbeit in der Sonderschule und verweist darauf, daß mit der Sonderbeschulung eine Gleichheit des Bildungsangebotes für die betroffenen Kinder nicht mehr gegeben ist. Er schreibt:

> „Mit Einsetzen der Sonderbeschulung werden die herausgefallenen Schüler auch noch nach einem reduzierten Lehrplan unterrichtet, der unter Verweis auf ihre mangelnde Begabung nun auch die Gleicheit des Bildungsangebotes für diese Schüler aufhebt" (Probst 1979, 102).

Zwar beziehen sich die Aussagen Probsts auf die Schule für Lernbehinderte, sie decken sich jedoch mit meinen eigenen Erfahrungen als Lehrerin an einer Schule für Körperbehinderte und meinen Beobachtungen als Dozentin während vieler Unterrichtshospitationen in unterschiedlichen Sonderschulformen.

Gefahr sozialer Desintegration und Stigmatisierung von Sonderschülern/innen

Obwohl für viele Kinder die Umschulung in eine Sonderschule vorübergehend eine subjektive Entlastung vom Leistungsanspruch der allgemeinen Schule mit sich bringen kann, führt der Besuch dieser Institution langfristig eher zur sozialen Desintegration als zur Integration. Probst/Metz untersuchen, ob der Besuch der Sonderschule für Lernbehinderte zu einer nachweislich positiven Veränderung affektiver Persönlichkeitsmerkmale führt. Beide Autoren melden Zweifel an der psychotherapeutischen und im sozialen Sinne integrierenden Funktion der Sonderschule für Lernbehinderte an (Probst/Metz 1974, 177).

Auch bei der Eingliederung ehemaliger Sonderschüler/innen in die Arbeitswelt sind desintegrierende Faktoren festzustellen. Häufig fehlt es ihnen an schulischem Grundwissen, so daß im Betrieb Schwierigkeiten auftreten und sie besonders häufig von innerbetrieblichen Selektionsmaßnahmen betroffen sind (vgl. Rockemer 1978, 26).

Aufschlußreich im Zusammenhang mit der Benachteiligung ehemaliger Sonder-schüler/innen im Berufsleben sind die Ergebnisse einer Studie von Hiller (Hiller 1987). Er analysiert die Positionen im Beschäftigungssystem bei 105 ehemaligen Sonderschulabsolventen/innen und schwachen Hauptschülern/innen in der Region Reutlingen. Anhand seiner Ergebnisse wird deutlich, daß diese Personen, sofern sie überhaupt in Beschäftigungsverhältnisse übernommen werden, zum großen Teil nicht ausreichend Geld verdienen, um ihren Lebensunterhalt finanzieren zu können (ebenda 204-206). Demnach sind weibliche Sonderschulabsolventinnen besonders benach-teiligt, Hiller schreibt dazu, „daß 90% aller benachteiligten Schülerinnen als junge Frauen in erzwungenen Abhängigkeitsverhältnissen leben müssen, selbst wenn sie einer geregelten Arbeit von 40 Stunden pro Woche als voll Erwerbstätige nachgehen" (ebenda 204).

Den Stigmatisierungseffekt, der mit dem Eintritt in eine Sonderschule verbunden ist und Einfluß auf das Selbstbild und die Persönlichkeitsentwicklung hat, weist Jantzen nach (Jantzen 1972). Besonders Kinder, die Lernbehindertenschulen besuchen, wer-den von Lehrern/innen und Nichtsonderschülern/innen mit dem Vorurteil belegt, sie seien faul und unaufmerksam (Jantzen 1972, 37). Es ist davon auszugehen, daß solche sozialen Vorhersagen Einfluß auf die Wirklichkeit nehmen und diese modifizieren. Jantzen schreibt dazu:

> „Sonderschüler, so müssen wir annehmen, modifizieren auf Grund solcher Vorhersagen ihr Bild von sich und der Umwelt, modifizieren Selbstkonzept und Persönlichkeit" (Jantzen 1972, 37).

Fehlende Gleichheit im Bildungsangebot von Sonderschulen, die Gefahr der sozialen Desintegration und Stigmatisierung ihrer Schüler/innen wurden neben einer häufig erschwerten Eingliederung in die Arbeitswelt als erwiesene Nachteile des Sonderschul-besuches dargestellt.

Die Existenzberechtigung eigenständiger Sonderschulen wird durch die kurz refe-rierten wissenschaftlichen Arbeiten ebenso in Zweifel gezogen, wie durch eine zunehmende Anzahl von Eltern, die nicht bereit sind, einer Sonderschuleinweisung ihres Kindes zuzustimmen.

2.3. Eltern klagen gegen die Sonderschuleinweisung ihrer Kinder

Die Schulgesetze der deutschen Bundesländer Brandenburg, Hessen, Niedersachsen, Saarland, Schleswig-Holstein und der Stadtstaaten Bremen, Berlin und Hamburg beschreiben derzeit die Förderung von Kindern mit Behinderungen als Aufgabe der allgemeinen Schule. Dadurch werden die Paragraphen älterer Schulgesetze z. T. außer Kraft gesetzt, die festschrieben, daß Kinder mit Behinderungen zum Besuch der für sie geeigneten Sonderschule verpflichtet sind. Viele betroffenen Eltern halten diese Lösung einer Lockerung der Sonderschulpflicht für unzureichend und fordern freies Elternwahlrecht. Anhand ausgewählter Beispiele soll ein veränderter Trend in der

Rechtsprechung aufgezeigt werden. Er läßt sich kennzeichnen durch eine stärkere Orientierung am Elternwillen und an gesamteuropäischen Maßstäben.

Noch im Jahre 1958 stellte das Bundesverwaltungsgericht in einem Grundsatzurteil fest, daß der Staat einem Kind mit dem Besuch einer 'Hilfsschule' eine 'Wohltat' angedeihen lasse. Festgestellt wurde ebenso, daß der Besuch einer Sonderschule keine Diffamierung des Kindes darstelle und nicht dem Artikel 6 (Elternrecht) des Grundgesetzes widerspräche. Vielmehr sei durch den Sonderschulbesuch von Kindern mit Behinderungen das Grundrecht nach Artikel 2 (freie Entfaltung der Persönlichkeit) in optimaler Weise verwirklicht (vgl. Eberwein 1987b, 330).

Mit der Veröffentlichung des Bildungsratsgutachtens „Zur pädagogischen Förderung behinderter und von Behinderung bedrohter Kinder und Jugendlicher" im Jahre 1973 wurde erstmals von staatlicher Seite der Auffassung widersprochen, daß Kindern mit Behinderungen am besten mit besonderen Maßnahmen in abgeschirmten Einrichtungen geholfen werden könne. Nach Maßgabe des Bildungsratsgutachtens sollten eine weitestmögliche gemeinsame Unterrichtung, ein abgestuftes System von Fördermaßnahmen und kooperative Schulzentren angestrebt werden. Der praktizierten schulischen Isolation von Kindern mit Behinderungen sollte deren Integration entgegengestellt werden (vgl. Deutscher Bildungsrat 1973, 15).

In Folge der Veröffentlichung des o.g. Bildungsratsgutachtens und inspiriert durch die Auflösung der Sonderschulen in Italien infolge des Gesetzes 517/1977 (vgl. Schöler 1987a, 31f, vgl. auch Kap. 1.2.) entstanden in Deutschland viele Elterninitiativen, die sich für den gemeinsamen Kindergarten- und Schulbesuch einsetzten. Immer mehr Eltern von Kindern mit Behinderungen klagten das Recht auf gemeinsamen Schulbesuch für ihre Kinder gerichtlich ein (BV Lebenshilfe 1991, 9). Ziel der verschiedenen Klagen bei Verwaltungs- und Oberverwaltungsgerichten war und ist es, einzelnen Kindern mit Behinderungen einen Besuch der allgemeinen Schule zu ermöglichen, bzw. per Gerichtsbeschluß die Existenz von Sonderschulen als verfassungswidrig erklären zu lassen.

Gegenstand der verschiedenen Prozesse sind mit unterschiedlicher Schwerpunktsetzung die Vorwürfe, daß

- Kinder durch den Besuch von Sonderschulen in ein Ghetto gedrängt werden, aus dem sie lebenslang nicht herauskämen,
- lange Schulwege nicht zumutbar seien,
- durch den Sonderschulbesuch eine unzulässige Fixierung auf   die Behinderung vorgenommen werde,
- die Entwicklung sozialer Kompetenz verhindert werde,
- wichtige Lernanregungen durch die Abwesenheit von Kindern ohne Behinderungen vorenthalten werden.

Inwieweit die Pflicht zum Besuch der Sonderschule einen Verfassungsverstoß darstellt, wird von verschiedenen Verwaltungsgerichten im Zusammenhang mit den

Grundgesetzartikeln 1 (Menschenwürde), 2 (freie Entfaltung der Persönlichkeit), 3 (Gleicheitsgrundsatz), 6 (Elternrecht) und 12 (freie Wahl des Arbeitsplatzes) geprüft. Im wesentlichen sind es Initiativen von engagierten Eltern, die zu den skizzierten Veränderungen beitrugen.

Mit meinen bisherigen Ausführungen habe ich die Nichtaussonderung von Kindern mit Behinderungen aus der allgemeinen Schule begründet. In den folgenden Kapiteln dieser Arbeit analysiere ich die spezielle schulische Situation von Kindern, die als 'sprachbehinderte' Schüler/innen gelten. Ich beginne mit einem historischen Rückblick, in dem ich den Begründungszusammenhang für die Aussonderung dieses Personenkreises aus der allgemeinen Schule darstelle.

III. Zur schulischen Aussonderung von Kindern mit Sprachbehinderungen

3. Die historische Perspektive: Gründe für die schulische Aussonderung von 'sprachkranken' Schülern/innen

3.1 Die Situation in den Volksschulen um die Jahrhundertwende

Um die Jahrhundertwende wurden erstmals im Deutschen Reich Kinder wegen ihrer sprachlichen Probleme von den übrigen Schüler/innen getrennt und in besonderen Klassen zusammengefaßt (vgl. Kolonko/Krämer 1992, 40). Welche Gründe dazu führten, daß außer den 'Krüppeln', den 'Schwachsinnigen' und den 'Blinden', für die es schon besondere Schulen gab, auch die 'Sprachkranken' gesondert unterrichtet werden sollten, ist Gegenstand der folgenden Darstellung. Wie gezeigt wird, spiegelt sich die ökonomische und soziale Krise der damaligen Zeit in der besorgniserregenden Qualität des Unterrichtes an den Volksschulen wider. Zwischen dem sog. 'Volksschulelend' und der Aussonderung von Kindern mit 'Sprachbehinderungen' leite ich einen inhaltlichen Zusammenhang her.

Der Reichtum einer Gesellschaft sowie die bestehenden Werte und Normen wirken sich auf die private und institutionalisierte Kindererziehung aus. Deshalb sollen schlaglichtartig die politischen und sozialen Verhältnisse nach der Gründung des Deutschen Reiches 1871 beleuchtet und die Auswirkungen auf die Situation in der Volksschule beschrieben werden.

Die Zeit vor und um die Jahrhundertwende läßt sich vor allem durch Umbrüche verschiedenster Art kennzeichnen. Unter preußischer Führung vereinigt, wird das Deutsche Reich zur bedeutendsten kolonialen Wirtschaftsmacht. Der industrielle Bereich wird durch private Mittel und mit Staatshilfe in starkem Maße ausgebaut, das deutsche Bankwesen gewinnt zunehmend an Bedeutung (vgl. von den Driesch/ Esterhues 1961, 195). Deutschland entwickelt sich zu einem der mächtigsten kapitalistischen Staaten der Welt, während sich die Widersprüche im Inneren verschärfen. Landflucht und steigendes Bevölkerungswachstum führen zu einer Verstädterung des Lebens und zu wachsender Verelendung großer Teile des Industrieproletariats (vgl. Alt 1965, 476; von den Driesch/Esterhues, 1961, 196). Gegenstand der weiteren Erörterung sind die daraus resultierenden sozialen Probleme und die Anforderungen der modernen Industrieproduktion an die Qualifikation der Menschen.

In zahlreichen Veröffentlichungen um die Jahrhundertwende werden die katastrophalen Lebensbedingungen der proletarischen Bevölkerungsschichten beklagt. Kinder sind davon in besonderem Maße betroffen. Berichte über Kinderselbstmorde, Alkoholmißbrauch und Gesundheitsschädigungen bei Kindern und Jugendlichen sind u.a. in der Zeitschrift für Schulgesundheitspflege Jahrgang 1901 anschaulich dokumentiert. Lange Arbeitszeiten, fehlender Arbeitsschutz, Unterernährung, schlechte

Wohnverhältnisse, geringe Löhne, übermäßiger Alkoholkonsum und Ausbeutung durch Kinderarbeit bestimmen häufig die Lebenssituation der Arbeiterfamilien (vgl. Rühle 1922).

Durch die „Novelle zur Gewerbeordnung von 1890/91" wird die Kinderarbeit in Fabriken gesetzlich geregelt und eingeschränkt (vgl. Günther et al. 1987, 460). Anders als in der Industrie, wo Kinderarbeit durch eine zunehmende Technisierung an Bedeutung verliert, stellt sich die Situation in der Landwirtschaft, bei der Heimarbeit und im Handwerk dar. Die sozialdemokratische Reichstagsfraktion, Frauengruppen und sogenannte Kinderschutzkommissionen prangern das Kinderelend häufig an, während Regierungsvertreter diese Anklagen mit der Behauptung zu entkräften versuchen, Kinderarbeit habe erzieherischen Wert. Am 1.1.1904 tritt ein neues Kinderschutzgesetz in Kraft, dessen Unzulänglichkeiten Günther wie folgt beschreibt:

„1. Das Gesetz verbot die Beschäftigung von Kindern nur in gesundheitsschädigenden Industriezweigen, unter diese fiel aber nicht einmal die Tabakindustrie. Nach Ablauf der Elementarschulpflicht, die in einigen Ländern, z.B. in Bayern, nur 7 Schuljahre umfaßte, konnten Kinder in Fabriken beschäftigt werden, also schon nach vollendetem 12. Lebensjahr.

2. Das Gesetz unterschied zwischen der Erwerbstätigkeit fremder und eigener Kinder. Der Ausbeutung im elterlichen Betrieb bzw. in der Heimindustrie waren weiterhin keine gesetzlichen Schranken gesetzt. Die Eltern wurden so schlecht entlohnt, daß sie auf den Mitverdienst ihrer Kinder angewiesen waren. Der Kinderausbeutung vor allem in der Landwirtschaft und in der Heimindustrie wurde somit kaum Einhalt geboten.

3. Die Überwachung der gesetzlichen Bestimmungen war völlig unzureichend. Deshalb mußte die Arbeiterklasse selbst den Schutz der Kinder organisieren" (Günther et al. 1987, 461).

Aus diesen Schilderungen kann fehlendes staatliches Interesse am Schutz der Kinder armer Bevölkerungsschichten abgeleitet werden. Die mangelhafte Bereitstellung staatlicher Mittel für diese Personengruppe läßt sich auch im Bereich der Schulpolitik feststellen.

Im gesamten Deutschen Reich steht einem wenig ausgebauten Volksschulwesen ein gut organisiertes höheres Schulwesen gegenüber. Zetkin charakterisiert den Unterschied zwischen beiden Schulformen 1904 wie folgt:

„Wir haben Bildungsanstalten der verschiedensten Art und sehen diese geteilt in billige und schlechte für die Kinder des werktätigen Volkes und solche, die besser und teurer sind und deshalb den werktätigen Massen verschlossen bleiben" (Zetkin, zit.nach Günther et al.1987, 434).

Vor dem 1. Weltkrieg erhalten beispielsweise nur 5% aller Schüler/innen in Preußen eine Schulbildung, welche über die Volksschule hinausgeht. Die Plätze an den höheren Schulen sind den Angehörigen der gut verdienenden Klasse vorbehalten (vgl. Günther 1987, 436ff), während in den Volksschulen nur eine einfache Ausbildung vermittelt wird, gerade ausreichend, um als Arbeiter zu funktionieren und sich gottesfürchtig in sein Schicksal zu fügen.

Wesentliche Ziele der Volksschulbildung werden in den 50er Jahren des 19. Jahrhunderts in den sog. „Stiehlschen Regulativen" festgelegt und zeigen auch lange nach ihrer Modifizierung noch Wirkung. Grundtendenz der „Regulative" ist es, das Volksbildungswesen, was die Lehrinhalte betrifft, einfach zu gestalten und den Umfang der Lerngegenstände und Lehrstoffe genau festzulegen (vgl. von den Driesch/Esterhues 1961, 311). In inhaltlicher Anlehnung an die Festlegungen in den „Regulativen" fordert der deutsche Reichskanzler von Bülow 1907, die Kinder in den Volksschulen seien so zu erziehen, „(...) daß unter den deutschen Arbeitern wieder die vier Grundpfeiler aufgerichtet werden, die ihre glückliche Zukunft sichern: Fleiß, Gottesfurcht, Nüchternheit und Zufriedenheit" (zit. nach Günther et al. 1987, 429). Zwei Jahre später erklärt er, daß die Volksschule die Aufgabe habe, „(...)die Freude am Vaterland und die Bereitwilligkeit zu wecken, ihm Opfer an Arbeit, Gut und Blut zu bringen" (zit. nach Günther 1987 et al., 429).

Zentrales Unterrichtsfach ist der Religionsunterricht, der 6-8 Stunden wöchentlich erteilt wird. Das Auswendiglernen von Bibelsprüchen, Gesangbuchversen und biblischen Geschichten sind die wesentliche Schwerpunkte dieses Unterrichtsfaches. In sächsichen Volksschulen müssen z.B. 150 Bibelsprüche, 168 Gesangbuchstrophen, 140 biblische Geschichten, 35 Choralmelodien auswendiggelernt werden (vgl. Günther et al. 1987, 430; von den Driesch/Esterhues 1961, 311).

Im Zusammenhang mit dem steigenden Bedarf der Industrie nach höherqualifizierten Arbeitskräften werden die Lehrpläne der Volksschulen umfangreicher (vgl. von den Driesch/Esterhues 1961, 313). Eine inhaltliche Überfrachtung der Lehrpläne wird besonders von den Pädagogen/innen kritisiert, die sich für die Reformierung des Volksschulwesens einsetzen. Sickinger, Stadtschulrat und Mitbegründer der Mannheimer Gesamtvolksschule, spricht von einem

> „(...) Intellektualismus, gegen den nicht scharf genug zu Felde gezogen werden kann; das ist jene Richtung, die das ganze Gewicht der Schularbeit auf die Einprägung einer Menge von Kenntnissen legt ohne Rücksicht darauf, ob die Kenntnisse sich aus Erkenntnissen gebildet haben, das heißt vom Lernenden psychologisch verarbeitet worden sind"(vgl. Sickinger 1920, 30-54).

Eine weitere augenfällige Auswirkung der Leistungsanforderungen in den Volksschulen ist die Quote der Sitzenbleiber und die Anzahl der Kinder, welche ohne Abschluß die Schule verlassen müssen. Im statistischen Jahrbuch für den preußischen Staat ist nachzulesen, daß von den 1910-11 entlassenen Schülern/innen nur 45% nach 8 Jahren einen Schulabschluß erreicht haben (vgl. Sickinger 1920, 35). Daraus folgt nach Sickinger:

> „55% der Gesamtheit sind während ihrer Schullaufbahn 1,2,3, mal und noch öfter dem Lose des Repetierens verfallen und sind infolgedessen mit einer trümmerhaften, unzulänglichen Schulbildung ins Leben hinausgetreten und, was das folgenschwerste ist, ohne Gewöhnung an intensives Arbeiten, ohne Erwerb und Übung jenes Pflichtgefühls, das in jedem Beruf, auch in

dem einfachsten, erstes Erfordernis ist, ohne Vertrauen zur eigenen Kraft, ohne Arbeitswilligkeit und ohne Arbeitsfreudigkeit" (Sickinger 1920, 35).

Mit dieser Aussage sind zwei Problembereiche angesprochen. Der erste bezieht sich auf die mangelnde Verwertbarkeit dieser Schüler/innen als Arbeitskräfte, der zweite auf methodische Schwierigkeiten des Unterrichtens. Bei Klassengrößen von teilweise um die 100 Schüler/innen entstehen durch überalterte, frustrierte Kinder Disziplinschwierigkeiten. Der folgende Zeitschriftenausschnitt veranschaulicht diese Annahmen:

„Volksschulelend in Posen. Wie die Tagesblätter mitteilen, sollen es wesentlich die ganz abnormen Frequenzverhältnisse sein, die sich bei einer großen Zahl von Schulen zu Haupthemmnissen eines gedeihlichen Unterrichts herausgebildet haben. Überfüllte Schulen, wohin man sieht! Da gibt es z.B. Ortschaften Lubosin mit 120 Schülern und 1 Lehrer, Lulin und Obersitzko mit je 130 Schülern und 1 Lehrer, Kuzle, Retschin, Peterkowko, Wylonek, Korytnika mit je 140 Schülern und einem Lehrer u.s.w. u.s.w. bis hinauf zu 202 Schülern auf einen Lehrer in der Ortschaft Ottorowo! Das ist ein preußisches Kulturbild vom Anfang des 20. Jahrhunderts. Man kann sich leicht denken, daß der Lehrer in derartig überfüllten Klassen allein zur Erhaltung der notdürftigsten Disziplin seine ganze Kraft aufzuwenden hat. Wo bleibt da Unterricht und Erziehung? Und wann wird man solchen himmelschreienden Zuständen ein Ende machen?" (Zeitschrift für Schulgesundheitspflege 1901, 265).

Bestimmungen der Schulordnung, nach denen kein Kind länger als zwei Jahre in einer Klasse bleiben darf und auch bei ungenügender Kenntnis aus Altersgründen versetzt werden muß, führen nicht zu befriedigenden pädagogischen Lösungen.

Nur in Ausnahmen wird versucht, die geschilderten Mißstände in den Volksschulen durch deren innere Reformierung - wie z.B. das Modell der Mannheimer Einheitsschule - zu beseitigen (vgl. Sickinger, 1920). Eine zur Entlastung der Volksschule tragfähigere Lösung wird u.a. darin gesehen, Kinder mit Sprachbehinderungen nicht länger an diesem Unterricht teilhaben zu lassen.

3.2. Gesamtgesellschaftliche Faktoren

Als konstituierende Elemente für die Aussonderung von Kindern mit Sprachbehinderungen aus der allgemeinen Schule spielten die Entlastung und Normalisierung der Volksschule, das Geschlechterverhältnis und damit zusammenhängend die Wiederherstellung der Wehrfähigkeit sowie standespolitische Interessen der Lehrer/innen eine Rolle.

Einen wesentlichen Grund für die Entstehung von Sprachheilklassen und -schulen sehe ich in deren Funktion zur Entlastung und Normalisierung der Volksschule. Die Schulsituation in den Volksschulen wurde im vorangehenden Kapitel (3.1.) beschrieben; hohe Schülerfrequenzen (80-100 pro Klasse), eine große Anzahl von Repetenten, die Überfrachtung des Lehrplanes, Raumnot und nicht zuletzt soziale Probleme drohten zum Kollaps dieser Institution zu führen. Die Volksschule lief

Gefahr, die Qualifikationsfunktion für steigende Anforderungen im industriellen Bereich nicht mehr gewährleisten zu können. Besonders durch die Gründung der Hilfsschulen, aber auch mittels der Sprachheilklassen und -schulen sollte eine Entlastung der Volksschule herbeigeführt werden (vgl. Hausstein 1913, 111). Indirekt dienten auch die Bestrebungen zur Normalisierung dem Ziel einer Optimierung der Arbeit in der allgemeinen Schule.

Wesentlich für den behandelten Zeitraum sind die Auswirkungen der sog. Normalisierungsbewegung. Sie begann in der Mitte des 19. Jahrhunderts; eine im wesentlichen von ärztlicher Seite geäußerte Kritik an der Schule setzte ein. Nach Kost verbanden sich Schulkritik und wissenschaftliche Forschung mit praktischen Reformen der Volksschule, wie z.b. der Verbesserung der Einrichtung von Schulzimmern und des Schulhausbaus (vgl. Kost 1983, 769). Fragen der Schulhygiene und die Vermeidung von Krankheiten und körperlichen Schäden der Schüler/innen gewannen zunehmend an Bedeutung. Der Hygienebegriff wurde auch auf den Bereich der geistigen Gesundheit ausgedehnt. Vertreter dieser, von der deutschsprachigen Schweiz ausgehenden, sog. Hygienebewegung, die auch auf deutsche Verhältnisse übertragbar war, bedienten sich naturwissenschaftlicher Methoden zur Ermittlung von Durchschnittswerten, die auf eine 'normale' Körperhaltung, 'normale' Kleidung oder 'normale' Sprache bezogen waren (vgl. Ellger-Rüttgardt 1985, 109). Normorientiertheit und in deren Folge Normalität erhielten durch die Hygienebewegung einen hohen Stellenwert. Im Hinblick auf die Sichtweise des Menschen erfolgte eine Gleichsetzung von 'normal' mit 'gesund'. So entwickelte sich die Volksschule immer stärker zu einem Lernort ausschließlich für 'normale' Kinder, welche einen reibungslosen Unterrichtsablauf und damit die Effizienz des Lehrens und Lernens nicht störten. Kinder mit 'Sprachbehinderungen' galten als krank und damit als nicht normal. Insofern lag es nahe, sie aus der Volksschule auszusondern. Im Gegensatz zur Sichtweise des 'Hilfsschülers' bestand die Einschränkung, daß den Kindern mit Sprachbehinderungen weitgehend normale Intelligenz zugeschrieben wurde, deshalb wurden besondere Perspektiven für die Wiederherstellung der ökonomischen Verwertbarkeit dieser Kinder entwickelt.

Für den Unterricht in der 'Sprachheilschule' gilt seit ihrer Gründung der Lehrplan der Volksschule. Während sich die 'Hilfsschule' nicht als 'Nachhilfeschule' verstand, wird in der 'Sprachheilschule' von einer Rückversetzung der Schüler/innen in die Volksschule bis heute ausgegangen. Immer wieder wurde auf die 'normale' Intelligenz der mit 'Sprachgebrechen behafteten' Kinder hingewiesen und die mangelhafte gesellschaftliche Verwertbarkeit des Personenkreises beklagt:

> „Dienstuntauglich sind diese Leute aber nicht nur im militärischen Sinne, denn wer wird auch nur einen stotternden Hausknecht miethen, wenn er gutsprechende Leute genug haben kann? Welcher Geschäftsmann wird einen stotternden Laufburschen annehmen, wenn sich gutsprechende Jungen in Massen zur Verfügung stellen?

Welche Familie wird ein stotterndes Dienstmädchen oder Kindermädchen miethen und die Kinder der Gefahr aussetzen, auch Stotterer zu werden?" (Gutzmann, H. 1898, III)

Gutzmann wies ausdrücklich auf die Zurücksetzungen hin, die Menschen mit Sprachbehinderungen schon in der Schule und im Hinblick auf ihre Verwertbarkeit im Berufsleben erfahren. Gesellschaftliche Verwertbarkeit war ein weiterer Aspekt, der auch in Zusammenhang mit der Wiederherstellung der Wehrfähigkeit stand. Schon Albert Gutzmann verwies auf die Problematik verminderter Wehrtauglichkeit stotternder Männer (vgl. Gutzmann, A. 1889, 15). In seinem 1898 erschienen Buch „Das Stottern - eine Monographie für Ärzte, Pädagogen und Behörden" behandelte Hermann Gutzmann ausführlich den Problemkreis der Dienstuntauglichkeit stotternder Rekruten und die Verluste, die dem Staat aus dieser Tatsache seiner Meinung nach erwuchsen:

> „Es steht endlich fest, daß 1% der zur Aushebung gelangenden Rekruten an stärkerem Stottern leidet, es steht endlich fest, daß jährlich eine verhältnismäßig große Zahl von Rekruten allein wegen hochgradigen Stotterns aus der Armee entlassen werden muß" (Gutzmann, H. sen. 1898, III).

Die zugrundeliegende Erhebung basierte auf Angaben aus den Sanitätsberichten des preußischen Heeres. Über einen Zeitraum von 16 Jahren wurden 481 Männer wegen hochgradigen Stotterns aus der Armee entlassen (vgl. Gutzmann, H. 1898, 342). Für Gutzmann, der Arzt und Pädagoge war, spielten nationale bzw. staatliche Interessen eine große Rolle, um die Notwendigkeit zur Bekämpfung des Stotterns zu begründen.

Ein weiterer Faktor für die Entstehung der 'Sprachheilschule' ist nach meiner Meinung in der Geschlechterverteilung von Jungen und Mädchen mit Sprachbehinderungen zu sehen. Wie die um die Jahrhundertwende in großer Anzahl erhobenen Statistiken belegen, gab es schon damals eine Geschlechterverteilung von etwa zwei Drittel Jungen, die stotterten, im Verhältnis zu einem Drittel Mädchen (Loeper 1912; Carrie 1917; vgl. auch Kap. 5.2.).

Carrie ermittelte z.B. 1917 in einer Untersuchung über 'Sprachgebrechen' an Hamburger Volksschulen 1213 Jungen und 415 Mädchen und belegte damit die angenommene Hypothese eines drei zu eins Verhältnisses bezogen auf das Auftreten von Sprachstörungen bei Jungen und Mädchen (vgl. Carrie, 1917, 237).

In der neu gegründeten 'Sprachheilschule' sollten somit vorwiegend Menschen männlichen Geschlechtes gefördert werden.

Zur Gründung der 'Sprachheilschulen' trug ferner die Lehrerschaft selbst bei. Nach Aussagen Hansens entfalteten die Sprachheillehrer/innen an einigen Orten des Deutschen Reiches eine rege Werbetätigkeit für die Erweiterung der Fürsorgeeinrichtungen zu 'Sprachheilklassen und -schulen' (vgl. Hansen 1929, 38). Dabei spielten vermutlich finanzielle Motive und berufsständische Interessen eine ausschlaggebende Rolle.

Albert und Hermann Gutzmann hielten in Berlin Fortbildungskurse für Lehrer/innen und Ärzte/innen ab. Ein Kurs dauerte vier Wochen, er umfaßte täglich eine

Stunde Vortrag und eineinhalb Stunden Übung (vgl. Orthmann 1982, 74ff). Die Kursteilnahme bot die Möglichkeit einer Professionalisierung, weniger im Sinne einer tatsächlichen Qualifikation, sondern eher in formaler Hinsicht. Das Stundenhonorar für Sprachheillehrer/innen betrug 1898 pro durchgeführter Kursstunde in Lübeck 2.- Mark; bei einer durchschnittlichen Kursdauer von 12-13 Wochen konnte sich ein/e Lehrer/in bei sechs Wochenstunden ca. 150.- Mark zu seinem/ihrem regulären Gehalt hinzuverdienen. Mittels der folgenden Tabelle (vgl. Schuster 1976, 19) aus dem Jahr 1872 läßt sich in etwa die finanzielle Dimension der Honorierung dieser Arbeit ermessen (vgl. Schuster 1976, 19):

1872 betrugen die Löhne für

Maurer (Nürnberg) --24,3 Pf

Bauhilfsarbeiter (Nürnberg) --------------------------------- 16,7 Pf

Zeitungssetzer (Berlin) ------------------------------------- 57,3 Pf

Metallarbeiter bei Krupp ------------------------------------3,39 MarkTageslohn

Zimmerer (Berlin) --4,24 Mark Tageslohn

Abb. 4 Stundenhonorare 1872

Wie das folgende Zitat belegt, kam es durch die Gründung der Sprachheilkurse (unterrichtsbegleitende Vorläufer der Sprachheilklassen) und die damit verbundenen finanziellen Zuwendungen für eine bestimmte Gruppe von Lehrern/innen zu Neid, Mißgunst und Konkurrenzverhalten innerhalb der Lehrerschaft:

> „Es erscheint unglaublich, und doch haben wir die notorischen Beweise in den Händen, daß durch die Gehässigkeit der Lehrer untereinander in manchen Fällen mit Absicht der Erfolg der Schulkurse illusorisch gemacht wurde. Da die Lehrer, welche zu den Kursen in Berlin kommandiert worden waren, naturgemäß für die Kursstunden eine besondere Bezahlung erhielten, und dies in manchen Fällen den Neid ihrer Kollegen erregte, so ist es in der Tat vorgekommen, daß durch ungeeignetes Verhalten gegenüber dem in Heilung befindlichen stotternden Kind, durch Einschüchterung desselben, ja durch Verhöhnen desselben vor der ganzen Klasse das mühsam erzielte Resultat manchmal momentan zerstört wurde" (Gutzmann, H. 1904, 55).

Im Zusammenhang mit der Gründung von Sondereinrichtungen für Kinder mit Sprachbehinderungen entstand eine Hierarchisierung innerhalb der Lehrerschaft. Das Unterrichten in Sprachheilkursen und Sprachheilklassen wirkte sich auf das berufliche Selbstverständnis der Lehrer/innen aus. Während bis zum beginnenden 20. Jahrhundert das gesellschaftliche Ansehen und die materielle Absicherung der Volksschullehrer/innen gering waren, wurde mit der Aufgabe des 'Heilens' die Sprachheillehrerschaft mit dem Berufsstand des Arztes in Verbindung gebracht. Die Aufnahme der Sprachheillehrer/innen in den 'Dunstkreis' der Medizin darf nicht unterschätzt werden.

Nachdem sich die 'Sprachheilschule' als eigenständige Sonderschulform entwickelt hatte, stellte sich zunehmend das Problem der Beschreibung und Definition des Personenkreises, der diese Institution besuchen sollte. Im folgenden Kapitel 4 analysiere ich Schwierigkeiten, die sich im aktuellen fachwissenschaftlichen und schulorganisatorischen Kontext bei der Eingrenzung der Schüler/innenpopulation für diese Schulform ergeben.

4. Die aktuelle Perspektive

4.1. Das Problem mit der Terminologie

Meine folgenden Ausführungen beziehen sich auf das Problem der Bezeichnung gestörter Sprache aus fachwissenschaftlicher und schulorganisatorischer Sicht. Fachwissenschaftliche Festlegungen bilden die wichtigste Grundlage für Erlasse und Verordnungen, welche den Verbleib oder die Aussonderung der betroffenen Schüler/innen aus der allgemeinen Schule regeln. Den Schwerpunkt meiner Darstellung bildet deshalb die Diskussion des Begriffes Sprachbehinderung, da im Regelfall im Anschluß an die Diagnose einer Sprachbehinderung separierende schulorganisatorische Maßnahmen, wie z.B. unterrichtsbegleitende Sprachförderung oder ein Sonderschulbesuch eingeleitet werden. Ein kurzer Exkurs über die Ziele und Aufgaben der sonderpädagogischen Fachrichtung Sprachbehindertenpädagogik, die sich für den Personenkreis der „dominant Sprachbehinderten" (Knura 1982, 3; Orthmann 1969, 126) zuständig fühlt, soll zum besseren Verständnis vorangestellt werden. Den Abschluß dieses Kapitels stellen Überlegungen zu einer veränderten Terminologie dar, die mit den Leitideen einer nichtaussondernden Pädagogik vereinbar sind.

Sprachheil- bzw. Sprachbehindertenpädagogik sind die umgangssprachlich und in der Fachliteratur gebräuchlichen Termini, wenn von der Disziplin die Rede ist, deren Zielgruppe Menschen mit gestörter Sprache sind. Es gibt jedoch keine trennscharfe und einheitliche Begriffsverwendung. Der Vorschlag Knuras, Sprachbehindertenpädagogik als Oberbegriff zu verwenden und den Zuständigkeitsbereich der Sprachheilpädagogik auf den therapeutischen Bereich festzulegen, überzeugt nicht (vgl. Knura 1982, 3; auch Füssenich/Heidtmann 1984, 7).

Eindeutigkeit besteht hinsichtlich der Wurzeln der Sprachheilpädagogik, sie sind in der Sprachheilkunde, einer Teildisziplin der Medizin begründet. Bei der Erforschung von Sprachstörungen konzentrierten sich die Vertreter der Sprachheilkunde auf die Suche nach organischen Ursachen für Sprachstörungen und vernächlässigten soziale Komponenten weitgehend. Die Sprachheilkunde betrachtete Menschen mit gestörter Sprache vorwiegend aus einer medizinisch- und defektorientierten Sicht (vgl. Kolonko/Krämer 1992a, 1). Mit der Verwendung der Bezeichnung Sprachheilpädagogik wird die enge Verbindung zur Bezugswissenschaft Medizin dokumentiert.

Die Bezugnahme der Sprachbehindertenpädagogik auf die Erziehungswissenschaft ist wesentlich durch die Arbeiten Knuras bestimmt worden (Knura 1977, 1982). Sie beschreibt die Sprachbehindertenpädagogik als

> „(...) die Theorie und Praxis von Erziehung, Unterricht und Therapie sprachbehinderter Menschen mit dem Ziel der Rehabilitation in Familie, Beruf und Gesellschaft" (Knura 1982, 3f).

Der Zuständigkeitsbereich wird alters- und institutionsübergreifend beschrieben und erstreckt sich auf Beratungsstellen, Vorschuleinrichtungen, Schulen und klinische Einrichtungen (vgl. auch Braun et al. 1980, Knura 1977, 157 ff; Zuckrigl 1982, 95-120).

Knura nimmt an, daß bei 'sprachbehinderten' Menschen besondere Erziehungsbedürfnisse vorliegen, die in Art und Ausmaß der individuellen Sprachstörung begründet sind und zu einer „in spezifischer Weise beeinträchtigten Erlebens- und Verhaltensmöglichkeit sprachbehinderter Menschen" führen (Knura 1982, 5). Orthmann spricht sogar von dem „Gesetz einer Seinsbesonderung" im Sinne einer anthropologischen Kategorie, die von dem Menschen mit gestörter Sprache zutreffen soll (Orthmann 1969, 122). Der fachwissenschaftliche Entwurf eines „dominant Sprachbehinderten", für den aus seiner Sprachbehinderung zwangsläufig Probleme im Lern-, Leistungs- und Sozialverhalten resultieren sollen, stellt nach meiner Meinung den nicht überzeugenden Versuch einer fachwissenschaftlichen Abgrenzung der Sprachbehindertenpädagogik gegenüber anderen sonderpädagogischen Fachrichtungen dar.

Knura fordert für die Sprachbehindertenpädagogik ein pädagogisches Handeln, das seine Orientierung aus der Erziehungswissenschaft bezieht. Die Aufgabenbereiche sprachbehindertenpädagogischen Handelns sind unter Bezugnahme auf Knura zu beschreiben als

- das Erkennen von Sprachstörungen,
- die Bedeutung der Sprachstörung für das Erleben der betroffenen Menschen zu erschließen,
- besondere pädagogische Maßnahmen hinsichtlich Therapie und Unterricht einzuleiten (vgl. Knura 1982; auch Braun et al.1980, Ahrbeck/Schuck/Welling 1992).

Pädagogisches Handeln bei Menschen mit Sprachbehinderungen ist nach Knuras Auffassung umfangreicher, intensiver und qualitativ anders als in der Regelerziehung.

Während in den 70er bis Mitte der 80er Jahre sprachbehindertenpädagogische Grundlegungen vorgenommen wurden, die u.a. eine Voraussetzung für den Ausbau der Schulen für Sprachbehinderte darstellten, erfolgte ab Mitte der 80er Jahre bis heute eine starke Orientierung an der Linguistik als Bezugswissenschaft (vgl. Füssenich/ Heidtmann 1984a).

Bei der terminologischen Abgrenzung der Begriffe Sprachstörung, Sprachschädigung, Sprachauffälligkeit und Sprachbehinderung handelt es sich um willkürliche Setzungen (vgl. Knura 1982, 4). Die fachwissenschaftliche Diskussion um eine terminologische Unterscheidung ist in der Arbeit von Baumgartner ausführlich dokumentiert und wird hier nicht geführt (vgl. Baumgartner 1979). Von Interesse sind allerdings die Definitionsvorschläge für Sprachbehinderungen. Die sonderpädagogische Diagnose einer Sprachbehinderung (die in einem rechtswirksamen Gutachten dargelegt wird) stellt die Voraussetzung dafür dar, daß ein Kind in eine Klasse oder Schule für Sprachbehinderte überwiesen wird. Klassen für Sprachbehinderte werden z.T. in

Flächenstaaten an andere Schulformen ausgelagert, sie arbeiten nach den „Empfehlungen für die Arbeit an der Schule für Sprachbehinderte" (vgl. KMK 1978). Deshalb werden die in Baumgartners Aufsatz zur Diskussion gestellten Definitionsvorschläge zur Beschreibung einer Sprachbehinderung referiert.

Es folgt eine Analyse ausgewählter Definitionsvorschläge aus fachwissenschaftlicher Sicht. Gerhard Homburg definiert als sprachbehinderte Person,

„(...) wer vorübergehend oder dauernd das akustomotorische visuelle Zeichensystem Hör/ Sprach-, Schriftsprache zur Vergegenständlichung und Verinnerlichung von Erkenntnisinhalten nicht erwartungsüblich beherrscht, und/oder es nicht wirksam, d.h. situationsangemessen, erwartungsüblich, normgebunden und frei und selbstverständlich, d.h. ohne übermäßige Beachtung des instrumentellen Aspektes als bewußtseinsferne dynamische Stereotype verwenden kann und dessen Kommunikation deshalb nicht störungsfrei verläuft" (Homburg 1978, 52).

Anhand der Definition wird deutlich, daß Homburg Sprache als Werkzeug für die Kommunikation betrachtet. Wessen Sprache so wenig funktionstüchtig ist, daß die Zuhörer/innen sich überwiegend auf die nicht normgemäße Sprache und nicht mehr auf den Inhalt der Äußerungen konzentrieren, der oder die gilt nach Homburgs Definition als sprachbehindert.

Gerda Knura hingegen definiert als sprachbehinderte Personen,

„(...) Menschen, die beeinträchtigt sind, ihre Muttersprache in Laut und/oder Schrift impressiv und/oder expressiv altersgerecht zu gebrauchen und dadurch in ihrer Persönlichkeits- und Sozialentwicklung sowie in der Ausformung und Ausnutzung ihrer Lern- und Leistungsfähigkeit behindert werden" (Knura 1982, 1).

Knura sieht altersübliche Bezugsnormen als ein wesentliches Beurteilungskriterium für eine Sprachbehinderung und nimmt eine gestörte Persönlichkeits- und Sozialentwicklung als Folge der sprachlichen Probleme im Sinne einer Sekundärsymptomatik an. Jürgen Teumer legt ebenfalls andere Definitionskriterien zugrunde, er schreibt:

„Sprachbehinderungen sind demnach von erheblichem Umfang, erheblicher Schwere und Auswirkung (für Träger und Umwelt), ätiologisch oftmals undurchsichtig und möglicherweise mehrdimensional, prognostisch nicht überschaubar und in den meisten Fällen irreparabel" (Teumer 1972, 4).

Für Teumer stellen Umfang, Ätiologie und Prognose die wesentlichen Parameter dar, um eine Sprachbehinderung zu definieren.

Anhand der ausgewählten Definitionen sollte verdeutlicht werden, daß die von der Fachwissenschaft festgelegten Kriterien zur Definition einer Sprachbehinderung unterschiedlich sind (vgl. Grohnfeldt 1979, 14, 27). Sie bieten für die praktische Arbeit keine eindeutige Orientierung.

Im Zusammenhang mit der Analyse der Definitionsvorschläge namhafter Fachvertreter/innen ist festzustellen, daß innerhalb der sprachbehindertenpädagogischen Literatur nicht auf ein einheitliches Begriffssystem zurückgegriffen wird und hinsichtlich der Terminologie „eine völlig uneinheitliches Bild" besteht (Baumgartner 1979, 67). Neben der Uneindeutigkeit der Begriffe ist ihre defektorientierte Ausrichtung festzustellen. Baumgartner kritisiert beispielweise die Definition des Sprachbehinderungsbegriffes von Knura wie folgt:

> „Der Feststellung von Defiziten rechnet man größere Bedeutung bei als der Aufdeckung positiver, unauffälliger, 'normaler' Verhaltensweisen. 'Sprachbehinderte' weisen nicht nur Defizite in ihrem Sprachverhalten auf, sondern auch Kompetenzen. Mit der Hervorhebung der Defizite betont man Minusvarianten und begrenzt von vornherein die Ausschöpfung optimaler Möglichkeiten für pädagogische und psychologische Maßnahmen" (Baumgartner 1979, 71).

Die an der Definition Knuras geübte Kritik Baumgartners läßt sich meiner Meinung nach generalisieren. Sprachbehindertenpädagogische Arbeit basierte und basiert immer noch auf der Feststellung von Defiziten (z.b. wird eine sprachtherapeutische Behandlung auf Krankenschein erst finanziert, wenn vorher vom Arzt eine Sprachbehinderung attestiert wurde; sprachbehindertenpädagogische Gutachten werden in seltenen Fällen als Fördergutachten - im Sinne einer Fähigkeitsdiagnose - formuliert). Diese Arbeitsweise findet ihren Ausdruck in einer etikettierenden Terminologie, die sich vorwiegend am Schweregrad einer Schädigung orientiert und zur Bildung von Hierarchien in besser und weniger gut förderbare Menschen beiträgt.

Aus schulorganisatorischer Sicht ist in den Empfehlungen für den Unterricht in der Schule für Sprachbehinderte nachzulesen, welche Schüler/innen als sprachbehindert-definiert werden (KMK 1978, 7).

> „Sprachbehinderte Schüler sind oft nicht nur durch einen isolierten Ausfall oder eine erhebliche Auffälligkeit im sprachlichen Bereich, sondern auch durch Störungen in den Bereichen der Motorik sowie im Sozial- und Lernverhalten beeinträchtigt. Als sonderschulbedürftig gelten sprachbehinderte Kinder und Jugendliche, deren Sprachbehinderung so schwerwiegend ist, daß sie auch durch schulbegleitende und zeitlich begrenzte stationäre Maßnahmen nicht hinreichend gefördert werden können.
>
> In der Regel handelt es sich dabei um
>
> - hochgradige Entwicklungsverzögerungen der Sprache mit den Symptomen des multiplen oder universellen Stammelns und/oder des Dysgrammatismus;
> - früherworbene Störungen der ausgebildeten Sprache, wie Aphasie, Dysphasie;
> - zentrale Entwicklungsbehinderungen der Sprache, wie Hörstummheit, akustische Agnosie;
> - Stottern;
> - Poltern;
> - psychogene Stummheit;
> - schwere Stimmstörung;
> - schwere Sprachbehinderung als Folge krankhafter Veränderung der Sprechorgane"
>   (KMK 1978, 7).

Die KMK-Definition beinhaltet zwei zentrale Aussagen. Einerseits wird eine Mehrdimensionalität im Zusammenhang mit Sprachbehinderungen angenommen, d.h. außer der Sprache sind Motorik, Sozial- und Lernverhalten beeinträchtigt. Andererseits erfolgt die Definition unter Bezugnahme auf das vorhandene schulische Angebot (das übrigens in verschiedenen Bundesländern, in städtischen und ländlichen Gebieten unterschiedlich ist). Man könnte die zweite zentrale Aussage der KMK-Definition wie folgt umformulieren: Sprachbehindert ist die Person, für die das regional vorhandene außerschulische Sprachförderangebot nicht ausreicht.

Zwischen dem Inhalt der KMK-Empfehlung und den Definitionsvorschlägen aus fachwissenschaftlicher Sicht besteht insofern eine Übereinstimmung, als sie den Defekt am Individuum festmachen. Zwar werden Wechselwirkungen zwischen Gesellschaft und Individuum beim Aufbau verbaler Kommunikation von den genannten Autoren/innen nicht in Abrede gestellt, aber sie werden auch nicht explizit in die Definitionsvorschläge aufgenommen (vgl. Knura 1977, 107; Teumer 1972, 4). Ich stimme Baumgartners kritischer Einschätzung solcher Definitionsvorschläge zu, der schreibt:

„Insgesamt bleibt in den zitierten Definitionen zur Sprachbehinderung das Individuum selbst Träger dieses Merkmals, die situativen und personellen Bedingungen, z.B. der häuslichen Umgebung, der Eltern, der Lehrer, der Institution Schule, werden eher ausgeschlossen" (Baumgartner 1979, 72).

Wie der knappe Einblick in die Begriffswelt der Sprachbehindertenpädagogik zeigt, wird das Defizit am einzelnen Individuum festgemacht. Diese Individuumsbezogenheit, im Sinne der Zuschreibung von Defekten, hat Vorrang vor der Berücksichtigung interaktioneller und umweltbezogener Gesichtspunkte als Entstehungshintergrund für Sprachbehinderungen. Letztendlich hat die innerhalb der integrativen Pädagogik (vgl. Sander 1988a, 75-83: Schöler 1988a, 83-91) und im englischsprachigen Raum schon lange geführte Diskussion (Hegarty 1987, 31-32; Warnock-Report 1978; Webster/Mc Connell 1987, 23-25) um die Einführung neuer Begriffe keinen Eingang in die sprachbehindertenpädagogische Diskussion gefunden.

Die Verwendung einer bestimmten Terminologie steht in engem Zusammenhang mit bestimmten Klassifikationsmustern. Mitte der 70er Jahre wurde in den USA eine Studie über die Klassifikation von Kindern mit Abweichungen angefertigt, die in ihren Ergebnissen positive und negative Aspekte herkömmlicher Klassifikationen herausarbeitete. Als positive Aspekte wurden genannt:

- eine defektzentrierte Klassifikation ist auch Politikern verständlich zu machen und erleichtert die Berücksichtigung Behinderter auf gesetzlicher Ebene;
- sie fördert die Kommunikation unter den Betroffenen durch die Zusammenführung in homogene Gruppen;
- sie erleichert die Einrichtung spezifischer Hilfsdienste;
- sie fördert die Entstehung landesweiter behinderungsspezifischer Vereinigungen, welche die politischen Interessen ihrer Mitglieder vertreten (vgl. Sander 1985, 17).

Folgende negativen Aspekte werden aufgeführt:

- das Kind wird durch die Defekthervorhebung stigmatisiert;
- es wird infolgedessen von seiner Peer-Group isoliert;

- es wird von normalen Entwicklungsmöglichkeiten ausgeschlossen;
- es wird eventuell in eine Schullaufbahn eingeordnet, die unter seinen Fähigkeiten bleibt;
- es wird vielleicht ohne zwingende Notwendigkeit in sonderpädagogische Institutionen eingewiesen;
- bei einer Minderheit der Betroffenen kann dies alles auf einer Fehldiagnose infolge der Verwendung ungeeigneter Meßinstrumente beruhen (ebenda, 17).

Hegarty sieht die negativen Auswirkungen defektorienterter Kategorien in drei Bereichen und zwar, bezogen auf das einzelne Kind, die Schule und das gesamte Erziehungssystem. Seine Schlußfolgerung lautet:

> „Firstly, the language of handicap is undully (unheimlich), and unhelpfully, negative. Secondly, it is muddled (verkorkst) and often wrong in what it has to say about individuals. Thirdly, it has limited relevance to the concideration of teaching and learning needs and can indeed be a misleading guide in respect of them. Finally, it imposes labels on children that stigmatise them and can harm their self-concept" (Hegarty 1987, 32).

> „Erstens, die defektorientierte Sprache ist unheimlich und nicht hilfreich, sie ist negativ. Zweitens ist sie verkorkst und oft falsch in dem, was vom Individuum abgebildet wird. Drittens hat sie begrenzte Bedeutung für die Feststellung von Lehr- und Lernbedürfnissen und kann sogar eine falsche Orientierung bei deren Beachtung bieten. Schließlich belegt sie die Kinder mit einem Etikett, das sie stigmatisiert und ihrem Selbstbild schaden kann" (Hegarty 1987, 32; Übers. I.K.K.).

Die Auffassung Hegartys steht teilweise im Gegensatz zu den referierten Ergebnissen der amerikanischen Studie und zwar insofern als er auch auf der institutionellen Ebene Nachteile der defektorientierten Terminologie und Klassifikation anführt.

Bezogen auf die Institution Sonderschule wird kritisiert, daß sie ihren Focus auf die Behinderung verengt und die ganz 'normalen' pädagogischen Bedürfnisse häufig vernachlässigt. Des weiteren hält er die Einteilung der Sonderschulen nach einzelnen Behinderungsarten für nicht sinnvoll, da es Kinder gibt, die beispielsweise blind und körperbehindert oder sprach- und verhaltensauffällig sind, etc. (Hegarty 1987, 32f). Für solche Schüler/innen müßten nach der defektorientierten Logik neue Sonderschulen, z.B. für 'Körperbehindert-Blinde', für 'Sprach-Verhaltensauffällige' etc. gegründet werden.

Bezogen auf das gesamte Erziehungssystem hält er die scharfe Unterteilung in 'Behinderte' und 'nicht Behinderte' aus mehreren Gründen für kritisierenswert. Er stellt fest, daß dadurch für Schüler und Schülerinnen mit weniger offensichtlichen Problemen keine Hilfen zur Verfügung gestellt werden.

> „The result of using categories of handicap, then, is that attention and provision are concentrated on a small number that fit into the available categories, and the very much larger number of other pupils with difficulties receive far less attention" (Hegarty 1987, 35).

„Das Ergebnis der Benutzung defektorientierter Kategorien ist, daß die Aufmerksamkeit und die Versorgung auf eine kleine Gruppe, die in die vorhandenen Katagorien passen, konzentriert ist und, daß die meisten der anderen Schüler mit Schwierigkeiten weniger Aufmerksamkeit bekommen" (Hegarty 1987, 35; Übers. I.K.K.).

Es sollte aufgezeigt werden, daß sich die Sprachbehindertenpädagogik einer defektorientierten Terminologie bedient, die für die Arbeit im Rahmen einer nichtaussondernden Pädagogik revidiert werden muß. Aus den bisher angeführten Überlegungen ergeben sich folgende Forderungen an eine veränderte Terminologie:

- Abkehr von der Defektorientierung;
- Orientierung an individuellen Bedürfnissen;
- Relevanz für die pädagogische Arbeit.

Nach meiner Meinung lassen sich die formulierten Ansprüche an eine veränderte Terminologie sprachlich schwer realisieren. Im dänischen Volksschulgesetz von 1980 ist allgemein die Rede von Kindern, „deren Entwicklung einer besonders umfassenden Rücksichtnahme bedarf". Die Art der Formulierung trägt interaktionellen Gesichtspunkten Rechnung und ist nicht etikettierend.

Ich schlage vor, von Kindern zu sprechen, die eine individuelle pädagogische Unterstützung beim sprachlich-kommunikativen Lernen brauchen. Es handelt sich dabei um eine wertfreie Feststellung von beobachtbaren Tatsachen und um eine offene Kategorie, die der einzelnen Person nicht im Sinne eines Etikettes zugeschrieben wird. Mit dieser terminologischen Festlegung kann nur sinnvoll gearbeitet werden, wenn eine (sprach)pädagogische Spezifizierung vorgenommen wird, die das einzelne Kind mit seinen individuellen Fähigkeiten und Bedürfnissen zwangsläufig im Blick haben muß. Eine wichtige Prämisse für die pädagogische Arbeit in nichtaussondernden Zusammenhängen sehe ich darin, auf grobe Kategorisierungen ('Dysgrammatiker', 'Stotterer' etc.) und die Verwendung eines medizinischen Begriffssystems zu verzichten. Die Suche nach neuen Begriffen und deren Verwendung kommt erst dann in adäquater Weise zum Tragen, wenn ein entsprechendes pädagogisches Konzept die Grundlage bildet.

4.2. Das Problem mit der Sprachdiagnostik

Im vorangehenden Kapitel wurde anhand fachwissenschaftlicher und schulorganisatorischer Stellungnahmen dargelegt, daß für Kinder mit diagnostizierten Sprachbehinderungen der Besuch einer Sonderschule vorgesehen ist. Mit Hilfe der Sprachdiagnostik soll eine Sprachbehinderung festgestellt werden, deshalb spielen Art und Qualität dieser Diagnostik eine entscheidende Rolle bei der institutionellen Zuweisung eines Kindes (vgl. Grohnfeldt 1979, 75).

Die Diagnostik ist ein Tätigkeitsbereich, der ursprünglich der Medizin und Psychologie zuzuordnen ist; diagnostizieren bedeutet 'unterscheiden', 'methodisches Erforschen von Merkmalen' (vgl. Heidtmann 1988, 1). Über Medizin und Psychologie als sonderpädagogische Bezugswissenschaften ist das Diagnostizieren nach und nach zu einem Tätigkeitsmerkmal von Pädagogen/innen geworden und soll als Entscheidungsgrundlage für das pädagogische Handeln im Rahmen von Therapie, Förderung und Unterricht dienen (vgl. Neumann 1982, 125). Darüber hinaus wird die Sprachdiagnostik auch als Selektionsdiagnostik im Zusammenhang mit der Überweisung in die Sonderschule verwendet. Im folgenden Text beschreibe ich diese Form der Diagnostik als problematisch.

Zuerst stelle ich Aufgaben, Gegenstand und Methoden der Sprachdiagnostik unter Bezugnahme auf die Arbeiten von Becker/Sovak (1975), Grohnfeldt (1979) und Neumann (1982) dar. Es handelt sich dabei um Arbeiten, die sich dem Problem deskriptiv nähern. Sie beschreiben Aufgaben, Ziele und Methoden der Sprachdiagnostik unter Berücksichtigung der sprachbehindertenpädagogischen Bezugswissenschaften Medizin, Pädagogik und Psychologie. Nach einer Darstellung aus fachwissenschaftlicher Sicht werden Ergebnisse zur Praxis der Sprachdiagnostik referiert und eine kritische Stellungnahme formuliert .

Neumann benennt sechs hauptsächliche Aufgabenbereiche der Sprachdiagnostik, dies sind das Erheben und Bewerten sprachlicher Leistungen, das Ergründen der Ursachen von Sprachstörungen, das Ermitteln verbliebener Leistungen, das Feststellen sprachlicher Lernfähigkeit und die Planung von Behandlungsmaßnahmen (vgl. Neumann 1982, 125f).

In Grohnfeldts Ausführungen über die Aufgaben und Funktionsbereiche der Sprachdiagnostik wird den Schwierigkeiten bei der Diagnostik breiter Raum der Darstellung gewidmet. Er stellt fest, „(...) daß jede Sprachbeurteilung letztendlich vom subjektiven Werturteil und den jeweiligen Normvorstellungen des Beobachters abhängig ist" (Grohnfeldt 1979, 15) und „daß die Kriterien sprachlicher Normabweichungen noch mehr als bei anderen Behinderungen der subjektiven Beurteilung unterliegen und nicht eindeutig meß- und objektivierbar sind" (ebenda). Hier besteht ein Gegensatz zu den Ausführungen Neumanns, der schreibt: „Das Sprach- und Sprechverhalten der zu Untersuchenden muß objektiv beschrieben und (soweit möglich) gemessen werden" (Neumann 1982, 125). Grohnfeldt benennt als weiteren Problembereich für die Diagnostik die Tatsache, daß es kein eindeutiges Klassifikationssystem zur Beurteilung von Sprachbehinderungen gibt.

Trotz der genannten Probleme beschreibt Grohnfeldt die Früherkennung und -erfassung von Sprachbehinderungen neben der Einschulungsdiagnostik in die Schule für Sprachbehinderte (auf diesen Themenbereich werde ich später ausführlicher eingehen) als wesentliche diagnostische Aufgabenbereiche. Becker/Sovak gehen auf die Aufgaben der Sprachdiagnostik nicht explizit ein.

Gegenstand und Methoden der Sprachdiagnostik stehen in einem engen Zusammenhang miteinander.

Der Gegenstand der Sprachdiagnostik ist

„(...) allgemein als das Sprachverhalten des Menschen zu umschreiben, wobei das normale, ungestörte Sprachverhalten (als Erziehungs- oder Behandlungsziel und als Bewertungsmaßstab) und das von der Norm abweichende Sprachverhalten (als Problem- und Tätigkeitsfeld) gleichermaßen wichtig sind" (Neumann 1982, 126).

Neumann spezifiziert die Aufgaben in drei weitere Bereiche, die sich auf die Diagnose sprachlicher Funktionen und Leistungen (Sprachaufnahme, -verarbeitung und -produktion), nichtsprachliche Funktionen und Leistungen (visuelle, auditive, taktile, kinästhetische Wahrnehmung, Motorik, nonverbale Kommunikation), schulische Leistungen (Lernvoraussetzungen, Lernfortschritte, Schulleistungen) beziehen (ebenda). Nach Grohnfeldts Auffassung stellt die Ermittlung des sprachlichen Entwicklungsstandes einen Gegenstandsbereich neben einer Stimm- und Sinnesüberprüfung und der Untersuchung der „Komplexität des Behinderungssyndroms" (Motorik, Lernverhalten, Sozialverhalten) dar (Grohnfeldt 1979, 58f). Becker/Sovak benennen nicht unmittelbar den Aufgabenbereich der Diagnostik, sondern beschreiben allgemein als Wirkungsbereiche der „Logopädie", die sich im diagnostischen Vorgehen wiederfinden: Bewegungserziehung, Denkerziehung, Sinneserziehung, Spracherziehung, Umerziehung, Einflußnahme auf das Milieu (vgl. Becker/Sovak 1975, 279-304).

Hinsichtlich der Auffassung der drei Autoren besteht Übereinstimmung darin, daß die sprachbehindertenpädagogische Diagnostik in engem Schulterschluß mit medizinischer und psychologischer Diagnostik im Sinne einer interdisziplinären Kooperation stattfinden soll (Becker/Sovak 1975, 230;Neumann 1982, 127).

Als Vorschläge zum methodischen Vorgehen werden das Gespräch (in Form eines Elterngespräches oder mit der/dem Betroffenen selbst) und der Einsatz von Fragebögen (schwerpunktmäßig im Zusammenhang mit der Erhebung der Vorgeschichte) genannt (Becker/Sovak 1975, 230; Grohnfeldt 1979, 40f; Neumann 1982, 128).

Die Verhaltensbeobachtung nennen Becker/Sovak als Methode im Zusammenhang mit der Schulleistungsüberprüfung (Becker/Sovak 1975, 235), während Grohnfeldt ihren Einsatz im Zusammenhang mit der Beschreibung des Sozialverhaltens vorschlägt (Grohnfeldt 1979, 67). Nach Neumanns Auffassung erfüllt die Verhaltensbeobachtung in der sprachbehindertenpädagogischen Diagnostik eine mehrfache Aufgabe:

„Sie wird eingesetzt, um Hypothesen über Ursachen, Schweregrade und Symptome der Sprachstörungen zu gewinnen, zum anderen dient sie der Überprüfung der durch Anamnese und Verfahrensuntersuchungen gewonnen Hypothesen" (Neumann 1982, 129).

Außerdem soll nach seiner Meinung die Verhaltensbeobachtung beim Feststellen des Therapieerfolges und im Zusammenhang mit dem Gesamt-, Sozial- und Kommunikationsverhalten und der Motorik eingesetzt werden.

Ein Hauptteil der Sprachdiagnostik basiert auf informellen Prüfverfahren, deren Bedeutung alle genannten Autoren hervorheben. Informell bedeutet im Zusammenhang mit der sprachbehindertenpädagogischen Diagnostik ein Vorgehen ohne ausgewiesenen theoretischen Hintergrund und ein punktuelles, nicht unbedingt systematisches Vorgehen. Grohnfeldt beschreibt informelle Verfahren wie folgt:

> „Informelle Prüfverfahren zur Beurteilung des Sprachverhaltens sind aus Erfahrungswerten gewachsene Hilfsmittel, die in Anlehnung an primär phonetische Grundlagen systematisiert wurden. Im allgemeinen handelt es sich um Bild-, Wort- oder Satzlisten, die in der Hand des Praktikers unentbehrliche Hilfsmittel darstellen" (Grohnfeldt 1979, 47).

Mit der Anwendung informeller Verfahren in der Sprachdiagnostik sind insofern Unwegbarkeiten verbunden als der/die Diagnostizierende sein/ihr Menschenbild, Erfahrungswissen und normative Vorstellungen als unkalkulierbare Größe in den Entscheidungsprozeß einbringt.

Auf die Bedeutung informeller Prüfverfahren wird später noch einmal exemplarisch anhand des Stellenwertes von Lautprüfverfahren in der praktischen Arbeit eingegangen.

Neben den informellen Prüfverfahren wird die Anwendung standardisierter Testverfahren von Becker/Sovak, Grohnfeldt und Neumann vorgeschlagen. Mitte der 70er Jahre entstanden drei verschiedene Sprachentwicklungstests, die jedoch nicht speziell im Hinblick auf sonderpädagogische Belange konzipiert wurden, - aber bis heute im Rahmen der Sprachdiagnostik angewendet werden. Dies sind: Der Psycholinguistische Entwicklungstest (PET), der Landauer Sprachentwicklungstest (LSV) und der Heidelberger Sprachentwicklungstest (HSET). Mit der Kurzdarstellung der drei Verfahren, deren Anwendung Grohnfeldt und Neumann vorschlagen, verbinde ich die kritische Einschätzung der Tests aus fachwissenschaftlicher Sicht.

Die genannten Sprachtests nehmen für sich in Anspruch, den sprachlichen Entwicklungsstand eines Kindes ermitteln zu wollen (vgl. Heidtmann 1988, 4).

Der PET (Altersbereich: 3;0-9;11 Jahre) ist als Individualtest konzipiert, der aus den 12 Untertests Wortverständnis, Bilderdeuten, Sätzeergänzen, Bilderzuordnen, Gegenstände beschreiben, Gegenstände handhaben; Wörterergänzen, Grammatiktest, Laute verbinden, Objekte finden, Zahlenfolgen-Gedächtnis, Symbolfolgengedächtnis besteht. Wenn alle Untertests durchgeführt werden, dauert er ca. 90 Minuten. Ziel des Tests ist die Ermittlung bestimmter Kommunikationsschwierigkeiten, Lernstörungen und der allgemeinen sprachlichen Leistungsfähigkeit (ebenda 5). Für die Auswertung sind Altersnormen in Form von Prozenträngen und T-Werte vorgegeben.

Der LSV (Altersbereich: 4;0-6;6 Jahre) besteht aus 6 Untertests und dauert ca. 25 Minuten. Mit Hilfe des Verfahrens soll verbale Handlungsfähigkeit gemessen werden. Bei der Testdurchführung ist das Verstehen, Hervorbringen und Anwenden von Sprache gefordert. Hötsch beschreibt ihre praktischen Erfahrungen mit der Durchführung dieses Tests als positiv, da die Kinder durch häufigen Aufgabenwechsel, ansprechendes Material und die begrenzte Zeitdauer der Durchführung gut zur Mitarbeit zu motivieren sind (vgl. Hötsch 1979, 21). In inhaltlicher Hinsicht wird der Untertest Artikulation als nicht trennscharf genug bezeichnet und nur zum Zwecke einer Grobauslese für geeignet befunden. Die Gesamteinschätzung des Verfahrens seitens der Autorin ist kritisch, sie schreibt:

„(...) daß der Test zwar auf der einen Seite rein formal nahezu optimale Bedingungen bietet, auf der anderen Seite jedoch inhaltlich erhebliche Mängel aufweist, die dazu angetan sind, das Ergebnis zu verfälschen" (ebenda 25).

Müller-Heisrath setzt sich ebenfalls kritisch mit diesem Verfahren auseinander und kommt zu dem Ergebnis, daß die theoretische Begründung und die Aufgabenstellungen selbst bei den Items, die die Kommuniaktionsfähigkeit prüfen sollen, unzureichend sind (vgl. Müller-Heisrath 1984, 22).

Der HSET (Altersbereich: 3;0-9;0 Jahre) besteht aus 6 verschiedenen Prüfbereichen, dies sind: Satzstruktur, morphologische Struktur, Satzbedeutung, Wortbedeutung, interaktive Bedeutung und Textgedächtnis. Für die Durchführung werden etwa 90 Minuten benötigt. Heidtmann hebt positiv hervor, daß er auch nonverbale Elemente berücksichtigt (vgl. Heidtmann, 1983, 38). Als Schwachpunkt des Verfahrens benennt sie jedoch die Tatsache, daß keine klare Unterscheidung zwischen phonetischem und phonologischem System vorgenommen wird (ebenda). Switalla beschreibt vor allem Anwendungsprobleme des HSET (vgl. Switalla 1983, 270f).

Die Sprachfähigkeit eines Kindes läßt sich nicht durch standardisierte Verfahren ermitteln, so lautet die zusammenfassende Einschätzung der Kritiker/innen an den Sprachtests (vgl. Füssenich/Heidtmann 1984, 51; Switalla 1984). Deshalb sind diese Verfahren nicht geeignet, um schulische Selektionsentscheidungen herbeizuführen. Die Testsituation als solche wird in Frage gestellt, da es sich um eine dem Kind unbekannte, unnatürliche Situation handelt. Sprecher/innen setzen sprachliche Äußerungen normalerweise in einer natürlichen Kommunikationssituation intentionsgeleitet ein, um sich im Zusammenhang mit konkreten Handlungen den Menschen ihrer Umgebung verständlich zu machen. In der Testsituation wird dem Kind ein kommunikativer Rahmen angeboten, bei dem es gefordert ist, hauptsächlich mit sprachlichen Formen zu operieren, mit denen es aufgrund seiner Sprachbehinderung Probleme hat. Kindliche Bedürfnisse und der gesamte situative Kontext müssen weitgehend vernachlässigt werden, um die Einhaltung der testtheoretischen Gütekriterien nicht zu gefährden. Als weitere ungünstige Variable der Testsituation ist die Tatsache zu nennen, daß sich das Kind mit einem fremden Erwachsenen in einer asymmetrischen Situation zurecht finden muß. Neben einer testimmanenten Kritik, die sich auf theoretische Grundlagen und Konzeption der Aufgaben bezieht, ist die Aussagekraft von Sprachtests allgemein in Zweifel zu ziehen. Trotz der in Ansätzen referierten fachwissenschaftlichen Bedenken gegen den Einsatz von Sprachtests, stellt Heidtmann fest, daß alle drei genannten Verfahren von Praktiker/innen begeistert aufgegriffen und z.B. in der Aufnahmediagnostik der Schule für Sprachbehinderte eingesetzt wurden und werden (vgl. Heidtmann 1988, 3).

Es folgt deshalb ein Blick auf die Praxis der Einschulungsdiagnostik in die Schule für Sprachbehinderte. Eine 1977 von Grohnfeldt durchgeführte Befragung aller Schulleiter/innen der damals 93 Sprachheilschulen in Deutschland, wirft ein interessantes Licht auf diesen Problemkreis (Grohnfeldt 1978). Gefragt wurde nach Arbeitsmethoden, die im Zusammenhang mit der Einschulungsdiagnostik in die Schule für Sprachbehinderte angewendet wurde. Die Ergebnisse der Befragung wertet er als Situationsanalyse der Aufnahmepraxis 1977. Bei der Auswertung der Daten unterscheidet Grohnfeldt zwischen Methoden zur 'Linguodiagnose' und Methoden zur Überprüfung der Kognition, Motorik und Wahrnehmungsfunktion. Für meine Fragestellung sind die Befragungsergebnisse zur Sprachdiagnostik interessant. Der Autor ermittelt folgendes:

> „Die durchschnittliche diagnostische Einschulungspraxis in die Sprachbehindertenschule bedient sich vorwiegend informeller Verfahren zur Bestimmung des Sprachstandes (95%). Bei den zumeist gebrauchten Stammler-Prüflisten werden vorrangig Bilder als Sprechanlaß benutzt. Der Prüfbogen von Metzger findet hier eine besonders weite Verbreitung (49%). Sobald die syntaktisch-morphologische Ebene untersucht wird, erfolgt dies in der Mehrzahl der Fälle über Nachsprechmethoden" (Grohnfeldt 1978, 56).

Die informelle Methode Lautprüfverfahren wurden von 95% der befragten Institutionen angewendet. Teumer führt den häufigen Einsatz dieser Materialien (mit Hilfe deren Einsatzes Aussprachestörungen ermittelt werden sollen) darauf zurück, daß sie kindgemäß, motivierend, übersichtlich, verständlich, zeitökonomisch, materialsparend, nicht personalaufwendig sind. Außerdem können sie ohne psychodiagnostische Vorbildung eingesetzt werden (vgl. Teumer 1988, 111). Nach meiner Meinung hängt der häufige Einsatz auch mit dem Sprachbegriff der diagnostizierenden Pädagogen/innen zusammen. Nach Auffassung vieler Experten/innen drückt sich die sprachliche Kompetenz eines Kindes hauptsächlich darin aus, daß es die Aussprache normgerecht beherrscht. Entsprechend wird dieser sprachlichen Strukturebene in Diagnose und Therapie große Aufmerksamkeit gewidmet.

In inhaltlicher Hinsicht übt Teumer Kritik am Einsatz von Lautprüfverfahren. Seine inhaltlichen Bedenken faßt er in vier Thesen zusammen:

a) Lautprüfverfahren beziehen sich auf eine unangemessene Norm; sie bieten für die Kindersprache unsichere Bewertungsmaßstäbe (ebenda 112).

b) Lautprüfverfahren beruhen auf einem falschen Konstruktionsmuster, sie sind phonetisch-phonologisch unzulänglich (ebenda 113).

c) Lautprüfverfahren messen anhand einer selektiven und zufälligen Wortauswahl; die Prüfung erfolgt in kommunikativ unzulänglichen Situationen (ebenda 113).

d) Lautprüfverfahren besitzen eine sehr begrenzte diagnostische Valenz; sie sind als Entscheidungsgrundlage für die Stammler-Therapie ungeeignet" (ebenda 114).

Grohnfeldt äußert sich bei der Interpretation der Ergebnisse seiner Untersuchung besorgt über die Qualität der Einschulungsdiagnostik, er schreibt:

„Die bisher vorrangig gebräuchlichen informellen Prüfmethoden erfüllen nicht annähernd die Voraussetzungen für eine exakte Vergleichbarkeit des individuellen Sprachstandes und erlauben einen hohen subjektiven Ermessensspielraum" (Grohnfeldt 1979, 29).

Die sprachbehindertenpädagogische Diagnostik stellt tatsächlich ein Problem dar. Einerseits habe ich Kritikpunkte aus fachwissenschaftlicher Sicht erörtert, die sich vor allem auf standardisierte Testverfahren beziehen. Andererseits wurde die Anwendung der Sprachdiagnostik als Selektionsmaßnahme für die Überweisung in eine Schule für Sprachbehinderte kritisch beleuchtet.

Im Zusammenhang mit der Einschulungsdiagnostik in die Schule für Sprachbehinderte wurde deutlich, daß individuelle sprachbezogene Normvorstellungen der Pädagogen/innen und persönliche Ermessensspielräume - die durch die Anwendung informeller Prüfverfahren zum Tragen kommen - eine nicht zu unterschätzende Rolle bei den Zuweisungsentscheidungen in die Sonderschule spielen.

Abschließend ist festzuhalten, daß das Ziel sprachdiagnostischer Arbeit ein pädagogisches - im Sinne eines förderdiagnostischen Vorgehens sein sollte - bei dem Diagnostik und Förderung eng miteinander verknüpft sind (vgl. dazu Kap. 7.2.). Sprachdiagnostisches Handeln im Sinne der Förderdiagnostik stellt nach meiner Meinung eines der wichtigsten Tätigkeitsmerkmale von Sprachbehindertenpädagogen/innen dar, ohne die eine Sprachförderung in Integrationsklassen nicht denkbar ist (vgl. Kap. 7 u. 8.).

5. Kritische Bestandsaufnahme I: Die Schule für Sprachbehinderte

5.1. Häufigkeitsangaben

Im vorangehenden Kapitel wurde dargestellt, daß es keine einheitlichen und eindeutigen Kriterien gibt, die als Entscheidungsgrundlage für die Einschulung eines Kindes in eine Schule für Sprachbehinderte herangezogen werden können. Um diese Behauptung zu untermauern, ziehe ich als weitere Argumentationsebene Häufigkeitsangaben über den tatsächlichen Anteil der Schüler/innen, die Schulen für Sprachbehinderte besuchen, heran.

Im vereinigten Deutschland gibt es ca. 225 Sprachheilschulen unterschiedlicher Größenordnung, von denen sich die meisten in städtischen Ballungsgebieten befinden (vgl. DGS 1987). Von den Schülern/innen, bei denen Probleme beim sprachlich-kommunikativen Lernen festgestellt werden, besucht nur ein zahlenmäßig geringer Teil eine Schule für Sprachbehinderte. Der größte Teil dieser Kinder und Jugendlichen erhält unterrichtsbegleitende Sprachförderung (vgl. Kap. 6) oder besucht andere Sonderschulen.

Die Feststellung einer Sprachbehinderungen erfolgt letztendlich durch die Unterschrift einer Schulaufsichtsbeamtin oder eines Schulaufsichtsbeamten. Für diese Entscheidung spielen fachwissenschaftliche Aussagen definitorischer und klassifikatorischer Art vermutlich eine geringere Rolle als personelle, institutionelle und regionale Bedingungen vor Ort. Die Häufigkeit der Diagnose einer Sprachbehinderungen variiert stark in Abhängigkeit von den genannten Bedingungen.

Vorab soll ein zahlenmäßiger Eindruck vermittelt werden über den Anteil der Schüler/innen, die während der letzten 10 Jahre Schulen und Klassen für Sprachbehinderte in den 'alten' Bundesländern besuchten.

Angaben der KMK 3/1989 Schüler/innen in Schulen/Klassen für Sprachbehinderte
1980 --- 0,169%
1986 ---0,301%
1987 ---0,321%

Abb.5 % Anteil Schüler/innen mit Sprachbehinderungen 1980-1987

Im Zeitraum von 1980 bis 1987 hat sich trotz rückläufiger Geburtenzahlen, der prozentuale Anteil der Schüler/innen an Schulen für Sprachbehinderte nahezu verdoppelt. Anhand meiner Berechnung - auf der Grundlage der niedersächsischen Schulstatistik - läßt sich der gleiche Trend einer Verdoppelung des prozentualen

Anteiles innerhalb von 10 Jahren in Niedersachsen feststellen (vgl. Abb.6; Nds. KM 1991/92, 19, 47). 1981 besuchten in Niedersachsen 1 117 878 Schüler/innen allgemeine Schulen, davon waren 1 116 Schüler/innen in Klassen und Schulen für Sprachbehinderte. Für das Jahr 1991 stellt sich die zahlenmäßige Veranschaulichung wie folgt dar: Gesamtschüler/innenzahl 820 280, davon waren 1 515 Schüler/innen der Sonderschule für Sprachbehinderte.

Schüler/innen Kl. 1-10 in Schulen/klassen für Sprachbehinderte	*% Anteil*
Gesamtschülerzahl in Niedersachsen	
1981	0,100
1982	0,096
1983	0,101
1984	0,109
1985	0,119
1986	0,122
1987	0,135
1988	0,135
1989	0,153
1990	0,172
1991	0,184

Abb.6 Schüler/innen/Schulen für Sprachbehinderte/ Niedersachsen 1981-1991

Ausbildung, kulturelle Herkunft und Normvorstellungen der Beurteilenden spielen als personale Bedingungen bei der Feststellung von Sprachbehinderungen eine Rolle. Grohnfeldt geht von einer Interdependenz mehrerer Faktoren aus, die bei der Sprachbeurteilung wirksam werden, er schreibt:

„(...) daß jede Sprachbeurteilung letztendlich vom subjektiven Werturteil und den jeweiligen Normvorstellungen des Beobachters abhängig ist. Normen unterliegen jedoch dem gesellschaftlichen und kulturellen Wandel, sie sind von schichtspezifischen Faktoren, situativen Rollenerwartungen und der individuellen Sozialisationsbiographie abhängig" (Grohnfeldt 1979, 15).

Die Berufsausbildung der befragten Pädagogen/innen fällt als personaler Faktor stark ins Gewicht, wie das folgende Beispiel zeigt. 1964 wurden Reihenuntersuchungen durchgeführt, bei denen zuerst Regelschullehrer/innen die Kinder ihrer Klasse benannten, die sie für sprachbehindert hielten. Anschließend wurde für dieselbe Population von Sonderschullehrern/innen eine Sprachdiagnose erstellt. Das Ergebnis ist insofern frappierend, weil Sprachbehindertenpädagogen/innen doppelt so viele Schüler/innen als sprachbehindert diagnostizierten, als von den Regelschullehrern/innen benannt wurden (vgl. Sander 1973, 73).

Zwischen regionalen und institutionellen Faktoren und der Häufigkeit der Diagnose einer Sprachbehinderungen sehe ich einen engen Zusammenhang. In einer ländlichen Region, in der es keine Schule für Sprachbehinderte gibt, ist die Wahrscheinlichkeit, 'sprachbehindert zu werden', geringer als in einem städtischen Ballungsgebiet mit zwei bis drei Schulen für Sprachbehinderte am Ort (diese Annahme gilt ebenso für andere Sonderschulformen). Bleidicks Ausführungen bestätigen meine Annahme, er schreibt:

> „Eine bestehende Sonderschule ist relativ 'großzügig' bei der Auslese der sonderschulbedürftigen Kinder, sie nimmt jeden auf, weil bei sinkender Schülerzahl ansonsten der Bestand der Schule gefährdet wäre und Lehrer versetzt werden müßten" (Bleidick 1977, 25-37).

Abschließend sollen fachwissenschaftliche Ergebnisse über den Häufigkeitsanteil von 'sprachbehinderten' Schülern/innen dargestellt werden. Im Anschluß an die Veröffentlichung des Gutachtens zur Ordnung des Sonderschulwesens (vgl. KMK 1960), in dem zum ersten mal eindeutig geregelt wurde, welche Kinder Schulen für Sprachbehinderte besuchen müssen, war die Häufigkeit von Sprachbehinderungen unter Schulkindern Gegenstand vieler Untersuchungen (Kurzdarstellung der Untersuchungen vgl. Sander 1973, 66-78). Auf der Grundlage der Ergebnisse dieser Forschungsarbeiten erfolgte u.a. der Ausbau der Schulen für Sprachbehinderte in den 70er und 80er Jahren.

Anteil 'sprachheilschulbedürftiger' Kinder Gesamtschülerzahl Expertenschätzung		
Voigt	1954 ---	0,7%
von Bracken	1965 -------------------------------------	1,5%
KMK	1972 ---	1,5%
Aab et al	1974 -------------------------------------	unter 1 %

Abb.7 Expertenschätzung/'sprachheilschulbedürftiger' Kinder 1954-1974

Expertenschätzungen und empirische Untersuchungen sind die vorwiegend praktizierten Erhebungsmethoden zur Erfassung von Sprachbehinderungen. In diesem Zusammenhang meldet Sander Bedenken zur Objektivität der Untersuchungen an. Er geht davon aus, daß die Kriterien weniger meß- und objektivierbar sind als bei anderen Behinderungen und daß die Fehlerquellen in der Schwierigkeit der Abgrenzung liegen (vgl. Sander 1973, 78).

Die in den Tabellen angeführten Häufigkeitsangaben beziehen sich auf Untersuchungen aus den 60er und beginnenden 70er Jahren.

Anteil sprachbehinderter Kinder Grundschule Klasse 1 - 4				
Untersucher/in	Jahr	Population N (sprachheilbedürftig)	Städte	Prozent
Blass	62/63	6344	Mainz	3,3 %
Rathe	63/64	1077	Saarbrücken	2,5 %
Ptock	1968	354	Großstadt	2,5%

Abb.8 Empirische Ergebnisse/Häufigkeit in Grundschulen 1962-1968

Sander zieht aus seinen Recherchen die Bilanz, daß die empirischen Untersuchungen 0,75% - 3% der schulpflichtigen Schüler/innen als sprachbehindert ermittelt haben, während die Angaben der Expertenschätzungen zwischen 0,1% bis 2% streuten (vgl. Sander 1973, 78). In Anbetracht der referierten Ergebnisse kann die Aussage von Aab et al. bestätigt werden, der schreibt:

„Über die Häufigkeit von Sprachstörungen gibt es fast so viele unterschiedliche Angaben, wie es Untersuchungen darüber gibt," (Aab et al, 1974, 99; vgl. auch Grohnfeldt 1982, 14).

5.2. Schüler/innenpopulation

In diesem Kapitel untersuche ich, welche Schüler/innen trotz der formulierten kritischen Einwände der Schule für Sprachbehinderte zugewiesen werden.

Bezogen auf die zur Diskussion stehende Schüler/innenpopulation, welche eine Schule für Sprachbehinderte besucht, gehe ich im folgenden Text auf das Geschlechterverhältnis, die soziale und ethnische Herkunft und die Art der diagnostizierten Behinderungen der Schüler/innen ein.

Repper konstatiert für die Schule für Sprachbehinderte eine ausgesprochene Geschlechterasymmetrie. Sie referiert verschiedene Untersuchungen, aus denen hervorgeht, daß der Mädchenanteil bei ca.25% liegt und der Jungenanteil bei ca. 75% (vgl. Repper 1992, 2).

Meine eigenen historischen Recherchen ergaben, daß die gleiche Diskrepanz im Geschlechterverhältnis schon zu Beginn dieses Jahrhunderts, als die ersten Sprachheilklassen und Schulen gegründet wurden, festzustellen war (vgl. Krämer 1990, 188). Ich leite daraus die Hypothese ab, daß in der Geschlechterasymmetrie eine Ursache für die Gründung zusätzlicher Sondereinrichtungen für Kinder und Jugendliche mit Sprachbehinderungen zu sehen ist (vgl. Kap.3.2.). Der durch die Schule für Sprachbehinderte zu realisierende Auftrag zur 'Heilung der Sprachgebrechen' sollte den hauptsächlich betroffenen männlichen Menschen zugute kommen.

Die Selektionsfunktion der Schule im Hinblick auf die Schichtzugehörigkeit ihrer Schüler/innen ist kein aktuelles pädagogisches Thema. Entsprechend ist es mir nicht möglich, neuere Untersuchungsergebnisse über den sozialen Status der Kinder und Jugendlichen, die Schulen für Sprachbehinderte besuchen, zu referieren.

In den 70er und Anfang der 80er Jahre waren die diesbezüglichen Forschungsaktivitäten zahlreich (Baumgartner 1981, Baumann 1981, Deuse 1975, Jantzen et al. 1976). Sie basierten auf verschiedenen Schichtmodellen, die sich an unterschiedlichen Statusmerkmalen wie der Höhe des Verdienstes, Art und Dauer der Schulausbildung und der Berufsposition der Eltern orientierten (vgl. Grohnfeldt 1976, 63). Die 1976 von Jantzen et al. in einer empirischen Untersuchung ermittelten Daten zeigen ebenso wie die von Grohnfeldt referierten Arbeiten zur Schichtzugehörigkeit von Schülern/innen an Schulen für Sprachbehinderte für die damalige Zeit einen eindeutigen Trend:

> „Sprachschädigungen und Herkunft aus unteren sozialen Schichten stehen in einem nachweisbaren Zusammenhang" (Jantzen et al. 1976, 294).

Grohnfeldt zieht folgendes Resümee:

> „(...), daß die untersuchten Kinder der Sprachbehindertenschule überwiegend aus der Unterschicht stammen" (Grohnfeldt 1976, 64; Herv. I.K.K.).

Schon damals war die Einteilung der Bevölkerung, wie sie den Schichtmodellen zugrunde lag, umstritten. Der Versuch, die soziale Wirklichkeit anhand eines einfachen hierarchischen Stufenmodelles mit den Kategorien Unterschicht, Mittelschicht, Oberschicht (um das einfachste Modell zu nennen) abzubilden, erwies sich als pauschal und wenig aussagekräftig.

Aus heutiger Sicht muß dem gesellschaftlichen Wandel der letzten fünfzehn bis zwanzig Jahre durch modifizierte theoretische Modelle Rechnung getragen werden. Steigende Arbeitslosigkeit, die Erosion der Kleinfamilie, Multikulturalität, Mediatisierung der Gesellschaft, um nur einige Aspekte zu nennen, haben zu einem Wertewandel geführt (vgl. Beck 1986, Ernst/Stampfel 1991). Die primäre Orientierung an ökonomischen Grundlagen, auf der die Konzeption der Schichtmodelle basiert, reicht nicht mehr aus.

Wie läßt sich beispielsweise die Lebenssituation des Kindes Fatma, das aufgrund seiner unzureichenden Deutschkenntnisse die Sprachheilschule besucht, bezogen auf dessen sozialen Status adäquat wissenschaftlich abbilden? Das Kind ist iranischer Herkunft, seine Eltern haben im Iran als Ärzte gearbeitet und wurden politisch verfolgt. Nun beziehen sie Sozialhilfe und leben mit fünf Personen in einem Zimmer einer Unterkunft für Asylbewerber.

Es ist notwendig, die schichtspezifische Sichtweise zu erweitern und die Milieuzugehörigkeit der Kinder und Jugendlichen, die Schulen für Sprachbehinderte besuchen, zu erforschen. Milieu bedeutet nach dem ursprünglichen Wortsinn 'Mitte' und bezeichnet nicht nur die äußere Umwelt, sondern auch das, was den Lebensmittelpunkt

betrifft, z.B. die Familie, die Arbeit, den Freizeitbereich (vgl. Mühlum et al. 1986, 7f).
Somit beschreibt die Milieuzugehörigkeit soziale und ökonomische Lebensverhältnisse
ebenso wie die Art des Denkens, Wertens und Entscheidens, die nicht unabhängig von
den erstgenannten Bedingungen sind. Die Zugehörigkeit zu einem bestimmten Milieu
privilegiert oder diskriminiert einen Menschen in Bezug auf dessen Voraussetzungen,
gesellschaftlichen Erwartungen, wie sie z.b. durch die Schule an ihn gestellt werden,
zu genügen. Sprachbehindertenpädagogische Arbeiten, die den komplizierten Bereich
der Milieuzugehörigkeit der Schüler/innenpopulation an Schulen für Sprachbehinderte
beschreiben, stehen bisher noch aus.

Bezogen auf Kinder nicht-deutscher Herkunft stellt Heidtmann fest, daß sie an sich
zur Zielgruppe der Sprachbehindertenpädagogik gehören und konstatiert gleichzeitig
1981 die Vernachlässigung ausländischer Kinder durch diese sonderpädagogische
Disziplin. Als Gründe dafür nennt sie u.a. mangelnde Flexibilität, ein Festhalten an
herkömmlichen Dingen, eine Abwehrtendenz gegenüber neuen Problemen und eine
elitäre Selbstisolation seitens der Sprachbehindertenpädagogik (vgl. Heidtmann 1981b,
227).

Bis heute gibt es kaum Publikationen, die sich auf die nicht-deutschen Kinder an
Sprachheilschulen beziehen. Mir sind die Arbeiten von Herbst/Yilmaz und Zellerhoff
bekannt. Herbst/Yilmaz nehmen Bezug auf die Situation türkischer Kinder an der
Schule für Sprachbehinderte (Herbst/Yilmaz 1985), Zellerhoff beschäftigt sich in
Form eines Praxisberichtes mit dem Problem Deutsch als Zweitsprache. Für die
'Sprachheilschule' in Mettmann gibt sie den Anteil nichtdeutscher Schüler/innen mit
11% an (Zellerhoff 1989, 181). Generell liegen kaum Zahlenangaben über den Anteil
nichtdeutscher Schüler/innen an Schulen für Sprachbehinderte vor. Die Schulstatistiken
weisen die Anzahl dieser Kinder nicht aus.

Persönliche Gespräche mit einzelnen Lehrern/innen veranlassen mich zu der
Vermutung, daß der Anteil nicht-deutscher Schüler/innen in etwa bei einem Kind pro
Klasse (bei einer Frequenz von 10-12 Schülern/innen) liegt und die Schüler/innen aus
verschiedenen Herkunftsländern stammen.

Scheinbar gehen Sprachbehindertenpädagogen/innen davon aus, daß sprachliche
Probleme nicht-deutscher Kinder in ihrer Zweisprachigkeit begründet seien. Daraus
wird geschlossen, daß es sich nicht um eine Sprachbehinderungen im eigentlichen
Sinne handele und die Schule für Sprachbehinderte nicht der adäquate Schulbesuchs-
ort sei. Schließlich fehlt den deutschen Sonderschullehrern/innen die fachliche Qualifikation, um die sprachlich-kommunikativen Probleme und Fähigkeiten zweisprachig
aufgewachsener Kinder angemessen beurteilen zu können.

Kinder türkischer Herkunft sind in besonders starkem Maße von Sonderschul-
einweisungen betroffen. Während 3,1% der deutschen Schüler/innen Sonderschulen
besuchen, sind es 17,7% türkischer Herkunft (vgl. Beauftragte der Bundesregierung
1992, 27f). Durch die häufig fehlenden Sprachkenntnisse bei türkischen Eltern und
Kindern, durch den nicht erfolgten Kindergartenbesuch und durch ungünstige soziale

und Wohnbedingungen laufen Schüler/innen türkischer Herkunft Gefahr, vorschnell in eine Schule für Lernbehinderte überwiesen zu werden (vgl. Herbst/Yilmaz 1985, 181). Nach meinem eigenen Eindruck und Gesprächen mit Fachkollegen/innen sind türkische Kinder und Jugendliche an Schulen für Sprachbehinderte in sehr geringer Zahl zu finden.

Die Beantwortung der Frage, welche Behinderungsformen bei Schülern/innen auftreten, die Schulen für Sprachbehinderte besuchen, ist im Hinblick auf meine These, daß Sprachbehinderungen nicht nach einheitlichen Kriterien festgestellt werden, aufschlußreich. Anhand eines historischen Rückblickes, der Beschreibung der Schüler/innenpopulation an Berliner Schulen für Sprachbehinderte und einem Fallbeispiel belege ich den starken Wandel der Schülerschaft an dieser Schulform.

Ende des 19. Jahrhunderts wurden die ersten unterrichtsbegleitenden 'Stotterer-Heilkurse' gegründet. Deren mangelnde Effektivität und die Befürchtung, daß diese Kinder die Mitschüler/innen in den Volksschulen anstecken könnten, führten 1901 zur Gründung der ersten Sprachheilklasse als Vorläufer der Sprachheilschulen (vgl. Kolonko/Krämer 1992, 40; Voigt 1954, 31). Die ersten sprachheilpädagogischen und schulorganisatorischen Bemühungen für 'Sprachkranke' bezogen sich fast ausschließlich auf Kinder und Jugendliche, die stotterten (vgl. Kolonko 1990, 131).

Die ersten Sprachheilschulen wurden ebenfalls vorwiegend von Kindern, die stotterten oder stammelten, bzw. von Schülern/innen mit Spaltbildungen im Gesichtsbereich besucht (vgl. Helwig 1935). Schleuß geht in einem 1930 verfaßten Aufsatz davon aus, daß 10% der Schüler/innen an Sprachheilschulen durch eine Spaltbildung im Gesichtsbereich geschädigt sind (Schleuß, 1930, 115-125). Somit kann festgehalten werden, daß die 'Sprachheilschule' ursprünglich als eine Schule für Kinder, die stottern, stammeln oder Träger einer Spalte im Gesichtsbereich sind, konzipiert wurde.

Auch in der Nachkriegszeit konzentriert sich die Arbeit in der 'Sprachheilschule' hauptsächlich auf Kinder mit den o.g. Sprachbehinderungen. Die Zusammenstellung von Wulff verdeutlicht dies, sie wurde am 1.11.1950 an der Hamburger Sprachheilschule erhoben (Wulff, 1952, 204):

Schülerpopulation Sprachheilschule Hamburg
Schülerstand: 230 Kinder, davon 77,4% Knaben und 22,6% Mädchen.
In Prozentzahlen nach dem Störungsbild:

68,5 % -------------------------- Stottern

18,0 % -------------------------- Stammeln

6,5 % -------------------------- Agrammatismus, Stimm., Näseln, Sonderfälle u.a.

7,0 % -------------------------- Gaumenspalten

Abb.9 Schüler/innenpopulation Hamburg 1950

Wulff vergleicht die Schülerzusammensetzung von 1950 an der 'Sprachheilschule' Hamburg mit derjenigen von 1938 und dokumentiert folgende Zahlen (ebenda):

Schülerpopulation Sprachheilschule Hamburg/ Vergleich		
Erfassungsjahr	1938	1950
Gesamtschülerzahl	258	230
Knaben-Mädchen	70-30%	77,4-22,6%
Stottern	44,4%	68,5%
Stammeln	43,0%	18,0%
andere Störungen	3,9%	6,7%
Gaumenspalten	7,7%	7,0%

Abb.10 Vergleich Schüler/innenpopulation Hamburg 1938/1950

Schon damals konstatiert er Veränderungen in der Zusammensetzung der Schülerschaft an der Sprachheilschule. Bemerkenswert ist, daß lediglich die Anzahl der Schüler/innen mit Spaltbildungen in etwa gleich bleibt, dabei handelt es sich um eine objektiv feststellbare Schädigung. In allen anderen Bereichen haben sich zwischen 1938 und 1950 die Häufigkeitsangaben verschoben. Die Zahl der Schüler/innen mit der Diagnose 'Stottern' nimmt innnerhalb von 13 Jahren um fast 25% zu. Wulff äußert sich besorgt darüber, daß der Anteil Stotternder männlichen Geschlechtes anwächst (vgl. Wulff 1952, 204). Hingegen nimmt die Anzahl der Schüler/innen mit der Diagnose 'Stammeln' um die Häfte ab, während sich die Zahl 'anderer Störungen' etwa um zwei Drittel erhöht. Der Autor führt die Veränderungen hauptsächlich auf die Nachwirkungen des Weltkrieges zurück und darauf, daß es damals üblich war, alle Kinder mit Stottersymptomatik in eine 'Sprachheilschule' einzuschulen, während Kinder mit der Diagnose 'Stammeln' häufig einer Ambulanz zugeführt wurden (vgl. Wulff 1952, 205).

Betrachtet man heute, in den 90er Jahren, die Schülerschaft der Schule für Sprachbehinderte, so ergibt sich ein völlig verändertes Bild. Die Analyse der Fachliteratur zu diesem Thema zeigt eine selten einheitliche Tendenz auf (vgl. Breitenbach 1992, Grohnfeldt et al. 1991, Giesecke/Harbrucker 1991, Heilmann 1988, Mühlhausen 1986). Die Schülerschaft der Schule für Sprachbehinderte setzt sich aus Kindern und Jugendlichen zusammen, die weitaus umfänglichere Probleme haben, als daß sie stottern oder stammeln würden, wie dies in den 50er Jahren scheinbar der Fall war. Breitenbach beschreibt die heutige Population der Sprachheilschule wie folgt:

„An die Stelle der 'Nur-Sprachbehinderten' sind nämlich inzwischen Schüler mit komplexen und umfassenden Entwicklungsverzögerungen oder Entwicklungsstörungen getreten" (Breitenbach 1992, 117).

Heilmann et al bestätigen diese Aussage in ihrem Bericht über Schüler/innen, welche die bayerischen Diagnose- und Förderklassen für 'sprach- und entwicklungsverzögerte Kinder mit Teilleistungsstörungen' besuchen:

„Die Zahl der zu betreuenden Kinder hat sich stark vermehrt im Sprachheilbereich, aber die Komplexität der Beeinträchtigungen ebenso. Wir werden heute in der Praxis an unseren Einrichtungen mit Sprachstörungen konfrontiert, die viel stärker als früher in ein komplexes Gefüge von Entwicklungs- und Wahrnehmungsstörungen eingebettet zu sein scheinen" (Heilmann et al. 1988, 128).

In den genannten Trend passen auch die Aussagen Mühlhausens, des Direktors der Sprachheilgrundschule Flensburg. Die Sonderschullehrer/innen der 'Sprachheilschule' Flensburg untersuchten von 1973 bis 1983 alle Schulanfänger nach einem gleichbleibenden Beobachtungsmuster und verfolgten die Schullaufbahn der Kinder, die die Sprachheilgrundschule besuchten. Über die Veränderung der Schülerpopulation schreibt Mülhausen folgendes:

„Die Zahl der Kinder mit organischen Unzulänglichkeiten (z.B. Spaltträger) und die der Stotterer hat sich etwa gleichlaufend mit dem Geburtrückgang bewegt. Übermäßig zugenommen hat hingegen die Zahl der Kinder mit der Diagnose: Stammeln, Dysgrammatismus, Sprachentwicklungsverzögerung" (Mühlhausen 1986, 37).

Differenzierte Aussagen über die Formen der Behinderungen der Schüler/innen aller vier Sprachheilschulen in West-Berlin bietet eine Untersuchung von Giesecke/ Harbrucker (1991). Im Rahmen einer Expertenbefragung der Berliner Lehrer/innen an Schulen für Sprachbehinderte sollte herausgearbeitet werden, wer gegenwärtig diese Schulform besucht. Die Befragung wurde von 12/1988 - 3/1989 durchgeführt. In diesem Zeitraum befanden sich 846 Schüler/innen im Vor- und Grundschulbereich (1.-6. Klasse) der vier Schulen. Als Erhebungsgrundlage dienten die sonderpädagogischen Beobachtungsbögen, Halbjahresberichte und das „Wissen der Lehrer um die schulischen und außerschulischen Probleme der Kinder" (vgl. Giesecke/ Harbrucker 1991, 171).

Die von Giesecke/Harbrucker formulierten Fragen sind z.T. wenig operationalisiert und lassen den Lehrer/innen bei der Beantwortung einen großen subjektiven Spielraum (z.B. werden die Kategorien 'mittel- und schwergradig sprachgestört, primär kognitive, primär soziale Lernstörung' ohne weitere Erläuterung im Fragebogen verwendet).

Trotz dieser Einschränkungen und der Tatsache, daß es sich um die Schülerpopulation einer Millionenstadt handelt, die nicht unbedingt für andere Regionen repräsentativ ist, sollen die Ergebnisse der beiden Autoren in Auszügen dargestellt und diskutiert werden.

Die Abbildung 11 zeigt, welche Sprachstörungen bei den Berliner Schülern/innen ermittelt wurden (ebenda 173-176).

Sprachstörungen an Berliner Schulen für Sprachbehinderte

Dyslalie (früher Stammeln) -- 77,7%

Dysgrammatismus --81,0%

Mutismus ---1,8%

Poltern --4,8%

Sprachentwicklungsverzögerung--59,9%

Stottern --15,6%

Wortschatzarmut --46,6%

Abb.11 Sprachstörungen Berliner Schulen für Sprachbehinderte 1988/89

Die Abbildung zeigt eine, im Vergleich zu den 30er und 50er Jahren, differenziertere Unterscheidung zwischen einzelnen Störungsformen. Giesecke/Harbrucker stellen fest, daß die dysgrammatische Sprache „das größte Problem für den Unterricht und die Therapie an den Berliner Schulen für Sprachbehinderte darstellt" und daß „Kinder mit isolierten Artikulationsstörungen" (früher Stammeln) heute in dieser Schulform selten anzutreffen sind (vgl. Giesecke/Harbrucker 1991, 173). Das Gleiche gilt für Schüler/innen mit Stottersymptomatik, die vor 80 Jahren den größten Anteil der Schüler/innenpopulation an 'Sprachheilschulen' bildeten, sie sind heute in Berlin nur mit 15,6% vertreten.

Neben den Sprachstörungen sollten im Rahmen der Expertenbefragung zusätzliche Behinderungsformen der Schüler/innen ermittelt werden. Sie sind in der Abbildung 12 dargestellt.

Zusätzliche Behinderungen (in %)	Kinder mit
Geburtsschäden	17,5%
schweren Krankheiten (Epilepsie, Diabetes, Asthma)	8,0%
soziale Lernstörungen	24,9%
Konzentrationsstörungen	50,0%
Einnässen	6,5%
Aggressivität	21,0%
kognitive Lernstörungen	35,3%
Rechtschreibschwäche (2.-4.Kl.)	40,0%
(5.-6.Kl.)	50,0%
Verwahrlosungen	9,6%
ökonomische Probleme	21,6%

Abb.12 Zus. Behinderungsformen an Berliner Schulen für Sprachbehinderte 1988/89

Die eigentlichen Sprachbehinderungen spielen in der Wahrnehmung der Lehrer/innen eine untergeordnete Rolle. Die Angaben der Lehrer/innen bieten Anlaß zu der Vermutung, daß die Schulen für Sprachbehinderte in Berlin von 'mehrfachbehinderten' Schüler/innen besucht werden. Ein Fünftel der Schüler/innen werden als aggressiv, ca. 50% als konzentrationsgestört beschrieben und ein erheblicher Teil der Schülerschaft wird als lerngestört eingeschätzt (ebenda 174).

Die Expertenbefragung ergab, daß der Prozentsatz der Kinder mit Rechtschreibschwächen von 12,7% im 1. Schuljahr während des Schulbesuches auf 47,3% im 6. Schuljahr ansteigt und der Anteil der Kinder mit Leseschwächen von 26,1% im 1. Schuljahr auf 40,8% im 2. Schuljahr zunimmt.

Seit der Gründung der ersten 'Sprachheilschulen' bis heute ist ein deutlicher Strukturwandel innerhalb der Schülerschaft festzustellen (vgl. Breitenbach 1992, 117; Grohnfeldt et al 1991, 261; Mühlhausen 1986, 38). Aus dieser Tatsache ziehen einzelne Autoren unterschiedliche Konsequenzen; Mühlhausen schlußfolgert für die Arbeit in der Schule für Sprachbehinderte :

„Die Mittel der Schulpädagogik, auch die der herkömmlichen Sprachheilpädagogik, lassen ihre Grenzen sichtbar werden" (Mühlhausen 1986, 38).

Grohnfeldt et al. ziehen die vage Schlußfolgerung, daß der „zunehmende Anteil komplex sprachgestörter Kinder" nicht ohne Auswirkungen auf die Standortbestimmung dieses Schultyps bleiben kann (Grohnfeldt et al 1991, 260).

Bevor ich eigene Schlußfolgerungen formuliere, illustriere ich meine bisherigen Ausführungen mit einem kurzen Fallbeispiel.

Ich beschreibe die Klassensituation der Vorklasse einer Schule für Sprachbehinderte. Diese Schule für Sprachbehinderte befindet sich am Rande einer Großstadt mit ca. 500 000 Einwohnern. Die Informationen über die Lebens- und Familiensituation der 9 Schüler/innen erhielt ich im Gespräch mit der Klassenlehrerin, die Angaben zur Diagnose sind den Schulakten wörtlich entnommen, die Vornamen habe ich verändert.

Klassensituation Vorklasse der Schule für Sprachbehinderte

Mädchen: 5   *Jungen:* 4

Herkunft: deutsch (4 Mädchen, 3 Jungen) italienisch (1 Junge); jugoslawisch (1 Mädchen, 1 Junge).

Beschreibung der einzelnen Schüler/innen:

Roland (deutsch; 7,3): ein ruhiger verschlossener Junge;
Eltern: Mutter obdachlos, Vater unbekannt;
Lebenssituation (im Folgenden mit LS abgekürzt): R. lebt bei seiner Oma, die Sozialhilfeempfängerin ist und gelegentlich Putzarbeiten erledigt, kleine Wohnung, R. fehlt häufig, wird unzureichend versorgt.
Diagnose: Sprachentwicklungsverzögerung, eingeschränktes Hörvermögen, dysgrammatische Sprache, Artikulationsstörung.

Admir (jugosl.; 7,0): ein lebhafter intelligenter Junge;
Eltern: beide arbeitslos, Sozialhilfeempfänger;
LS: lebt mit drei Geschwistern und beiden Eltern, A. fehlt oft, die Familie sieht rund um die Uhr fern.
Diagnose: Mittel- bis hochgradiger Dysgrammatismus, Wortschatz- und Begriffsschatz nicht altersgemäß, geringer Wortschatz, multiple Dyslalie.

Elena (jugosl.; 8,3): ein freundliches ruhiges Mädchen;
Eltern: Kriegsflüchtlinge, Sozialhilfeempfänger;
LS: E. lebt mit Eltern und drei Geschwistern seit einem Jahr in Deutschland in einer sehr kleinen Wohnung, die Schule für Sprachbehinderte ist ihre 3. Schule, wird voraussichtlich in eine Schule für geistig Behinderte umgeschult, scheint weder die deutsche noch die jugoslawische Sprache richtig zu verstehen.
Diagnose: schwere Entwicklungsverzögerung, multiple Dyslalie, eingeschränktes Sprachverständnis.

Nina (deutsch; 6,7): ein freundliches, unauffälliges, intelligentes Mädchen;

Eltern: Putzfrau, Gelegenheitsarbeiter;

LS: lebt mit beiden Eltern und drei Geschwistern in einer sehr kleinen Wohnung;

Diagnose: Dysgrammatische Redeweise, Aussprachestörung, allgemeine Entwicklungsretardierung.

Roberto (italien.; 7,6): ein freundlicher etwas schwerfälliger Junge;

Eltern: Hausfrau, KfZ- Mechaniker;

LS: R. lebt mit beiden Eltern und zwei Geschwistern zusammen, abgesicherte wirtschaftliche Verhältnisse;

Diagnose: umfassende Sprachentwicklungsverzögerung, eingeschränktes Sprachverständnis, Dyslalie, kurze Konzentrationsspanne, Verdacht auf sensomotorische Integrationsstörung.

Janine (deutsch; 6,10): ein fröhliches pfiffiges Mädchen;

Eltern: Hausfrau, Vater arbeitslos;

LS: lebt mit den Eltern und zwei Geschwistern in geordneten Verhältnissen, besucht die Schule für Sprachbehinderte, da sie aufgrund ihrer Krebserkrankung eine kleine Lerngruppe benötigt, nach Aussage der Lehrerin liegt keine Sprachbehinderungen vor; J. wird voraussichtlich bald zur Grundschule umgeschult;

Diagnose: auditive Wahrnehmungsschwäche, Dysgrammatismus.

Carola (deutsch; 6,10): ein schüchternes intelligentes Mädchen;

Eltern: Sekretärin, Hausmann;

LS: lebt mit einer Schwester und den Eltern zusammen, gutsituierte geordnete Verhältnisse, die Eltern bemühen sich sehr um ihre Tochter;

Diagnose: Halbseitenlähmung, leichter Sigmatismus, Dysgrammatismus, starke Verweigerungstendenz.

Kevin (deutsch; 6,11): unauffälliger Junge;

Eltern: Hausfrau, Angestellter;

LS: lebt mit den Eltern und einem Geschwisterkind zusammen, geordnete Familienverhältnisse, die Mutter bemüht sich sehr um K.;

Diagnose: Sprachentwicklungsverzögerung mit umfassendem Dysgrammatismus, Sigmatismus, Wort- und Begriffsvermögen nicht altersgemäß, feinmotorische Störungen.

Karin (deutsch; 7,7): ein ängstliches empfindsames Mädchen;
Eltern: Hausfrau, Arbeiter;
LS: K. lebt mit beiden Eltern in geordneten einfachen Verhältnissen;
Diagnose: Sigmatismus, Lautdifferenzierungsschwierigkeiten, Auffälligkeiten im sozial-emotionalen Bereich.

Ein Großteil meiner bisherigen Ausführungen zur Schülerpopulation an Schulen für Sprachbehinderte wird durch das Fallbeispiel bestätigt, nur in wenigen Bereichen sind Abweichungen festzustellen. Beispielsweise gibt es in der beschriebenen Klasse keine Geschlechterasymmetrie. Der Anteil der Schüler/innen nicht-deutscher Herkunft liegt mit 30% sehr hoch, in Übereinstimmung zu meinen Annahmen besucht kein türkisches Kind die Klasse. Von 9 Schüler/innen leben vier in beengten Wohnverhältnissen und ihre Familien verfügen über ein geringes Einkommen. Ein Drittel der Väter sind in einem festen Beschäftigungsverhältnis, drei sind arbeitslos, ein Vater ist Hausmann und einer arbeitet gelegentlich. Der größte Teil der Mütter sind Hausfrauen, zwei arbeiten, drei sind arbeitslos. Außer einem Kind leben alle in vollständigen Familien, eine erstaunliche Tatsache in Anbetracht einer allgemein hohen Scheidungsrate.

Bezüglich des sprachlichen Entwicklungsstandes und zusätzlicher gesundheitlicher Probleme der Schüler/innen bestätigt das Fallbeispiel die Strukturwandelthese ebenso wie die Ergebnisse von Giesecke/Harbrucker. Bei sieben von neun Schülern/ innen werden dysgrammatische Störungen genannt, Aussprachestörungen treten bei fünf Kindern in Verbindung mit anderen Sprachstörungen auf. In der Klasse sind sechs Kinder mit zusätzlichen Problemen, dies sind: Halbseitenlähmung, Tumorerkrankung, Rückstände in der allgemeinen Entwicklung und Beeinträchtigung des Gehörs.

In Anbetracht der anhand der Fachliteratur und des Fallbeispieles belegten Ansammlung von Schülern/innen mit unterschiedlichsten Problemen, ergeben sich nach meiner Meinung Schwierigkeiten bei der Erfüllung des Bildungsauftrages und in der Unterrichtsgestaltung in der Schule für Sprachbehinderte.

Zusammenfassend kann festgestellt werden, daß die Kinder, die als sprachbehindert gelten und eine Sonderschule besuchen müssen, aufgrund eines gesellschaftlichen Zuschreibungsprozesses festgelegt werden. Entsprechend variieren die Häufigkeitsangaben darüber, wieviele Kinder und Jugendliche als sprachbehindert angesehen werden und wieviele tatsächlich diese Sonderschulform besuchen, stark. Es steht fest, daß die Schülerzahlen in den letzten Jahren kontinuierlich stiegen. Ursachen können darin gesehen werden, daß sich Normvorstellungen gewandelt haben und schon geringfügige Abweichungen im sprachlich-kommunikativen Verhalten von Kindern nicht akzeptiert und als behandlungsbedürftig angesehen werden. Von einer höheren Sensibilisierung für Sprachstörungen durch öffentliche Informationen kann ebenfalls ausgegangen werden. Eventuell sind es auch differenziertere diagnostische Möglichkeiten, die den Eindruck verstärken, daß die Komplexität der Beeinträchtigungen bei den Schülern/innen zugenommen hat. In jedem Fall kann davon ausgegangen werden, daß die Zunahme der Schülerzahlen an dieser Schulform damit zusammenhängt, daß die Akzeptanz von Sonderschulen generell abnimmt (vgl. Kap. 2.2. und 2.3.), die Schule für Sprachbehinderte von Eltern jedoch als das 'kleinste Übel' angesehen wird, weil dort nach den Rahmenrichtlinien der Regelschule gearbeitet werden soll.

Betrachtet man das vorhandene Untersuchungs- und Zahlenmaterial zur Beschreibung der Schüler/innenpopulation, so ist auffällig, daß mehr Literatur über die Art der diagnostizierten Sprachstörungen als über die soziale Lebenssituation und Herkunft der Schüler/innen vorliegt.

Die heutige Schule für Sprachbehinderte ist eine Institution, die von Kindern mit umfassenden Behinderungen, die nicht nur im sprachlich-kommunikativen Bereich liegen, besucht wird. Umfängliche Störungen der Gesamtentwicklung spielen ebenso eine große Rolle, wie körperliche Krankheiten und soziale Deprivationen, die sich z.B. in Konzentrationsstörungen äußern. Die Sprachbehinderungen stellt bei den meisten Schüler/innen eines unter anderen Problemen dar. Die Einschulung eines Kindes in diese Schulform bedeutet, ihm zusätzliche isolierende Bedingungen für seine Entwicklung aufzuerlegen. Allgemein fehlen die sprachlichen Vorbilder von Kindern ohne Sprachstörungen, für Mädchen ergeben sich besondere Benachteiligungen durch die Überzahl an Jungen. Dadurch sind ihre Möglichkeiten, soziale Erfahrungen in gleichgeschlechtlichen Freundschaftsbeziehungen zu sammeln, eingeschränkt.

Das Lehren und Lernen in den Schulen für Sprachbehinderte erfolgt unter erschwerten Bedingungen und die Lehrer/innen können den sehr verschiedenen Lernbedürfnissen der einzelnen Schüler/innen kaum Rechnung tragen.

6. Kritische Bestandsaufnahme II: Unterrichtsbegleitende Sprachförderung

6.1. Deskription des Gegestandes

In Kapitel 5.1. wurde ausgeführt, daß ein großer Teil der Schüler/innen, die individuelle pädagogische Unterstützung beim sprachlich-kommunikativen Lernen brauchen, keine Sonderschule besuchen, sie sollen unterrichtsbegleitende Sprachförderung (im Folgenden mit UBS abgekürzt) erhalten. In diesem Kapitel analysiere ich, inwieweit UBS als hinreichende Fördermaßnahme für den betroffenen Personenkreis angesehen werden kann. Mein Betrachtungsschwerpunkt liegt auf der Ebene der Schulverwaltung (administrative Ebene) und der Schulorganisation (organisatorische Ebene).

Bei dieser Art der Förderung handelt es sich nicht um eine schulorganisatorische Erfindung des 20. Jahrhunderts. Historische Vorläufer bilden die sog. Sprachheilkurse, die Ende des 19. und zu Beginn des 20. Jahrhunderts vorwiegend für Kinder, die stotterten, eingerichtet wurden (vgl. Voigt 1954, S.17f). Erklärtes Ziel dieser Kurse (die hauptsächlich als unterrichtsbegleitende Maßnahmen von speziell ausgebildeten 'Sprachheillehrern/innen' durchgeführt wurden und Kinder mit ähnlicher sprachlicher Symptomatik zusammenfaßten) war es, 'sprachkranke' Kinder zu 'heilen'.

UBS wird heute in den 'alten' Bundesländern auch als Sprachförderunterricht, Sprachsonderunterricht, Sonderunterricht für Sprachbehinderte oder ambulante Sprachförderung bezeichnet. Hinter den verschiedenen Namensgebungen verbergen sich ähnliche unterrichtsorganisatorische und inhaltliche Konzeptionen. Darüber, wie der schulorganisatorische vorgegebene Rahmen in Form der bundesländerspezifischen Verordnungen methodisch-didaktisch ausgefüllt werden soll, gibt es meines Wissens keine Empfehlungen seitens der Länderbehörden. Ein ähnliches Bild bietet ein Blick in die Fachliteratur. Bis auf wenige Ausnahmen findet man keine Arbeiten, die sich mit der UBS beschäftigen (vgl. Günther 1985, Orth-Jung 1989, Rodenwald 1991). Werner behandelt in seinem Aufsatz „Sprachtherapie im Schulalter" ein breites Spektrum an Organisationsformen, bezieht die UBS jedoch nicht in seine Überlegungen ein (vgl. Werner 1989, 161-184). In Zuckrigels Darstellung über die „Organisatonsformen des Sprachheilwesens" ist eine knappe Beschreibung der UBS bezogen auf ihre Organisationsform und Ziele zu finden (vgl. Orthmann 1982, 111).

Als wesentliche Ziele der UBS werden in den entsprechenden Verordnungen und Verwaltungsvorschriften die "Erfassung sprachauffälliger Schüler", ihre flächendeckende Versorgung, die Beseitigung sprachlicher Normabweichungen sowie Prävention und Frührehabilitation ohne institutionelle Segregation genannt (vgl. Nds. KM 1977, Rheinl.-Pfälz. KM 1986, auch Günther 1985, 145-146). Förderorte sind vorwiegend

Grundschulen, in selteneren Fällen Schulkindergärten und Sonderschulen.

Der Ablauf des Verfahrens bis zur Erteilung von UBS sieht vor, daß die Grundschulen der unteren Schulbehörde die Schüler/innen melden, die sie für sprachgestört halten. Eine Besprechung mit den Eltern und eine sonderpädagogische Überprüfung schließen sich an. Die untere Schulbehörde in Person eines/einer Schulaufsichtsbeamten/in entscheidet auf der Grundlage eines sonderpädagogischen Gutachtens oder eines Berichtes über die Teilnahme eines Kindes an UBS.

UBS wird vorwiegend in Kleingruppen (ca. 4-5 Schüler/innen) oder als Einzelunterricht außerhalb des Klassenunterrichtes von Sonderschullehrern/innen durchgeführt, welche Sprachbehindertenpädagogik als erste oder zweite Fachrichtung studiert haben. Die Gruppenzusammensetzung erfolgt meist störungsspezifisch (d.h. Kinder mit ähnlichen sprachlichen Problemen besuchen eine Gruppe) und kann jahrgangsübergreifend sein. UBS wird, wie der Name sagt, meist parallel zum regulären Unterricht durchgeführt. Die betroffenen Kinder bleiben stundenweise dem regulären Unterricht fern und besuchen, z.B. während Nebenfächer unterrichtet werden, den Sonderunterricht. Mit einem Teil ihres Stundendeputates sind die Sonderschulpädagogen/innen vom Unterricht an der Sonderschule freigestellt und erteilen UBS. Die dafür erforderlichen Lehrerstunden werden meist dem Stundendeputat der jeweiligen Sonderschule entzogen.

Die Aufgaben der Sonderschullehrer/innen beziehen sich auf folgende Bereiche:

- Erkennen von Sprachbehinderungen,
- Differentialdiagnostik,
- Förderung des Kindes,
- Beratung der Eltern und Grundschullehrer/innen, Kooperation mit anderen Institutionen (vgl.Orth-Jung/Isenbruck 1989, Günther 1985).

Für Sonderschullehrer/innen bedeutet die Erteilung von UBS oft, daß sie an mehreren Grundschulen arbeiten, ihre Pausen als Fahrzeiten verwenden müssen, um von einem Ort zum anderen zu kommen. Besprechungszeiten mit dem/der Grundschullehrer/in finden auf der Basis von Freiwilligkeit statt und sind z.T. mit Mehrarbeit verbunden.

Zur weiteren Verdeutlichung soll die Organisation der UBS an den Beispielen Rheinland-Pfalz und Saarland dargestellt werden. Seit 1975 wird in Rheinland-Pfalz eine flächendeckende Betreuung 'sprachbehinderter' Schüler/innen angestrebt (vgl. Orth-Jung 1989). In einer ersten Entwicklungsphase wurden sog. Ambulatorien eingerichtet, die organisatorisch an die wenigen vorhandenen Schulen für Sprachbehinderte angebunden waren. Diese Struktur wurde ab 1986 aufgrund organisatorischer Probleme (z.B. langer Fahrzeiten für die Lehrer/innen und hoher Reisekosten) aufgegeben. Seitdem wird eine stärkere Dezentralisierung und Regionalisierung in der schulischen Arbeit mit den betroffenen Schülern/innen angestrebt (vgl. Rodenwald 1991, 422). Gegenwärtig erfolgt die Organisation der UBS über die Schulen für Lernbehinderte, die als sog. Stammschulen fungieren. Gemäß der „Verwaltungsvorschrift des rheinland-pfälzischen Kultusministeriums vom 15.8.1986 über die Organisation der ambulanten Fördererziehung für sprachgestörte Schüler" stellen sich die organisatorischen Rahmenbedingungen wie folgt dar (vgl. Rheinland-pfälzisches KM 1986):

- alle Sonderschulen können Standorte der UBS sein, von denen aus die im Einzugs bereichen bereich liegenden Grundschulen mit Sonderunterricht versorgt werden;
- die Leiter/innen der Schulen für Lernbehinderte und der Grundschulen entscheiden auf der Grundlage der Vorschläge der Sprachbehindertenpädagogen/innen über den Umfang der UBS an den im Einzugsbereich liegenden Grundschulen (meistens einmal wöchentlich 20 oder 45 Minuten);
- jede/r Sprachbehindertenpädagoge/in erteilt mindestens 6 Stunden Klassenunterricht an seiner/ihrer Stammschule;
- der Zeitraum seiner/ihrer Tätigkeit an einer Grundschule umfaßt mindestens ein Schuljahr;
- die in der UBS tätigen Sonderschullehrer/innen sollen ihre Planung für den Sonderunterricht schriftlich festlegen und mindestens zweimal im Jahr an einer Fachtagung teilnehmen;
- vorschulische Einrichtungen werden bei der Durchführung von UBS nicht berücksichtigt.

Seit dem Schuljahr 1981/82 wird im Saarland Sprachsonderunterricht für Kinder der Schulkindergärten und der ersten Grundschulklassen angeboten. Der Bedarf an UBS wird wie in Rheinland-Pfalz durch die Sprachbehindertenpädagogen/innen aus benachbarten Schulen für Lernbehinderte abgedeckt. Die Aufgabenbereiche dieser Pädagogen/innen beziehen sich auf:

- die Überprüfung der gemeldeten Schüler/innen;
- die Beratung von Grundschullehrer/innen, Eltern und Schüler/innen;
- die Sprachförderung in der direkten Arbeit mit dem Kind;
- die Vermeidung von Sonderschulbedürftigkeit aufgrund sprachlicher Defizite;
- die intensive Information aller Betroffenen (vgl. Günther 1985, 146).

Nach der allgemeinen Beschreibung der Organisationsformen und Ziele der UBS erfolgt eine Einschätzung aus pädagogischer Sicht. Stimmt die untere Schulbehörde dem Antrag zur Durchführung von UBS zu, so ist die sprachlich-kommunikative Förderung des betreffenden Kindes ab jetzt Aufgabe des/der Sonderschullehrers/in. Es besteht die Gefahr, daß durch die Trennung der Zuständigkeitsbereiche zwischen beiden Berufsgruppen der/die Regelschullehrer/in sich nicht mehr für das sprachlich-kommunikative Lernen des Kindes verantwortlich fühlt.

Da Lehrer/innen Zusammenarbeit nicht erlernt haben, wird UBS in den seltensten Fällen im sozialen Rahmen der Klassengemeinschaft durchgeführt, sondern in einer Sondersituation außerhalb des Klassenunterrichtes. Die länderspezifischen Verordnungen definieren UBS als pädagogische Maßnahme, die nicht medizinisch verordnet wird (vgl. z.B. Nds. SVBL 5/78). Trotzdem erfolgt die Organisation der UBS letztendlich in Anlehnung an medizinische Denk- und Arbeitsweisen. Alleine aufgrund der organisatorischen Rahmenbedingungen, die pro Kind oder Kindergruppe nur 20 bzw. 45 Minuten Sonderunterricht wöchentlich vorsehen, erscheint es fast als Zwangsläufigkeit, daß der Sprachsonderunterricht in Form einer isolierten Sprachtherapie durchgeführt wird. Dies bestätigt auch Günther; er schreibt:

> „Beim Sprachförderunterricht handelt es sich um eine isolierte Sprachtherapie (vgl.Braun/ Homburg/Teumer 1980,S.3), d.h., um einen speziellen Förderunterricht, der nicht während des Klassenunterrichtes stattfindet" (Günther 1985, 146).

Diese Vorgehensweise erfolgt in Anlehnung an die traditionelle Medizin, die kranke und gesunde Teile eines Menschen unterscheidet und ihn nicht in seiner Ganzheitlichkeit wahrnimmt. Eine solche isolierende Vorgehensweise innerhalb der Förderung, welche die Lebenswelt eines Kindes nicht einbezieht, kann zur zusätzlichen Erschwerung der sozialen Beziehungen eines Individuums führen (vgl. auch Milani-Comparetti 1982, 78/79). Kindliche Entwicklungspotentiale im Sinne der Fähigkeit, sich Sprache aktiv im sozialen Umgang mit anderen Menschen anzueignen, finden bei der Konzeption der UBS in ihrer derzeitigen Gestalt kaum Berücksichtigung.

6.2. Die Einführung unterrichtsbegleitender Sprachförderung - Analyse möglicher Enstehungshintergründe

In den meisten Bundesländern wurden schulgesetzliche Bestimmungen zur Durchführung von UBS Ende der 70er bis Anfang der 80er Jahre erlassen. Im niedersächsischen Schulverwaltungsblatt 5/1978 wurde beispielsweise als wesentlicher Grund für die Verordnung über UBS die große Anzahl 'sprachauffälliger' Kinder genannt (vgl. Nds. KM 1978). Ich gehe davon aus, daß gesamtgesellschaftliche Faktoren, die bisher in der Fachliteratur nicht thematisiert wurden, im Zusammenhang mit der Einführung der UBS eine Rolle spielen. Im allgemeinen strukturellen Auf- und Ausbau des Betreuungswesens für Menschen mit Behinderungen in den 60er und 70er Jahren und in der Durchführung öffentlicher Informationskampagnen sehe ich wichtige Voraussetzungen für die schulgesetzliche Verankerung der UBS.

Unter dem Eindruck des 'Sputnikschocks' und einem akuten Arbeitskräftemangel, der Anfang der 60er Jahre zur Anwerbung von Arbeitsemigranten/innen aus Südeuropa führte, wurde eine optimale Ausnutzung der Qualifikationsfunktion der allgemeinen Schule angestrebt (vgl. Klemm 1986, 15). Jantzen stellt einen unmittelbaren Zusammenhang zwischen dem Arbeitskräftemangel der 60er Jahre und der Intensivierung der schulischen und außerschulischen Betreuung von Menschen mit Behinderungen her. Er schreibt:

„Kann ein rehabilitierter Behinderter 70% der Produktivkraft eines qualifizierten Nicht-Behinderten erreichen, so ist es, bei unmittelbarer Knappheit qualifizierter Arbeitskraft, rentabel, die Reparaturkosten für die Arbeitskraft des Behinderten aufzubringen (...)" (Jantzen 1974, 73).

Die Nachkriegsjahre und die Periode bis Mitte der 70er Jahre war eine Zeit des strukturellen Aufbaues eines umfassenden institutionellen Netzes zur 'Erfassung', Betreuung und Aussonderung von Menschen mit Sprachstörungen. Es entstanden Beratungsstellen an Schulen und Gesundheitsämtern, Sprachheilkindergärten, Sprachheilklassen, -heime und -schulen. Die Existenz dieser Institutionen wurde durch die Verabschiedung von Fürsorgeänderungsgesetz (FÄG, 1953) und Bundessozialhilfegesetz (BSHG, 1962) finanziell abgesichert.

Die Anwendbarkeit des FÄG auf einen größeren Personenkreis war dadurch gegeben, daß der Terminus 'Hör- und Sprachgeschädigte' an Stelle von 'Taubstummen' eingeführt wurde.

„Durch das neue FÄG werden alle diejenigen Hilfsbedürftigen erfaßt, bei denen - gleichgültig ob aus organisch oder psychisch bedingten Gründen- ein Schaden in der Hör- und Sprachfähigkeit besteht, der eine besondere Erwerbs- und Berufsausbildung erfordert" (Kirsten 1954, 208).

Somit galten 'sprachgestörte' Menschen im Sinne dieses Gesetzes als Hilfsbedürftige. Steinig geht im Zusammenhang mit seiner Interpretation des Gesetzes davon aus, daß jedes 'Sprachleiden' zur Berufseinschränkung führen kann und eine soziale Minderwertigkeit darstellt und durch das FÄG

„(...) die Fürsorge für sprachleidende Menschen zur Pflichtaufgabe geworden und die Sprachkrankenfürsorge damit gleichberechtigt neben die Blinden-, Taubstummen- und Krüppelfürsorge getreten ist" (Steinig 1957, 27).

Das 1962 in Kraft tretende BSHG löste das Fürsorgerecht von 1924 ab und paßte die jetzt Sozialhilfe genannte Fürsorge einem gewandelten Sozialverständnis an. Die Auswirkung der Verabschiedung des BSHG für den hier behandelten Personenkreis wurden von Sprachbehindertenpädagogen/innen als so einschneidend für ihre Arbeit angesehen, daß die Arbeitsgemeinschaft für Sprachheilpädagogik in Deutschland 1964 ihre Jahrestagung zum Thema 'Die Rehabilitation Sprachgeschädigter und das BSHG' veranstaltete.

Gemäß § 124 galten 'sprachgestörte' Menschen ab 1962 erstmalig offiziell als Behinderte, wenn „eine nicht nur vorübergehende Beeinträchtigung der Seh-,Hör- und Sprachfähigkeit" vorliegt und die Sprachfähigkeit nicht für eine Teilnahme am Leben in der Gemeinschaft ausreichte und/oder sie ihre Sprache nicht für einen angemessenen Platz im Arbeitsleben verwerten können. In diesem Sinne Behinderten steht 'Eingliederungshilfe' zu, die alle erforderlichen Maßnahmen zur Rehabilitation umfassen soll, wie z.B. die Aufnahme in ein Sprachheilheim, eine Sprachheilschule oder sprachtherapeutische Betreuung. Auf Länderebene koordiniert der Landesarzt für Sprachgeschädigte die Arbeit in Kooperation mit einem Team bestehend aus Ärzten (verschiedenster Fachrichtungen), Psychologen, Sprachheilpädagogen, Logopäden und Gehörlosenpädagogen. Durch die Arbeit der Gesundheitsämter soll auf regionaler Ebene eine umfassende Erfassung und Beratung gewährleistet sein. In Fachkreisen wurde über die Notwendigkeit einer Meldepflicht für Sprachgestörte diskutiert, deren Befürworter sich allerdings nicht durchsetzen konnten.

"Spricht ihr Kind wie andere Kinder?" ist der Titel einer breit angelegten öffentlichen Informationskampagne, die sich mit den Auswirkungen von und Maßnahmen gegen Sprachbehinderungen beschäftigt (vgl. Teumer/Schwarze 1982). Zielgruppe der Kampagne sind vor allem Erzieher/innen, Ärzte/innen, Psychologen/innen und Eltern, deren Aufmerksamkeit über Publikationen in Tageszeitungen und Zeitschriften, Plakatanzeigen, Informationsmaterial in öffentlichen Einrichtungen, Vortragsreihen und Fortbildungsveranstaltungen auf den Problemkreis Sprachbehinderungen gelenkt werden soll.

Ein von Teumer/Schwarze herausgegebenes Materialpaket gibt Einblick in die große Bandbreite der Medien und Methoden zur Öffentlichkeitsarbeit (Teumer/ Schwarze 1982). In inhaltlicher Hinsicht soll vermittelt werden, daß hinreichende Informationen von Eltern und Fachkräften im Hinblick auf die Prävention von Sprachbehinderungen notwendig sind. Dem Bereich der Früherkennung wird ein breiter Raum der Darstellung gewidmet. Die Notwendigkeit von Früherkennung und Prävention wird mit Kosten-Nutzen Argumenten begründet, wie dem folgenden Zitat zu entnehmen ist:

> „(...) daß Frühmaßnahmen bei sprachauffälligen Kindern besonders gut angelegt sind, daß daher der Einsatz von Sonderpädagogen im Vorschul- und Regelschulbereich volkswirtschaftlich gewinnbringend ist. Was wir heute nicht an Geld für die Öffentlichkeitsarbeit auf dem Sektor Früherfassung, Beratung und Behandlung vier- bis siebenjähriger sprachauffälliger Kinder ausgeben, um die Voraussetzungen zu schaffen, daß diese Kinder problemlos in den Kindergarten und die Schule integriert werden, das müssen wir morgen um ein Vielfaches in Sprachtherapeuten, sonderpädagogische, sprachtherapeutische Institutionen investieren" (Teumer/ Schwarze 1982, o. Seitenangabe).

Das Infopaket enthält u.a. Rohentwürfe für Elternbriefe, Zeitungsartikel und eine Konzeption für eine Fortbildungsveranstaltung. Es ist in seiner inhaltlichen und äußerlichen Gestaltung einfach und zur unveränderten Übernahme durch niedergelassene Sprachtherapeuten/innen und Sprachbehindertenlehrer/innen gedacht. Ihre Intentionen formulieren die Herausgeber im Vorwort zum Infopaket wie folgt:

> „Wir sind überzeugt, daß mittel- bzw. langfristig über eine gebündelt vorgenommene Öffentlichkeitsarbeit unter Einschaltung verschiedener Medien und Methoden der Ansprache notwendige Einstellungsänderungen in weiten Kreisen der Bevölkerung zu erreichen sind. Gleichfalls meinen wir, daß- damit einhergehend- Veränderungen bei der Inanspruchnahme vorhandener pädagogischer Einrichtungen durch Betroffene bewirkt werden können" (Teumer/ Schwarze 1982, o. Seitenangabe).

Vermutlich wurde von diesem Material - alleine wegen der Einfachheit in der

Handhabung - rege Gebrauch gemacht. Auch, weil sich Sprachbehindertenpädagogen/ innen durch den Einsatz des Materialpaketes standespolitische Vorteile versprachen. Wie dem Zitat zu entnehmen ist, sollte im Zusammenhang mit der Öffentlichkeitsarbeit erreicht werden, daß bereits vorhandene Einrichtungen in Zukunft besser frequentiert werden.

Aus meinen bisherigen Ausführungen ziehe ich die Schlußfolgerung, daß die Einführung der UBS vor dem Hintergrund mehrerer Bedingungen zu verstehen ist. Die Veränderung der Sozialgesetzgebung spielt dabei ebenso eine Rolle wie die breite Öffentlichkeitskampagne, die mit dem hauptsächlichen Ziel der Prävention von Sprachbehinderungen durchgeführt wurde. Eltern und Fachkräfte sollten für den Problemkreis gestörter Sprache und ihre Auswirkungen sensibilisiert werden. Dadurch und durch verbesserte Möglichkeiten zur Finanzierung entstand ein erhöhter Bedarf nach speziellen Maßnahmen zur Sprachtherapie und -förderung. Vor dem Hintergrund einer breit geführten Diskussion darüber, ob die deutschen Schulen ihre Schüler/innen hinreichend qualifizieren, interpretiere ich die UBS als eine schulorganisatorische Maßnahme, die mit dem Ziel der Intensivierung und Verbesserung der Qualifikation der Schülerpopulation mit Sprachstörungen in Kraft gesetzt wurde. Nach den damals publizierten empirischen Untersuchungsergebnissen sollte diese Schülergruppe zwischen 0,75 und 3% aller Schüler/innen umfassen (vgl. Kap. 5.1.).

6.3. Sprachsonderunterricht in Niedersachsen - exemplarische Darstellung

Aufgrund der bisherigen Argumentation kristallisiert sich heraus, daß im Zusammenhang mit der Einführung der UBS Qualifikationsaspekte und ökonomische Faktoren als Entstehungshintergründe zu nennen sind. In diesem Kapitel diskutiere ich anhand des niedersächsichen Beispieles, inwieweit UBS als Maßnahme zur Nichtaussonderung von Kindern, die individuelle pädagogische Unterstützung beim sprachlich-kommunikativen Lernen brauchen, einzuschätzen ist.

Die Verordnung über die „Aufnahme und Überweisung in die Sonderschule und über Sonderunterricht", in welcher der Paragraph 13 die UBS regelt, trat 1977 in Kraft (Nds. KM 1977). Stellt man Recherchen zur schulpolitischen Situation Mitte der 70er Jahre in Niedersachsen an, so zeigt dies interessante Ergebnisse. Der Statistik der allgemeinbildenden Schulen in Niedersachsen Stand 1988/89 ist zu entnehmen, daß von 1955 bis 1977 die Schülerzahlen in Niedersachsen durch stetiges Wachstum gekennzeichnet sind (Nds. KM 1989, 19). Diese Entwicklung stagniert ab 1978, für die nächsten beiden Jahre wird ein Schülerrückgang an Regelschulen um ca. 10% prognostiziert, der auch tatsächlich eintritt (GEW 1978, 5). Nach geltendem Schulgesetz wären anhand dieser Prognose 200 Grundschulen eventuell von Schulschließungen betroffen gewesen, denn das Nds. Schulgesetz bestimmt im §5(2): „Die Grundschule hat in der Regel wenigstens zwei Züge (..)" (zit. nach GEW 1978, 5). Im nichtamtlichen Teil des Schulverwaltungsblattes wird 1978 von einer „großen

Anzahl sprachbehinderter Kinder" ausgegangen (Nds. KM 1978). Hätte man zum damaligen Zeitpunkt bei allgemein rückläufigen Schüler/innenzahlen die Umschulung in Schulen für Sprachbehinderte durchgeführt, so hätte dies zu negativen Auswirkungen bei der Erhaltung von Funktionsstellen an den Grundschulen geführt. Außerdem wären zusätzliche Investitionen zum Bau neuer Sonderschulen notwendig gewesen.

Als wesentliche Ziele des § 13 werden im niedersächsischen Schulverwaltungsblatt folgende genannt (vgl. Nds. KM 5/1978):

- eine flächendeckende Erfassung aller sprachgestörten Grund-und Vorschüler
- die Überprüfung der gemeldeten Schüler durch Sprachbehindertenpädagogen
- die Intensivierung und verbindliche Regelung des 'Sprachheilunterrichtes'
- die Überwindung von Sprachstörungen durch die Betreuung in Vor- und Grund schulen
- die Vermeidung von Sonderschulbedürftigkeit für Kinder mit ausschließlich sprach lichen Defiziten (Herv. I.K.K.).

Im Rahmen einer erfolgreichen Umsetzung des Paragraphen 13 wird den Sonderschullehrern/innen und Schulaufsichtsbeamten/innen besondere Verantwortung übertragen. Im genannten Schulverwaltungsblatt ist nachzulesen, daß

„(...) die flächendeckende Durchführung des Sonderunterrichtes für Sprachbehinderte eine relativ schnell zu erledigende Aufgabe sei, wenn die Maßnahme der Schulbehörde von der Sonderschullehrerschaft mit getragen werde" (Nds. KM 1978).

Inwieweit die genannte Forderung als realistisch einzuschätzen ist, analysiere ich im Hinblick auf den damaligen Ausbildungsstand der Lehrer/innen an Sonderschulen und der Einstellungspolitik der damaligen Landesregierung. 1977 sind nur ca. 30% der an Sonderschulen arbeitenden Lehrkräfte für diese Tätigkeit ausgebildet, das Unterrichtsfehl an dieser Schulform liegt bei 20-30% (GEW 9/1977, 9). Freistellungen von Sonderschullehrern/innen zur Durchführung von Sprachsonderunterricht an Grundschulen werden vom Stundendeputat der Sonderschule abgezogen. Sie sind formal nur vertretbar, wenn die Unterrichtsversorgung einer Schule über 100% liegt. Ist diese Versorgung nicht gegeben, so fallen Fördermaßnahmen und Unterricht in der Sonderschule aus, um UBS in Grundschulen erteilen zu können.

Im Rahmen eines Expertengespräches mit einem Schulaufsichtsbeamten habe ich eruiert, inwieweit bei der Arbeitsbelastung und den Ausbildungsvoraussetzungen niedersächsischer Schulaufsichtsbeamten/innen davon ausgegangen werden kann, daß sie sich für die genannten Ziele einsetzen. Dabei stellte sich heraus, daß die Arbeitsbelastung des/der einzelnen Beamten/in hoch ist und sie neben der Organisation der UBS mit einer Vielzahl anderer Generalien beauftragt sind.

Außer der Verordnung und den Ausführungen zur Verordnung im Niedersächsischen Schulverwaltungsblatt liegen keine weiteren Vorgaben zur Organisation der UBS vor, insofern bleiben den einzelnen Beamten/innen große Ermessensspielräume, die sie je nach ausbildungsmäßigen Voraussetzungen, individuellem Engagement für den betroffenen Personenkreis und regionalen Gegebenheiten unterschiedlich ausfüllen können.

Meine folgenden Ausführungen beziehen sich auf das im Schulverwaltungsblatt formulierte Ziel einer Intensivierung der Sprachförderung. Ab Schuljahr 1985/86 ist das quantitative Ausmaß der Förderung in der Statistik der allgemeinbildenden Schulen in Niedersachsen dargestellt (vgl. Nds. KM 1986). Die folgende Abbildung gibt Auskunft über die Anzahl der geförderten Kinder und die dafür veranschlagten Lehrer/innenstunden im Zeitraum von 1985 - 1991 (vgl. Abb. 13).

Sonderunterricht für 'Sprachbehinderte' an Grundschulen		
Jahr	Schüler/innen	Unterrichtsstunden
1985	3483	1110
1986	4241	1321
1987	4994	1588
1988	5753	1677
1989	5791	1671
1990	6070	1716
1991	6322	1883

Abb.13 UBS Niedersachsen/Schüler/innen/Unterrichtsstunden 1985-1991

Der Abbildung ist ein kontinuierlicher Anstieg der Schüler/innenzahl auf fast das Doppelte zu entnehmen. Dagegen steigt die Zahl der Lehrer/innenstunden um etwas mehr als ein Drittel.

UBS wird in Niedersachsen als Gruppen- und Einzelunterricht erteilt. UBS darf erst dann an einer Schule stattfinden, wenn mindestens sechs Schüler/innen zur Teilnahme gemeldet sind. Bei einer Betrachtung des Gruppenunterrichtes ergibt sich folgendes Verhältnis von Gruppengröße und Stundenzahl pro Gruppe (vgl. Abb. 14).

Jahr	Gruppengröße	Stunden pro Gruppe
1985	3,7	1,16
1986	3,8	1,14
1987	4,0	1,21
1988	3,9	1,08
1989	3,9	1,08
1990	4,0	1,06
1991	3,8	1,06

Abb.14 UBS Niedersachsen/Gruppenunterricht 1985-1991

Die Abbildung dokumentiert eine Konstanz der Gruppengröße von etwa vier Schüler/innen über den Zeitraum von 6 Jahren. Jede Gruppe erhält pro Woche durchschnittlich eine Unterrichtsstunde UBS mit leicht abnehmender Tendenz in den letzten vier Jahren.

Bezogen auf den Einzelunterricht ergibt sich für den gleichen Zeitraum folgendes Bild:

Einzelunterricht pro Schüler/in Unterrichtsstunden

1985 -- 0,46

1986 --0,44

1987 --- 0,41

1988 -- 0,39

1989 --0,39

1990 ---0,37

1991 ---0,40

Abb.15 UBS Niedersachsen/Einzelunterricht 1985-1991

Beim Einzelunterricht ist eine rückläufige Tendenz festzustellen; während 1985 pro Kind etwa eine halbe Unterrichtsstunde veranschlagt wurde, sind es 1991 nur noch 0,40 Unterrichtsstunden.

Aus meinen Recherchen zur Organisation und Durchführung der UBS in Niedersachsen resultiert die folgende kritische Einschätzung. Die Durchführung der UBS basiert auf dem §13 "Sonderunterricht für Sprachbehinderte" aus der Verordnung des niedersächsischen Kultusministers zur Überweisung in die Sonderschule und über Sprachsonderunterricht (Nds. KM 1977). Somit geht einer UBS immer eine Überprüfung durch einen/eine Sonderpädagogen/in voraus, der/die einen Bericht über das Kind abfaßt und diesen an die untere Schulbehörde weiterleitet. Die Eltern gehen das Risiko ein, daß sich eine Einweisung in eine Sonderschule anschließt, wenn die UBS keinen hinreichenden Erfolg bei ihrem Kind zeigt.

Der schulverwaltungstechnische und personelle Aufwand pro zu überprüfendem Kind ist erheblich, er läßt sich in 8 Stufen beschreiben. Ein/e Grundschullehrer/in meldet einen/eine Schüler/in (1), der/die Schulleiter/in gibt die Daten weiter an das zuständige Schulaufsichtsamt (2), der/die zuständige Beamte/in beauftragt einen/eine Sonderschullehrer/in mit der Überprüfung des Kindes (3). Während der/die Sonderschullehrer/in an der Grundschule hospitiert (4) und den sprachlichen Status des gemeldeten Kindes feststellt (5), kann möglicherweise der Unterricht in seiner/ihrer eigenen Klasse an der Sonderschule nicht durchgeführt werden. Eventuell führt der/die Klassenlehrer/in oder der/die Schulaufsichtsbeamte/in ein Gespräch mit den

Eltern, um sie vom Sinn der gesamten Maßnahme zu überzeugen (6), da die Erziehungsberechtigten auf die Durchführung der Überprüfung nicht selten mit Skepsis und Angst reagieren. Schließlich faßt der/die Sonderschullehrer/in einen Bericht ab (7) und der/die Schulaufsichtsbeamte/in muß ihm zustimmen und bei knapper Personalkapazität entscheiden, welche der überprüften Kinder UBS erhalten und welche nicht (8).

Im Zusammenhang mit dem schulverwaltungstechnischen und personellen Aufwand allein für die Entscheidung bis zur Einleitung von UBS müssen auch die finanziellen Aufwendungen in die Überlegungen einbezogen werden. Die jährlichen finanziellen Aufwendungen für UBS können im Rahmen einer Überschlagsrechnung pauschal ermittelt werden. Für das Jahr 1991 läßt sich diese Rechnung wie folgt anstellen. Im Grundschulbereich werden 1883 Unterrichtsstunden für UBS bereitgestellt, deren Äquivalent 72 Sonderschullehrerstellen sind. Nach einer mündlichen Auskunft aus dem niedersächsischen Kultusministerium wird eine Sonderschullehrerstelle im Landeshaushalt mit DM 75830.- veranschlagt. Daraus läßt sich ermitteln, daß im Jahr 1991 ca. DM 5,5 Millionen für den „Sonderunterricht für Sprachbehinderte" im Grundschulbereich investiert wurden. Bei in diesem Jahr 6322 geförderten Kindern kann von DM 850.- an Kosten für UBS ausgegangen werden.

Zweifel an der Effektivität der UBS aus pädagogischer Sicht erscheinen in mehrfacher Hinsicht angebracht - hinsichtlich der unter dem analysierten Zeitfaktor möglichen didaktisch-methodischen Gestaltung der eigentlichen Fördersituation und bezogen auf die nicht vorgesehene Kooperation zwischen Grund- und Sonderschullehrer/in.

Wenn nur ca. 20 Minuten für die Sprachförderung pro Kind wöchentlich zur Verfügung steht, gibt es kaum eine andere Möglichkeit, als isoliert an den sprachlichen Symptomen des Kindes zu arbeiten und die pragmatisch-kommunikative Seite der Sprachverwendung weitgehend zu vernachlässigen.

Innerhalb der sprachbehindertenpädagogischen Fachliteratur herrscht Konsens über die Notwendigkeit zur Durchführung einer sog. mehrdimensionalen Sprachförderung. In diesem Zusammenhang sind die Kommunikationstherapie nach Motsch oder die psychomotorisch orientierte Sprachentwicklungsförderung nach Kleinert-Molitor zu nennen (vgl. auch Dannenbauer 1984, 1991; Kleinert-Molitor 1989; Motsch 1989). Übereinstimmend wird von den genannten Autoren/innen ein pädagogisches Vorgehen gefordert, das den Aspekt der Sprachverwendung im alltäglichen Lebensrahmen des Kindes einbezieht, das im Sinne von Entwicklungsbezogenheit am individuellen Sprachsystem des Kindes ansetzt und das seine Selbstlernpotentiale freisetzt (Dannenbauer 1984, 36f). Dannenbauer belegt für Kinder, die dysgrammatisch sprechen, daß Satzmuster-, sowie Vor- und Nachsprechübungen zwar in einem hochstrukturierten Therapiesetting den gewünschten Erfolg zeigen können, jedoch von einer Übertragung in den spontanen kindlichen Sprachgebrauch nicht ausgegangen werden kann (Dannenbauer 1991, 203). Die geschilderten schulorganisatorischen Rahmenbedingungen im Zusammenhang mit der Durchführung von UBS erschweren ein Vorgehen im Sinne von mehrdimensionaler Sprachförderung.

Wenn ein Kind funktionale Sprachstrukturen nicht durch Training in isolierten Therapiesituationen, sondern durch den Gebrauch der Sprache in bedeutungsvollen natürlichen Situationen erwirbt, ist ein einmaliger wöchentlicher kurzer Einsatz eines/ einer Sprachbehindertenpädagogen/in nicht ausreichend. Beratungszeiten zwischen Grund-, Sonderschullehrer/in und den Erziehungsberechtigten des Kindes können kaum durchgeführt werden.

Abschließend ist festzustellen, daß Aufwand und Effektivität bei der Durchführung von UBS in einem ungünstigen Verhältnis stehen. Als wesentliche Kritikpunkte sind zusammenfassend der segregierende Charakter dieser Maßnahme für das Kind und seine Eltern zu nennen. Durch die restriktiven zeitlichen und organisatorischen Rahmenbedingungen kann UBS nicht gemäß dem aktuellen fachwissenschaftlichen Stand durchgeführt werden, sondern wird, der Not der Situation gehorchend, in den meisten Fällen als Sprachübungsbehandlung angeboten. Eine pädagogisch begründe- te Basis für diese schulbegleitende Maßnahme fehlt und läßt sich unter den beschrie- benen Rahmenbedingungen nicht herstellen. Insofern müssen andere inhaltliche und organisatorische Wege zur Förderung von Kindern, die individuelle pädagogische Unterstützung beim sprachlich-kommunikativen Lernen brauchen, in der Grundschu- le gefunden werden.

Bezogen auf die betroffene Personengruppe bringt die Durchführung von UBS einen hohen Anpassungsdruck und Zwang zur Normalität für den Einzelnen mit sich. Wie gezeigt wurde, werden im Rahmen einer Regeleinrichtung in begrenztem Umfang Hilfen zur Beseitigung des Defektes bereitgestellt; tritt der erwünschte Erfolg nicht in einer vorgegebenen Zeit (z.B. einem Schuljahr) ein, so erfolgt die Einweisung in eine Schule für Sprachbehinderte oder in eine andere Sonderschule.

UBS ist als schulorganisatorische Maßnahme zu bewerten, welche vorgegebene schulische Rahmenbedingungen in ihrem Bestand unangetastet läßt. Der angestrebte Veränderungsprozeß konzentriert sich auf das Individuum und seinen Defekt, der beseitigt werden soll. Nach meiner Meinung wird durch die UBS die kostengünstige Einpassung von Schülern/innen, die individuelle pädagogische Unterstützung beim sprachlich-kommunikativen Lernen brauchen, in bestehende Verhältnisse bezweckt.

IV Analyse sprachlich-kommunikativer Fähigkeiten eines Kindes in seinem Umfeld als Basis für die Förderung in der Schule

7. Die Analyse sprachlich-kommunikativer Fähigkeiten eines Kindes in seinem Umfeld (SKFU-Analyse)

Die Weiterentwicklung der kindlichen Persönlichkeit stellt einen wichtigen Bestandteil des Bildungsauftrages der Schule dar. Die Verfügungsmöglichkeiten eines Menschen über Laut- und Schriftsprache sind in unserem Kulturkreis eine wichtige Voraussetzung für den Zugang zu Bildung und für die gesamte Persönlichkeitsentwicklung. Deshalb ist die Erfüllung dieses Bildungsauftrages mit der besonderen Berücksichtigung und Förderung sprachlich-kommunikativer Fähigkeiten der Schüler/innen verbunden.

Bedingt durch die zunehmende Ausweitung der gemeinsamen Erziehung in Deutschland (acht von sechzehn Bundesländern ermöglichen durch ihre Schulgesetze den gemeinsamen Schulbesuch) werden zukünftig in größerer Anzahl Schüler/innen, die individuelle pädagogische Unterstützung beim sprachlich-kommunikativen Lernen brauchen, allgemeine Schulen besuchen. Insofern wird sich der Personenkreis, der dort eine besondere Sprachförderung braucht - nicht nur um die im traditionellen Sinne 'sprachbehinderten' Schüler/innen - sondern auch um Kinder mit Körperbehinderungen, geistigen Behinderungen und Lernbehinderungen erweitern. Im Kapitel 6.3 wurden die Probleme bei der Durchführung einer isolierten Sprachförderung innerhalb der allgemeinen Schule ausführlich erörtert. Nach der Maßgabe einer nichtaussondernden Pädagogik (vgl. Kap. 1) ist eine Dezentralisierung der Hilfe für diese Schüler/innen notwendig und sinnvoll. In Anbetracht der Tatsache, daß es besonders in den ersten Grundschulklassen Schüler/innen gibt, bei denen zeitlich begrenzte Sprachstörungen vorliegen, besteht ein umfangreicher Bedarf nach Sprachförderung innerhalb der Grundschule (vgl. Dupuis 1973, 272; Kolonko/Krämer 1992b, 125). Diese soll im Rahmen des regulären Schulalltages durchgeführt werden. Ausgehend vom aktuellen Entwicklungsstand des Kindes strebt sie die Förderung sprachlich-kommunikativer Handlungskompetenzen an, die es dem Kind ermöglichen, sich in seinem alltäglichen sozialen Umfeld besser zurecht zu finden. Handlungsleitend für die an diesem Förderprozeß beteiligten Pädagogen/innen sollte das Bedürfnis des Kindes sein - auf der Basis gemeinsamer Tätigkeit - erfolgreiche kommunikative Austauschprozesse zu erzielen (vgl. Kolonko/Krämer 1992b, 126).

Aus schulorganisatorischer Sicht ließen sich die formulierten Ansprüche auf der Basis einer Grundversorgung mit Sprachbehindertenpädagogen/innen oder Logopäden/innen für allgemeine Schulen realisieren. Eine solche Grundversorgung ist bisher noch in keinem Bundesland als eigenständige Organisationsform vorgesehen.

Deren Gewährung würde auf der Maßgabe basieren, daß

- eine bestimmte Anzahl von Sonderschulpädagogenstunden pro Klasse regulär vorgesehen wird,
- Sprachbehindertenpädagogen/innen an Grundschulen angestellt sind,
- die Sprachförderung im Rahmen des regulären Unterrichtes auf der Basis der Kooperation zwischen Grund- Sonderpädagogen und durchgeführt wird.

Ein ähnliches Modell sieht das Hamburger Schulgesetz mit der Organisationsform der integrativen Regelklassen vor (vgl. Amt für Schule 1990, 15). Diese Klassen nehmen Kinder auf, die bisher an Schulen für Lernbehinderte und Schulen für Sprachbehinderte unterrichtet wurden; sie erhalten nach der Maßgabe des genannten Referentenentwurfes pro Zug 13 Sonderschulpädagogennstunden.

Meine folgenden Ausführungen zur Analyse sprachlich-kommunikativer Fähigkeiten eines Kindes in seinem Umfeld (SKFU-Analyse) setzen eine (sprach-)pädagogische Grundversorgung an allgemeinen Schulen als Idealzustand voraus. Die Konzeption als solche ist jedoch in ihrer Anwendung nicht zwingend an diese Organisationsform gebunden.

7.1. Darstellung der Konzeption

Die Sprache eines Menschen ist eine zutiefst soziale Fähigkeit, deshalb sollten bei der Ermittlung eines sprachlich-kommunikativen Förderbedarfes die Bedingungen im unmittelbaren Lebensumfeld der Person einbezogen werden. Dieser Tatsache trägt die SKFU-Analyse Rechnung. Bevor ich die theoretischen Grundlagen der SKFU-Analyse darstelle, wird zum besseren Verständnis eine überblicksartige Beschreibung der Gesamtkonzeption vorangestellt.

Bei der SKFU-Analyse handelt es sich um eine von mir entwickelte Konzeption zur Ermittlung des individuellen pädagogischen Förderbedarfes im sprachlich-kommunikativen Bereich. Sie tritt an die Stelle einer Diagnostik, welche lediglich das Kind 'untersucht' und andere Systemvariablen nicht berücksichtigt (vgl. Kap. 4.2.).

Die Durchführung einer SKFU-Analyse ist angeraten, wenn Pädagogen/-innen, die im vorschulischen oder schulischen Bereich mit einem Kind arbeiten, die Vermutung haben, daß dieses individuelle pädagogische Unterstützung im Bereich des sprachlich-kommunikativen Lernens braucht und sie seine Förderbedürfnisse näher abklären wollen. Die Anwendung der Analyse ist unabhängig von der Institution - aufgrund der personellen Erfordernisse und der pädagogischen Grundlagen bietet sie sich besonders für die Arbeit in integrativen Gruppen an.

Meine folgenden Ausführungen beschreiben ausschließlich die Bedingungen für die Durchführung einer SKFU-Analyse im schulischen Bereich. Spezifische Rahmenbedingungen des vorschulischen Bereiches werden nicht thematisiert.

Wie der Abbildung 16 zu entnehmen ist, basiert die Konzeption auf der Kooperation zwischen mehreren Personen, die in der Darstellung durch Kreise gekennzeichnet sind. Die beteiligten Personen sind: Das Kind selbst, die Erziehungsberechtigten des Kindes, der/die Klassenlehrer/in, der/die Sonderpädagoge/in.

In der Darstellung sind einzelne Personen durch Dreiecke miteinander verbunden. Dreiecke kennzeichnen die einzelnen Arbeitsmethoden, die in ihrer Zusammenführung zu den Ergebnissen der Analyse führen. Der mittlere Kreis veranschaulicht dies. Die Ergebnisse einer SKFU-Analyse und die Sprachförderung basieren auf der Interaktion, Kommunikation und Kooperation der beteiligten Personen unter den jeweiligen institutionellen und gesellschaftlichen Rahmenbedingungen (vgl. Kap. 1.2.).

eine Konzeption, um die individuelle pädagogische Unterstützung eines Kindes beim sprachlich-kommunikativen Lernen in der Schule zu ermitteln.

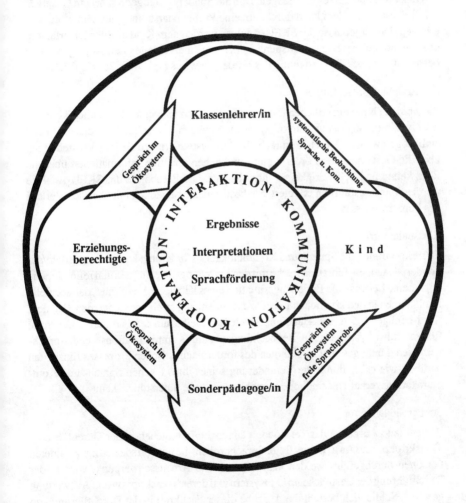

Abb. 16 SKFU - Analyse

Die folgende Beschreibung gibt einen ersten Überblick über Rolle und Aufgaben der einzelnen Personen und Methoden im Rahmen der gesamten Konzeption.

Das Kind

Spätestens zum Zeitpunkt der Einschulung können viele Kinder über ihre Sprache reflektieren, d.h. sie können Hinweise auf ihre Probleme geben oder diese benennen. Ich betrachte Kinder als Experten für die Gestaltung ihrer sprachlich-kommunikativen Lernprozesse, deshalb wird ihre Lernmotivation als wichtige Variable für das Gelingen des Förderprozesses einbezogen. Der/die Sonderpädagoge/in führt ein Gespräch im Ökosystem mit dem Kind durch, um eine Problemdarstellung aus seiner Sicht zu erhalten. Die Ergebnisse der SKFU-Analyse werden dem Kind ausführlich erläutert, es kann möglicherweise Anhaltspunkte über seine individuellen Lernwege geben und bestimmt mit über die Gestaltung des Förderprozesses (vgl. Abb. 20, Kap. 7.4.1.).

Die Erziehungsberechtigten

Sie werden als die eigentlichen Experten für ihr Kind betrachtet. Sprachlich-kommunikative Förderung ist nur sinnvoll, wenn die Erziehungsberechtigten in diesen Prozeß einbezogen werden. Durch Gespräche im Ökosystem bringen sie ihre Vorstellungen über die Gestaltung der Förderung ein und geben wichtige Informationen über die Fähigkeiten und Schwierigkeiten ihres Kindes. Die Ergebnisse der SKFU-Analyse werden ihnen ausführlich erläutert. Sie bestimmen maßgeblich mit über den Verlauf des Förderprozesses.

Klassenlehrer/in

Er/sie koordiniert die Sprach- und Kommunikationsförderung; kooperiert mit dem/der Sonderpädagogen; führt Gespräche mit den Erziehungsberechtigten und reflektiert die allgemeine Lebens- und Erziehungssituation eines Kindes; achtet darauf, daß spezielle Maßnahmen in den kindlichen Lebenszusammenhang so eingepaßt werden, daß dem Kind genügend Zeit und Handlungsspielraum bleibt, um sein normales Leben zu führen; führt systematische Beobachtungen zum Kommunikations- und Sprachverhalten durch; gewinnt im Rahmen des förderdiagnostischen Prozesses Einsichten darüber, wie er/sie durch die Veränderung seines/ihres eigenen Sprach- und Kommunikationsverhaltens kindliche Sprachlernprozesse unterstützen kann.

Sonderpädagoge /in

Wesentliche Aufgaben des/der Sonderpädagogen/in bestehen in der Durchführung, Transkription und Auswertung freier Sprachproben, die nur von speziell ausgebildeten Personen durchgeführt werden kann. Der zweite Arbeitsschwerpunkt wird in der Durchführung der Gespräche im Ökosystem und deren Transkription und Auswertung gesehen. Schließlich besteht die Aufgabe dieser Fachkraft in der Durchführung von spezifischer Beratung bezogen auf die sprachlich-kommunikativen Probleme und in der engen Kooperation mit dem/der Klassenlehrer/in. Organisation und Durchführung der Sprach- und Kommunikationsförderung gehören ebenfalls zum Aufgabenbereich.

Gespräche im Ökosystem

Der Begriff Ökosystem bezeichnet das Lebensumfeld des Kindes in den Bereichen Familie und Schule (vgl. auch Kap. 7.3.). Die Gespräche werden sowohl von dem/der Klassenlehrer/in wie von dem/der Sonderpädagogen/in mit dem Kind und seinen Bezugspersonen in der Schule oder zu Hause - mit unterschiedlich inhaltlichem und methodischem Vorgehen geführt. Ein wichtiger Zuständigkeitsbereich des/der Klassenlehrer/in liegt darin, das Kind in seiner 'Normalität' zu sehen, zu beschreiben und anzunehmen; dies ist die oberste Maxime im Erziehungsprozeß. Die Gespräche zwischen dem/der Klassenlehrer/in und den Eltern haben die allgemeine Erziehungssituation zum Gegenstand, sie dienen einem Austausch, bei dem die gesamte Entwicklung des Kindes im Mittelpunkt steht und gemeinsam reflektiert wird. Die Art der Dokumentation der Gesprächsinhalte bleibt dem/der Klassenlehrer/in überlassen.

Inhaltlich konzentrieren sich die Gespräche im Ökosystem, welche der/die Sonderpädagoge/in führen, dezidiert auf den sprachlich-kommunikativen Bereich. Anhand eines Gesprächsleitfadens werden Gespräche mit den unmittelbaren Kommunikationspartnern/innen des Kindes und dem Kind selbst geführt. Diese Gespräche werden per Tonband- oder Videoaufnahme dokumentiert und transkribiert. Aus ihrer Interpretation werden wesentliche Anhaltspunkte für die Förderung gewonnen (vgl. ausführliche Darstellung Kap. 7.4.1.).

Freie Sprachproben

Sie werden anstelle von standardisierten sprachdiagnostischen Verfahren von dem/der Sonderpädagoge/in durchgeführt und per Videoaufnahme dokumentiert. Die Transkription von zwei bis drei verschiedenen Kommunikationssituationen (z.B. zwischen dem Kind und anderen Kindern, zwischen dem Kind und den Eltern, zwischen dem Kind und dem/der Lehrer/in) und deren Interpretationen ermöglichen fundierte Aussagen über die Fähigkeiten und Probleme eines Kindes auf den einzelnen sprachlichen Strukturebenen und hinsichtlich seines Sprachgebrauches (vgl. ausführliche Darstellung Kap. 7.4.3.).

Systematische Beobachtung von Sprache und Kommunikation

Zu den Aufgaben des/der Klassenlehrers/in gehört die systematische Beobachtung des Kindes, für das eine SKFU-Analyse durchgeführt wird. Auch er/sie soll sich im Rahmen einer systematischen Beobachtung anhand eines Leitfadens oder eines informellen Verfahrens mit den sprachlich-kommunikativen Möglichkeiten des Kindes auseinandersetzen. Diese methodische Vorgabe mag befremdlich erscheinen, da ausgewiesene Experten/innen in Sachen Sprache an der SKFU-Analyse beteiligt sind, trotzdem erscheint dieser methodische Schritt aus mehreren Gründen notwendig.

Die einseitige Zuständigkeit des/der Sonderschulpädagogen/in für Schwierigkeiten beim sprachlich-kommunikativen Lernen muß aufgehoben werden. Indem der/die Klassenlehrer/in Beobachtungen zur Sprache und Kommunikation systematisiert, wird er/sie für sprachlich-kommunikative Probleme sensibilisiert und entwickelt Kompetenzen. Diese bringt er/sie in die Kooperationsbeziehung mit dem/der Sonderpädagogen/in ein. Somit kann die Basis für einen gleichberechtigteren inhaltlichen Austausch und einen besseren Kompetenztransfer zwischen beiden Berufsgruppen gelegt sein (vgl. ausführliche Darstellung Kap. 7.4.2.).

Zusammenschau der Ergebnisse

Die Zusammenschau der Ergebnisse ist mit einem Round-Table-Gespräch vergleichbar. Alle an der SKFU-Analyse beteiligten Personen tauschen ihre Erfahrungen und Informationen aus, reflektieren den bisherigen Verlauf der Analyse und werten die Ergebnisse gemeinsam aus. Fördervorschläge werden aufeinander abgestimmt und im Hinblick auf ihre Praktibilität in den Ökosystemen Kind-Familie und Kind-Schule diskutiert.

Dieser Arbeitsschritt hat innerhalb der gesamten Analyse besondere Bedeutung, deshalb wird er im späteren Verlauf der Darstellung in einem gesonderten Gliederungspunkt behandelt (vgl. ausführliche Darstellung Kap. 7.5.).

Wie der Bezeichnung SKFU-Analyse zu entnehmen ist, besteht ein enger Zusammenhang zu der von Hildeschmidt/Sander entwickelten Methode der Kind-Umfeld-Analyse. Das von mir vorgeschlagene Verfahren stellt eine Spezifizierung der ökosystemischen Arbeitsweise für Kinder mit Problemen im Bereich des sprachlich-kommunikativen Lernens dar.

Zusammenfassend wird festgestellt, daß sich eine SKFU-Analyse aus folgenden methodischen Elementen zusammensetzt:

1. Den Gesprächen im Ökosystem (Kind, Eltern, Klassenlehrer/in, Sonderpädagoge /in);
2. der systematischen Beobachtung von Sprache und Kommunikation (Klassenlehrer/in, Kind);
3. den freien Sprachproben (Sonderpädagoge/in, Kind, Eltern);
4. der 'Zusammenschau' und Auswertung der Ergebnisse (alle beteiligten Personen).

An der Erarbeitung einer SKFU-Analyse wirken somit die Bezugspersonen des Kindes (vor allem die Eltern und die Lehrer) und das Kind selbst mit. Der Kooperation zwischen Grund- und Sonderpädagoge/in wird ein hohes Maß an Bedeutung beigemessen, da die Sprachförderung innerhalb des Unterrichtes von beiden gleichermaßen zu verantworten ist.

7.2. Theoretische Grundlagen

Im folgenden Text stelle ich einen Begründungszusammenhang zwischen dem öko-systemischen Ansatz Sanders (vgl. Sander 1985, 1987, 1988a und b, 1990a, 1992) und dessen Relevanz für die Ermittlung einer individuellen pädagogischen Unterstützung im sprachlich-kommunikativen Bereich her.

Die von der Saarbrücker Forschungsgruppe um Sander gewählte Bezeichnung ihres Ansatzes als ökosystemisch stellt den Versuch dar, „ökologische und systemische Betrachtungsweisen zu verknüpfen und im erziehungswissenschaftlichen Feld anzu-wenden" (Sander 1990a, 66). Ökologie kann im ursprünglichen Wortsinn als Lehre vom Lebensraum definiert werden, bei der die hauptsächliche Aufmerksamkeit den Interaktionsbeziehungen der Personen gilt (vgl. Huschke-Rhein 1992). Das Wort Ökologie hat seinen ethymologischen Ursprung im griechischen Wort 'oikos', was 'Haus' bedeutet. Während sich die Ökologie im letzten Jahrhundert als Teil der Biologie mit den Beziehungen von Organismen zu ihrer Umwelt befaßte, hat die heutige Human- und Sozialökologie den Menschen und seine Umwelt und vor allem die Wechselwirkung zwischen beiden zum Gegenstand (vgl. Speck 1991, 246f). Speck schreibt:

> „Ein ökologischer Ansatz orientiert sich nicht primär am Individuum, sondern dialektisch an den Beziehungen des einzelnen zu seiner Lebenswelt und damit an den Systemen, in denen er steht, und an denen er partizipiert" (Speck 1991, 249).

Im ökosystemischen Ansatz Sanders werden die verschiedenen Lebensräume, an denen ein Kind Anteil nimmt, unter Bezugnahme auf Bronfenbrenner's Kategorien als Systeme betrachtet (vgl. Bronfenbrenner 1981). Systeme sind Ganzheiten und etwas qualitativ anderes als die Summe ihrer Teile (vgl. von Schlippe 1991, 22). Bei dieser Betrachtungsweise wird von dem Ursache-Wirkungsmodell Abstand genommen. Es wird anstelle dessen angenommen, daß Systeme und deren Beziehungen untereinander durch Wechselwirkungen charakterisiert sind.

Bronfenbrenner unterscheidet modellhaft die vier Systeme Mikro-, Meso-, Exo- und Makrosystem. Ihre Bedeutung gewinnen sie erst in ihrem Zusammenwirken und weniger als einzelne Teilsysteme (vgl. Bronfenbrenner 1981, 23ff).

Das Mikrosystem (gr. 'mikro'=klein) umfaßt die Systembeziehungen im unmittel-bar bedeutsamen Umfeld eines Menschen, soweit sie personenbezogen sind. Zum Mikrosystem eines Kindes gehören beispielsweise die Dyaden Mutter-Kind, Kind-Freund/in, Kind-Vater. Erst die Gesamtheit dieser Wechselbeziehungen bildet das Mikrosystem.

Unter dem Begriff Mesosystem (gr. 'meso'=zwischen, inmitten) wird die Wechsel-beziehung zwischen zwei oder mehreren Lebensbereichen verstanden, an denen die sich entwickelnde Person aktiv beteiligt ist. Ein Mesosystem umfaßt beispielsweise die Beziehung Kind-Schule oder Kind-Spielgruppe.

Als Beispiele für Exosysteme (gr. 'exo'=außen) sind die Milieuzugehörigkeit einer Familie, der Arbeitsplatz des Vaters oder der Stadtteil zu nennen. Exosysteme beinhalten Lebensbereiche, an denen die sich entwickelnde Person nicht aktiv beteiligt ist, in denen jedoch Ereignisse stattfinden, welche Einfluß auf die unmittelbare Lebenssituation der Person haben.

Das Makrosystem (gr. 'makro'=groß) ist das gesamtgesellschaftliche System. Es umfaßt die sozialen Institutionen und die ihnen zugrunde liegenden Organisationsmuster und ideologischen Gerüste. Es schließt alle bisher genannten Systeme als Teilsysteme ein.

Sander hält eine größere Beachtung des Makrosystems in der pädagogischen Arbeit für notwendig und fordert, daß die Erziehungswissenschaft „die auf der Makroebene vorhandenen Rahmenbedingungen stärker reflektiert, sie öffentlich kritisiert und an ihrer Veränderung arbeitet" (Sander 1990a, 68).

Ökosysteme befinden sich in einem labilen Gleichgewicht und werden ständig durch andere Systeme oder Personen beeinflußt. In dieser Tatsache sieht Sander eine besondere Relevanz der systemischen Betrachtungsweise für die pädagogische Arbeit. Durch die Beeinflussung einzelner Variablen kann das gesamte System verändert werden. Deshalb sollte jeder, der in ein Ökosystem eingreift, versuchen, die Folgen für das System als Ganzes einzuschätzen. Er schreibt:

> „In jedem konkreten Ökosystem wird ein anderer Ansatzpunkt der effektive sein, von dem aus das System in seinem gegenwärtigen Entwicklungsstadium am besten zu beeinflussen ist" (Sander 1990a, 70).

Kennzeichnend für Sanders ökosystemischen Ansatz ist es, daß die Fähigkeiten und Probleme eines Kindes im Kontext seines Ökosystems analysiert werden. Die unmittelbar beteiligten Bezugspersonen und das Kind selbst werden in den Prozeß des Findens pädagogischer Problemlösungen einbezogen und mit ihren Deutungen von Wirklichkeit und ihren Bedürfnissen ernst genommen. Nach meiner Meinung leistet diese Konzeption einen wichtigen Beitrag bei der Neudefinition des Verhältnisses von professionellen Experten und Betroffenen, indem sie zum Abbau hierarchischer Strukturen beiträgt und den gesamtgesellschaftlichen Kontext in seine Überlegungen einbezieht (vgl. Kap. 7.4.1.).

Abschließend begründe ich, wieso es nach meiner Meinung notwendig ist, dem ökosystemischen Ansatz Sanders im Rahmen der pädagogischen Sprachförderung einen Stellenwert einzuräumen.

Sprache ist die spezifische Fähigkeit, die den Menschen als soziales Wesen kennzeichnet, sie wird im aktiven Austauschprozeß mit dem sozialen Umfeld, hauptsächlich in Mikro- und Mesosystemen erworben. Die Vertreter/innen des interaktionistischen Spracherwerbsansatzes haben gezeigt, daß die erwachsenen Bezugspersonen eines Kindes eine wichtige Rolle beim sprachlich-kommunikativen Lernen spielen (vgl. Bruner 1977, 1987, Heidtmann 1990). Der Spracherwerb ist, wie Bruner schreibt, 'kein Soloausflug des Kindes', sondern es benötigt für die Entwicklung seiner Fähigkeiten einen/eine aktive(n) Sprachlehrer/in (vgl. Bruner 1987). In der frühkindlichen Mutter-Kind-Interaktion übernehmen die wichtigsten Bezugspersonen automatisch diese Rolle, indem sie sich einerseits mit ihren sprachlichen Äußerungen auf die Fähigkeiten des Kindes einstellen und andererseits ein Anforderungsniveau schaffen, dem das Kind gerecht werden kann. Dieses Erwachsenenverhalten führt u.a. zur Weiterentwicklung der kindlichen Sprachleistungen.

Obwohl ein wesentlicher Teil des Spracherwerbes vor dem Eintritt in die Schule stattfindet, ist er mit dem Eintritt in die Schule nicht beendet, d.h. er ist nicht beschränkt auf die Sprachentwicklung in den ersten Lebensjahren eines Menschen. Vielmehr umfaßt er den Erwerb sprachlich-kommunikativer Mittel überhaupt, der in einer hochtechnisierten Welt wie der unseren selbst im Erwachsenenalter auf der semantischen und pragmatischen Ebene nicht vollständig beendet ist (vgl. Glinz 1974, 297).

Die gesamte westliche Kultur baut besonders stark auf der Beherrschung der Sprache in Form von Laut- und Schriftsprache auf, deshalb zählt die Förderung der Sprachfähigkeit in ihren verschiedenen Bereichen zu den Hauptaufgaben der Schule, insbesondere der Grundschule. Mit der Entwicklung der kindlichen Sprachfähigkeit wird die wichtigste Basis für das Verstehen von Zusammenhängen, für den Aufbau kognitiver Strukturen und somit für den weiteren Bildungsweg eines Menschen gelegt. Aus diesem Zusammenhang ist zu schlußfolgern, daß den Grundschullehrern/innen und Eltern eine wichtige Funktion bei der Förderung der Sprachfähigekit eines Kindes zufällt. Dies gilt insbesondere, wenn sie mit Kindern leben oder arbeiten, die in ihrem Spracherwerb gestört sind.

Sprachliche Störungen treten beispielsweise in den Ökosystemen Kind-Familie oder Kind-Schule auf. Sie kommen in natürlichen Kommunikationssituationen mit Bezugspersonen zum Tragen und die Sprachfähigkeit kann nicht in isolierten Therapiesituationen, sondern in bedeutungsvollen sprachlichen Handlungssituationen aufgebaut werden. Deshalb eignet sich die SKFU-Analyse als förderdiagnostische Arbeitsmethode zur Anwendung in nichtaussondernden pädagogischen Arbeitsfeldern.

Im Sinne einer Zusammenfassung formuliere ich meinen Argumentationszusammenhang abschließend in Form von vier Thesen.

1. Kinder erwerben Sprache im aktiven Austauschprozeß in ihrem sozialen Umfeld, dabei spielen erwachsene Bezugspersonen und andere Kinder als 'aktive Sprach lehrer' eine entscheidende Rolle. Diese stellen innerhalb der Systeme Kind-Familie und Kind-Schule wichtige Systemvariablen dar.

2. Der Spracherwerb ist mit dem Eintritt in die Schule nicht beendet, vielmehr hat die Schule alleine dadurch, daß Arbeit mit und an der Sprache im Fokus des Interesses steht, eine sprachbildende Funktion, welche durch ein ökosystemisches Vorgehen intensiver genutzt werden kann.

3. Erwachsene Bezugspersonen erleben das Kind mit besonderem sprachlichem Förderbedarf in natürlichen Kommunikationssituationen, deshalb verfügen sie über wichtige Informationen bezüglich sprachlicher Fähigkeiten und Schwierig keiten eines Kindes, welche durch die SKFU-Analyse ermittelt werden sollen.
4. Bei Kindern mit besonderem sprachlichem Förderbedarf müssen erwachsene Bezugspersonen als 'aktive Sprachlehrer/innen' im Sinne Bruners herangezogen werden, um kindliche Sprachlernprozesse in natürlichen Situationen gezielt zu unterstützen.

Die folgende Abbildung 17 stellt die inhaltlichen Wurzeln dar, auf denen die Entwicklung der SKFU-Analyse basiert.

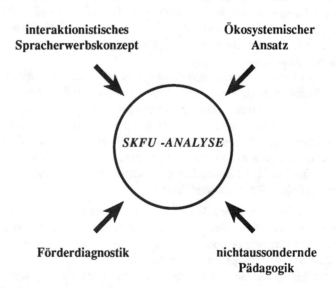

Abb. 17 Wurzeln der SKFU - Analyse

7.3. Pädagogische Begründung

Die tatsächlichen sprachlich-kommunikativen Fähigkeiten und Probleme eines Kindes zeigen sich in natürlichen Interaktionssituationen und nicht in zu diagnostischen Zwecken arrangierten Sprechanlässen. Eine SKFU-Analyse basiert auf Informationen, die in für das Kind bedeutsamen Situationen ermittelt werden. Dies können z.B. Spielsituationen oder Gespräche mit Klassenkameraden/innen sein. Lebensnähe und der soziale Charakter einer Untersuchungssituation sind im Hinblick auf den Wert der ermittelten Ergebnisse für pädagogisches Handeln wichtig. Dies hebt auch Kautter hervor, er schreibt:

> „1. Jede eigens arrangierte diagnostische Untersuchungssituation muß aus sich heraus und nicht unter Beziehung auf das nachfolgende pädagogische Handeln pädagogisch verantwortet werden können. Sie ist eine pädagogische Lernsituation, in der sich das Kind mit einer Sache, mit einer erwachsenen Person, mit sich selbst und gegebenenfalls mit weiteren Personen auseinandersetzt, d.h. sozial interagiert.
>
> 2. Die diagnostische Aussagekraft steigt mit zunehmender Lebensbedeutsamkeit und Lebensnähe der Untersuchungssituation. Dieses Kriterium ist den klassischen Testgütekriterien übergeordnet.
>
> 3.Qualitative Informationen gewinnen gegenüber quantitativen an Bedeutung. Methoden, die ihrer geringen Objektivität wegen in der testtheoretisch begründeten Diagnostik verpönt sind, wie z.B. die Methode Piagets, teilnehmende Beobachtung in der Realsituation, informelle Gespräche, Dokumentenanalyse etc. werden neben den formellen Test-, Beobachtungs- und Befragungsmethoden 'hoffähig'". (Kautter 1983, 7).

Bei der SKFU-Analyse handelt es sich um eine Methode, die gemessen an ihren Zielen und Arbeitsweisen dem Bereich der Förderdiagnostik zuzuordnen ist.

Die Konzeption der SKFU-Analyse basiert auf der Überzeugung, daß neben der fachlichen Kompetenz eines/einer Sprachbehindertenpädagogen/in auch die Kompetenzen der Bezugspersonen eines Kindes und die des Kindes selbst zur umfassenden Ermittlung eines individuellen pädagogischen Förderbedarfes im sprachlich-kommunikativen Bereich notwendig sind.

Entsprechend liegt der SKFU-Analyse ein Menschenbild zugrunde, das nicht deterministisch ist, sondern die Möglichkeit zur Realisierung sozialer und individueller Bedürfnisse als wichtigste menschliche Entwicklungspotentiale begreift. Der Mensch wird als ein soziales und individuelles Wesen angesehen, das mit Fähigkeiten zur aktiven Gestaltung seiner Umwelt ausgestattet ist. Sprache fungiert in diesem Zusammenhang als wichtiges Mittel zur Organisation des sozialen Austausches. Als handelndes Subjekt verfügt der Mensch über die Fähigkeit zu plangeleitetem und zielorientiertem Handeln, um seine Ziele und Interessen durchzusetzen. Dieses Menschenbild findet seinen Niederschlag in einer pädagogischen Arbeit, die Selbstbestimmung und Befähigung zu solidarischem Handeln als Ziel und Methode der Erziehung definiert (vgl. Kautter 1983, 6). Im Rahmen einer nichtaussondernden

Pädagogik wird ein Bedarf nach individueller pädagogischer Unterstützung nicht mittels normorientierter Testverfahren, sondern durch ein förderdiagnostisches Vorgehen ermittelt (vgl. auch Kornmann/Meister/Schlee 1983). Somit wird das Kind nicht zum reagierenden Objekt gemacht, sondern ihm werden Möglichkeiten angeboten, damit es seine Fähigkeiten durch aktives Handeln einbringen kann.

Der förderdiagnostischen Arbeit liegt ein Entwicklungsbegriff zugrunde, der genetische und soziale Faktoren als konstituierend für Entwicklungsprozesse und Lernen als Ergebnis individuell angemessener Interaktionsmöglichkeiten mit der Umwelt ansieht.

Im förderdiagnostischen Prozeß werden die Kompetenzen und Schwierigkeiten eines Kindes ermittelt. Unter Kompetenz versteht Eggert die Fähigkeit des Individuums, sich mit der es umgebenden physikalischen und sozialen Umwelt in seiner Lebenssituation wirkungsvoll auseinanderzusetzen (vgl. Eggert, 1990, 22).

Die Durchführung von Fördermaßnahmen basiert auf der Ermittlung des individuellen Lernstandes, der im Rahmen strukturierter Situationen, die dem Kind aktive Handlungsspielräume anbieten, ermittelt wird. Beobachtungsverfahren spielen in der förderdiagnostischen Arbeit eine wichtige Rolle (vgl. Belusa/Eberwein 1988, 213 ff).

Diagnostik und Förderung sind, wie schon durch die Bezeichnung 'Förderdiagnostik' deutlich wird, keine getrennten Handlungen. Die Diagnostik ist ein Teil des pädagogischen Prozesses, ihr wird eine förderungsrelevante Wirkung zugeschrieben. Im folgenden Kapitel 7.4. werden die bei der Durchführung einer SKFU-Analyse anzuwendenden Arbeitsmethoden dargestellt.

7.4. Darstellung der Arbeitsmethoden

7.4.1. Gespräche im Ökosystem

Im folgenden Kapitel wird die Bedeutung von Gesprächen im Ökosystem für die sprachlich-kommunikative Förderung eines Kindes dargestellt (vgl. Abb. 16). Diesen methodischen Schritt im Rahmen einer SKFU-Analyse bezeichne ich bewußt als Gespräch und nicht, wie es dem wissenschaftlichen Duktus eher entsprechen würde, als Befragung. Eine Befragung hat den Charakter einer Einwegkommunikation, bei der der/die Experte/in fragt und der Laie antwortet, ohne weiterhin eine Kontrolle darüber zu haben, was mit 'seinen' Daten passiert. Ich gehe davon aus, daß die unmittelbaren Bezugspersonen eines Kindes als Experten/-innen zu betrachten sind, mit denen im Rahmen der pädagogischen Arbeit ein wechselseitiger möglichst symmetrischer Austausch, im Rahmen von Gesprächen stattfinden sollte. Mit meinem Verständnis der Experten/-innenrolle lehne ich mich an die Ausführungen Schölers an, die die unmittelbaren Bezugspersonen eines Kindes und das Kind selbst neben den ausgewiesenen Fachleuten als Experten/-innen versteht (Schöler 1987a, 340ff; 1987b, 11). Mit der Rolle der Eltern und des/der Grundschullehrers/in setze ich mich im

Folgenden auseinander, um deren wichtige Funktion innerhalb der SKFU-Analyse zu verdeutlichen.

Die Rolle der Eltern

Bei einer öffentlichen Veranstaltung zum Thema 'Nichtaussonderung' artikulierte die Mutter eines Kindes mit einer Behinderung stellvertretend für viele andere ihre Erfahrungen im Umgang mit professionellen Experten/innen . Sie sagte: „In den meisten Fällen wurde mir das Gefühl gegeben, was ich bisher für mein Kind getan habe, reicht nicht aus. Mir wurden die Defizite meines Kindes erklärt, obwohl ich die alle selber kannte. Mir wurde indirekt vermittelt, daß ich eigentlich keine Ahnung habe, was mit meinem Kind tatsächlich los ist". Nach ähnlichen Erfahrungen bleiben bei Eltern Verunsicherung, Trauer und Verzweiflung zurück, möglicherweise resultiert daraus eine noch größere Abhängigkeit von Experten/innen und das deprimierende Gefühl, selbst dem eigenen Kind mit Behinderung wenig Gutes tun zu können.

Ähnliche Erfahrungen sammeln Eltern u.a. durch eine im schulischen und sonderschulischen Bereich praktizierte Elternarbeit, die in seltenen Fällen professionell, sondern meistens nebenbei durchgeführt wird. Speck beschreibt für den Bereich der Frühförderung drei verschiedene Modelle der Interaktion zwischen Eltern und Fachleuten, die auch bezogen auf die Schule angewendet werden können. Er bezeichnet die verschiedenen Formen der Interaktion als das Laien-Modell, das Ko-Therapie-Modell und das Kooperations-Modell (Speck/Warnke 1983, 13-25).

Wenn sich Experten/innen gegenüber ratsuchenden Eltern extrem einseitig, autoritär und dirigistisch verhalten und Eltern wie Kinder zu Objekten ihrer Diagnostik und Behandlung machen, spricht Speck vom Laien-Modell (ebenda 14). Ein solcher Umgang mit Eltern ist zwar für die Förderung nicht besonders effektiv aber zeitsparend, deshalb wird diese Form der Elternarbeit häufig praktiziert. Dies belegt auch der Bericht der eingangs zitierten Mutter. Wenn Eltern als Laien behandelt werden, sind sie beispielsweise mit folgenden Haltungen der Fachleute konfrontiert:

- professionelle Ignoranz gegenüber anderweitigen Hilfen,
- Geheimniskrämerei, Übermittlung unverständlicher Informationen (Fachsprache),
- Ignoranz gegenüber elterlichen Vorschlägen und Meinungen,
- Darstellung omnipotenter 'Alleswisserei',
- Tendenz, Eltern zu Patienten zu machen,
- Überweisung von Spezialist zu Spezialist (ebenda 14).

Das Ko-Therapeuten-Modell läßt sich dadurch kennzeichnen, daß die Eltern zum verlängerten Arm des/der Therapeuten/in gemacht werden. Ein Großteil der Verantwortung für eine gelingende oder mißlingende Förderung wird somit auf ihre Schultern geladen. Zwar werden sie als Eltern aufgewertet, da ihnen die Kompetenz therapieren zu können, zugebilligt wird, aber häufig geraten sie in ein Rollendilemma, das im Alltag große Probleme aufwirft, da Mütter und Väter üblicherweise anders agieren als Therapeuten/innen. Im Falle der Diagnose einer Sprachbehinderung, sind Eltern häufig damit konfrontiert, die Ko-Therapeutenrolle spielen zu sollen. Ausbleibende Therapieerfolge können so der mangelhaften häuslichen Arbeit der Eltern angelastet werden.

Anders ist die Verteilung von Mitsprachrechten und Verantwortung zwischen Eltern und Experten/innen im Kooperations-Modell gedacht. Die Zusammenarbeit soll durch Gleichberechtigung, gegenseitige Achtung und Beachtung gekennzeichnet sein. Eltern sollen als Partner geachtet werden und sind mit ihrem Wissen über ihr Kind und ihren Wünschen bezogen auf dessen Entwicklung gefragt. Die Erziehungsberechtigten sollen nach der Maßgabe des Kooperations-Modells Eltern bleiben und nicht durch die pädagogische Arbeit zu Trainern oder Therapeuten für ihr Kind gemacht werden.

Die Berücksichtigung der kulturellen Identität von Eltern und deren damit verbundenen Vorstellungen von Krankheit und Behinderung sollte im Rahmen dieses Modells ebenfalls eine Rolle spielen, sie kann aber aufgrund diesbezüglich unzureichender Kenntnisse deutscher professioneller Experten/-innen in der konkreten Arbeit kaum Berücksichtigung finden.

Für die Kooperation zwischen Eltern mit schulpflichtigen Kindern und Fachleuten hat dieses Modell derzeit noch idealtypischen Charakter. Solange es kein freies Elternwahlrecht (bezogen auf die Schulformen Sonderschule oder allgemeine Schule) gibt, das es Eltern ermöglicht, die für ihr Kind geeignete Schule zu finden, kann keine wirkliche Gleichberechtigung in der Zusammenarbeit zwischen Eltern und Lehrern/innen stattfinden. Derzeit ist es immer noch der/die Sonderpädagoge/in, welche/r ein rechtswirksames Gutachten abfaßt, durch das die schulischen Weichen für ein Kind, das individuelle pädagogische Förderung im sprachlich-kommunikativen Bereich braucht, in Richtung Schule für Sprachbehinderte, Schule für Lernbehinderte usw. oder in Richtung Grundschule gestellt werden. Professionelle Experten/-innen entscheiden somit alleine durch ein punktuelles Gutachten über den weiteren Lebensweg eines Kindes und die Lebensbedingungen einer Familie. Durch eine solche Entscheidung wird gravierend in das gesamte Ökosystem dieser Familie eingegriffen. Dieser Verantwortung sind sich Experten/-innen z.T. nicht bewußt.

Eltern haben beispielsweise auch nur selten die freie Wahl darüber, mit welchem/r Therapeuten/in sie zusammenarbeiten wollen; in logopädischen Praxen gibt es lange Wartelisten, sodaß auch hier Abhängigkeiten vorgegeben sind. Für den hier angesprochenen Bereich der ambulanten Sprachtherapie existieren bereits publizierte Überlegungen und Erfahrungen, wie Eltern im Sinne des Kooperations-Modelles in die Sprachförderung einbezogen werden können (z.B. Breckow 1989, Katz-Bernstein 1992, Lotzmann 1981). Dem Gespräch mit den Eltern wird in diesem Zusammenhang Bedeutung beigemessen.

Katz-Bernstein, eine Züricher Logopädin, unterscheidet beispielsweise zwischen dem Erfassungsgespräch und dem therapiebegleitenden Gespräch. Im Rahmen des

Erfassungsgespräches soll abgeklärt werden,

- wie die Eltern das Problem sehen;
- wie sich das Kind bisher entwickelt hat;
- welche Motivation und Einstellung die Eltern zur Therapie mitbringen;
- welche weiteren Abklärungen (Arztbesuche etc.) notwendig sind (vgl. Katz-Bernstein 1992, 34f).

Im therapiebegleitenden Gespräch holt der/die Therapeut/in weitere Informationen über das Kind und die Familiensituation ein und bietet Hilfestellungen an. Die Kompetenzen der Eltern sind lediglich gefragt, wenn es darum geht, ihre Beobachtungen über Verhaltensänderungen beim Kind abzufragen (ebenda, 35). Festzustellen ist, daß Katz-Bernstein keinen ausgesprochen förderdiagnostischen Ansatz vertritt, sondern die Probleme und nicht die Fähigkeiten eines Kindes als Ausgangspunkt für das Gespräch mit den Eltern wählt (ebenda 35). Im Rahmen ihres Vorgehens werden die Eltern nicht als die wirklichen Experten ihres Kindes ernstgenommen, sie werden befragt und der/die Therapeut/in entscheidet alleine, wie die Antworten verwertet werden. Fragen und Problemstellungen der Eltern und die Suche nach Gemeinsamkeiten in den Problemlösungen sollten eigentlich im Rahmen eines tatsächlichen Kooperations-Modells im Vordergrund stehen.

Das Studium der englischsprachigen Fachliteratur zeigt, daß die Kompetenz von Eltern als wichtige Voraussetzung für das Gelingen schulischer Fördermaßnahmen bei Kindern mit besonderem Förderbedarf angesehen wird (vgl. Warnock-Report 1978, Hegarty 1987). Legt man die öffentlichen Stellungnahmen des englischen Erziehungsministeriums wie z.B. den Plowden Report (1967), den Warnock Report (1978) oder den Education Act (1981) zugrunde, so ist festzustellen, daß den Eltern eine zunehmend wichtigere Rolle in der schulischen Erziehung zugesprochen wird (vgl. Hegarty, 1987, 144f).

Webster konstatiert dies auch für die Zusammenarbeit mit Eltern von Kindern mit 'Speech and Language Difficulties'. Er schreibt, daß endlich mit dem Mythos gebrochen werden müsse, 'Professionelle' könnten die sprachliche Entwicklung eines Kindes besser fördern als die Eltern (vgl. Webster 1987, 32). Die elterlichen Kompetenzen hebt er ausdrücklich hervor, indem er schreibt:

> „(...) it is important to stress that parents are usually intimately conversant with their own child's personality and learning style and are often well motivated to help themselves, given positive advice" (Webster 1987, 31).

> „(...) es muß betont werden, daß Eltern gewöhnlich eng vertraut sind mit der Persönlichkeit und dem Lernverhalten ihres Kindes und oft sind sie sehr motiviert, sich einzusetzen, wenn sie gut beraten werden" (Übers. I.K.K.).

Damit ist die Notwendigkeit von Elterngesprächen im Rahmen der SKFU-Analyse hinreichend begründet.

Die Rolle des/der Grundschullehrers/in

Für die Durchführung ausführlicher Gespräche mit dieser Personengruppe gibt es mehrere Begründungen. Im Rahmen einer nichtausondernden Erziehung übernehmen sie die volle Verantwortung für alle Kinder ihrer Klasse, somit auch für die Kinder mit Problemen im Bereich des sprachlich-kommunikativen Lernens. Sonderpädagogen/innen sind nicht mehr diejenigen, die die Kinder übernehmen, wenn die Grundschullehrer/-innen sich nicht mehr zuständig fühlen, sondern sie sind beratend tätig, erstellen individuelle Lernstandsanalysen und planen und unterrichten gemeinsam mit den Grundschullehrern/-innen. Verantwortung kann nicht länger an die Sonderpädagogen/-innen abgegeben werden, sondern soll im Rahmen der Kooperation geteilt werden.

Es sind die Klassenlehrer/innen, die Auskunft darüber geben können, aufgrund welcher sprachlich-kommunikativen Probleme ein Kind im Unterricht Schwierigkeiten bei der Aneignung von Lerninhalten hat. Ebenso sind sie es, die beobachten, welche spracherwerbsfördernden Elemente sich im Klassenunterricht durch die Interaktion und Kommunikation mit anderen Schülern/innen ergeben. Schließlich sind sie es, welche kompetente Aussagen über den Zusammenhang von Schriftsprach- und Lautspracherwerb beim einzelnen Kind machen können.

Ein letzter und wichtiger Aspekt für die Notwendigkeit des Gespräches mit dieser Personengruppe wird in der Möglichkeit gesehen, sie für die Sprache eines Kindes zu sensibilisieren. Durch gezielte Fragen über sprachlich-kommunikative Fähigkeiten und Probleme eines Kindes kann ihre Aufmerksamkeit auf den Bereich der Sprachförderung im Unterricht gelenkt werden.

Die Durchführung und Auswertung der Gespräche

Die folgende Abbildung gibt einen Überblick über die einzelnen Arbeitsschritte, die im Zusammenhang mit der Planung, Durchführung und Auswertung der Gespräche im Ökosystem durchzuführen sind.

Arbeitsschritte bei der Durchführung, Auswertung und Interpretation der Gespräche im Ökosystem im Überblick

Schritt 1: Erstellen eines Gesprächsleitfadens und grober Kategorien für die Auswertung

Schritt 2: Durchführung der Gespräche

Schritt 3: Erstellen der Transkripte

Schritt 4: Markieren und Darstellen der Informationseinheiten

Schritt 5: Kategorienzuordnung

Schritt 6: Bündelung und Interpretation

Schritt 7: Abschließende zusammenfassende Interpretation

Abb. 18 Arbeitsschritte zur Durchführung, Auswertung und Interpretation der Gespräche im Ökosystem

Die Gespräche werden von dem/der Sonderpädagogen/in nach der Maßgabe eines qualitativen Interviews durchgeführt (vgl. Lamnek 1989, 103). Hinsichtlich des methodischen Vorgehens sind bestimmte Voraussetzungen zu beachten, die sich auf die gesamte Situation, das Verhältnis der Gesprächspartner/-innen sowie auf die Art der Gesprächsführung beziehen.

Qualitative Interviews werden in einer möglichst natürlichen Situation durchgeführt, d. h. sie erfolgen im engeren oder weiteren Sinne im alltäglichen Milieu des/der Gesprächspartner/innen. Auf die Dokumentation des Gespräches durch eine Video- oder Tonbandaufnahme kann im Hinblick auf die spätere Auswertung nicht verzichtet werden.

Es sollten keine schriftlichen und nur in Ausnahmefällen telefonische Gespräche durchgeführt werden. Durch den kommunikativen Charakter eines direkten Gespräches ist es möglich, Nachfragen zu stellen und auf einer persönlichen Ebene Gemeinsamkeiten herzustellen. Die Anknüpfung einer solchen unmittelbaren Beziehung zwischen den Gesprächspartnern/-innen stellt eine günstige Basis für das Gespräch und die spätere Kooperation bei der Sprachförderung her.

Atteslander betont, daß die Motivation zur Beantwortung von Fragen bei Befragten sinkt, je geringer die Gemeinsamkeiten der Gesprächspartner/-innen untereinander sind (Atteslander 1984, 103). Insofern sollte das Gespräch vor dem Hintergrund eines von Akzeptanz gekennzeichneten sozialen Klimas unter angenehmen äußeren Rahmenbedingungen stattfinden. Zwischen den Gesprächspartnern/-innen bedarf es einer Beziehung, die durch Symmetrie und Vertrauen gekennzeichnet ist.

Erstellen eines Gesprächsleitfadens und grober Kategorien für die Auswertung (Schritt 1)

Qualitative Interviews sind nicht standarisiert, deshalb liegt den Gesprächen im Ökosystem kein vorab formulierter Fragebogen, sondern lediglich ein einheitlicher Gesprächsleitfaden zugrunde, der im Gespräch sowohl mit Pädagogen/innen wie mit den Eltern und dem Kind angewendet wird. Der Gegenstand des Gespräches und eine grobe Strukturierung sind somit festgelegt. Vorläufige Kategorien für die spätere Auswertung werden vor dem Hintergrund der pädagogischen Grundlage (vgl. 7.3.) erstellt. Sie bilden die Basis für die spätere Reduzierung des Datenmaterials und sind modifizierbar.

Durchführung der Gespräche (Schritt 2)

Zur näheren Kennzeichnung des von mir vorgeschlagenen methodischen Vorgehens verweise ich auf das fokussierte Interview (vgl. Huschke-Rhein 1991, 47-52; Lamnek 1989, 78f). Den Focus der Gespräche im Rahmen der SKFU-Analyse stellen die sprachlich-kommunikativen Fähigkeiten und Probleme eines Kindes dar. Interviewer/in wie Gesprächspartner/-in kennen die reale Lebenssituation, d. h. das zur Diskussion stehende Kind und seine individuelle Situation im Unterricht, bzw. seine Sprach- und

Kommunikationsprobleme. Lamnek beschreibt zentrale Elemente des fokussierten Interviews wie folgt:

> „Das fokussierte Interview - obgleich den qualitativen Befragungsformen zuordenbar - ist der quantitativen Methodologie doch näher als die anderen qualitativen Verfahren.
>
> - Es geht nicht allein um das Entwickeln von Hypothesen, sondern schon auch und gerade um deren Überprüfung.
> - Der Forscher kennt eine reale Feldsituation, die die Befragten erlebt haben, und ermittelt die verbal reproduzierten Reaktionen der Betroffenen.
> - Aus der Kenntnis der Situation wird ein Leitfaden formuliert und angewandt.
>
> - Der Leitfaden wird aber häufig verlassen, um eine Prädetermination durch den Forscher auszuschalten und um sehr spezifische und profunde Aussagen zu erhalten" (Lamnek 1989, 80).

Es besteht grundsätzlich eine offene Gesprächsstruktur, die es dem/der Gesprächspartner/in ermöglicht, eigene Themen einzubringen und Vorstellungen und Gefühle zu artikulieren. Die Aufgabe des/der Interviewers/in besteht darin, das Gespräch in Anlehnung an den Leitfaden zu lenken und die Äußerungen des/der Gesprächspartners/in zu begleiten, zu erweitern und in Ausnahmefällen zu stören. Diese Beschreibung der Rolle des/der Interviewers/in erfolgt in Anlehnung an Schudel Jeltsch, die Eltern von Kindern mit Down-Syndrom befragt hat (Schudel Jeltsch 1987, 366-384).

Äußerungen der Gesprächspartner/innen zu begleiten, bedeutet: ihn/sie durch Bekräftigungen wie „ja, ja", „hm" zum Weiterreden zu ermutigen, Hilfestellungen zu geben, wenn ein Wort nicht gefunden wird oder nachzufragen, wenn dies dem Verständnis dient.

Äußerungen der Befragten zu erweitern, bedeutet: Gedanken der Sprechenden aufnehmen und weiterführen, Teile von Gedanken aufnehmen, die eine Gewichtung bewirken und das Gespräch erweitern.

Äußerungen der Befragten zu stören, bedeutet: ein neues Thema anschneiden und dem Gespräch eine andere Wendung zu geben (vgl. Schudel Jeltsch 1987, 373f).

Wie bereits ausgeführt, liegt den Gesprächen durch den Leitfaden ein zielgeleitetes Konzept zugrunde. Zielgeleitet ist das Gespräch insofern, als aus den Ergebnissen möglichst konkrete Hinweise zur Durchführung sprachfördernder Maßnahmen im Unterricht abgeleitet werden sollen. Die einzelnen Fragestellungen sind an den Grundgedanken der Förderdiagnostik orientiert; Ausgangspunkt der Gespräche sind entsprechend die Beschreibung von Fähigkeiten und Lernfortschritten des Kindes.

Erstellen der Transkripte (Schritt 3)

Die Tonband- oder Videoaufnahmen der Gespräche werden in eine schriftliche Transkription übertragen. Als Protokolltechnik ist die Übertragung in normales Schriftdeutsch - ohne die Bereinigung von grammatikalischen oder sonstigen Fehlern

- ausreichend. Da bei der Auswertung von fokussierten Interviews die inhaltlich thematische Ebene im Vordergrund des Interesses steht, ist eine phonetische Umschrift oder eine Protokolltechnik mit Kommentaren in einer Extraspalte am Blattrand nicht nötig. Wenn Pausen durch drei Punkte markiert werden und Pausenfüller wie „mm", „eh" usw. im Protokoll als Sonderzeichen aufgenommen werden, ist dies ausreichend.

Nach meinen Erfahrungen ist die Transkription in ein Wortprotokoll trotz des Arbeitsaufwandes unbedingt notwendig. Erst die schriftliche Dokumentation der Daten ermöglicht es, tatsächlich mit ihnen zu arbeiten, indem Aussagen in ihrem Kontext betrachtet, Vergleiche angestellt und zwischen den Aussagen der verschiedenen Interviewpartner/innen Verbindungen hergestellt werden können.

Markieren und Darstellen der Informationseinheiten (Schritt 4)

Nach der Anfertigung eines Transkriptes besteht der nächste Arbeitsschritt in der Auswertung der Daten, die in Anlehnung an die qualitative Inhaltsanalyse erfolgt. Auf eine Abgrenzung der Methode zu anderen und eine Methodendiskussion soll hier verzichtet werden, sie ist bei Atteslander (1984, 59-83), Mayring (1985, 187-212; 1990, 85-90) und Lamnek (1989) nachzulesen. Meine Ausführungen beziehen sich auf Angaben zum inhaltsanalytischen Vorgehen, welche für die Auswertung des Gespräches im Rahmen der SKFU-Analyse relevant sind.

Eine qualitative Inhaltsanalyse ist eine sozialwissenschaftliche Methode der Datenauswertung zur Aufdeckung sozialer Sachverhalte. Ein Grundgedanke besteht darin, sprachliches Material und Texte systematisch zu analysieren (vgl. Mayring 1990, 86). Lamnek beschreibt die mit der Inhaltsanalyse verbundenen Intentionen wie folgt:

> „Inhaltsanalytisches Vorgehen wertet Material, das emotionale und kognitive Befindlichkeiten, Verhaltensweisen oder Handlungen repräsentiert, interpretierend aus. Gegenstand wissenschaftlicher Inhaltsanalysen sind nicht Handlungen in Actu, sondern solche, die in reproduzierter Form vorliegen. Die Repräsentation geschieht meist in Form von aufgezeichneter Kommunikation (Tonband, Video, Text)" (Lamnek, 1989, 173).

Die Aufgaben des/der Forschers/in besteht unter Anwendung des Analyseverfahrens der Zusammenfassung darin, das schriftlich vorliegende Material zu zergliedern und schrittweise zu bearbeiten, denn:

> „Ziel der Analyse ist es, das Material so zu reduzieren, daß die wesentlichen Inhalte erhalten bleiben, durch Abstraktion einen überschaubaren Corpus zu schaffen, der immer noch Abbild des Grundmaterials ist" (Mayring zit. nach Lamnek 1989, 204).

Die Schritte 4-6 stellen eine Modifizierung des Analyseverfahrens der Zusammenfassung nach Mayring dar. Die von mir vorgenommene Modifizierung beinhaltet eine Straffung und Vereinfachung, um dieses Verfahren für die praktische pädagogische Arbeit nutzbar machen zu können.

Beim Markieren und Darstellen der Informationseinheiten (Schritt 4) wird eine erste Reduzierung des Textmaterials vorgenommen, indem alle zentralen Informationseinheiten (auch Doppelnennungen) herausgefiltert, notiert und fortlaufend numeriert werden. Die Numerierung erleichtert das Wiederfinden einzelner Informationseinheiten und deren Interpretation.

Beispiel
Mutter: Ja. Em, sie sollte lernen hm das auszusprechen, was sie denkt, was sie sagen möchte.
Informationseinheit:
1. soll aussprechen, was sie denkt und sagen möchte.
Bei diesem Arbeitsschritt sollen die Informationseinheiten inhaltlich stark reduziert werden. Es ist erlaubt, von den Gesprächspartnern/innen benutzte Sätze unter Beibehaltung der Inhalte umzustellen, dabei können z.B. Personalpronomen eingefügt oder Konjunktionen weggelassen werden.

Beispiel:
L.: Das möchte ich gerne, daß sie sich da einfach mehr traut, was von sich einzubringen....
Informationseinheit:
L. möchte, daß sie sich mehr traut.
Inhaltliche Mehrfachnennungen werden bei diesem Arbeitsschritt dargestellt und eventuell später ausgezählt. Beispielsweise sollte die Tatsache, daß eine Mutter fünfmal benennt, daß ihre Tochter zu leise spricht, bei der Bündelung und Interpretation thematisiert werden.

Von den Gesprächspartnern/innen ausgeführte Beispiele können beim Schritt 4 als solche gekennzeichnet, aber nicht in der Liste der Informationseinheiten aufgeführt werden. Dadurch wird die Aussagekraft der Informationseinheiten herausgestellt. Die Beispiele können im Arbeitsschritt 6 (Bündelung und Interpretation) gesondert betrachtet werden und geben z.T. wichtige Hinweise für die Sprach- und Kommunikationsförderung.

Kategorienzuordnung (Schritt 5).

Die Auflistung der Informationseinheiten vermittelt einen klareren Eindruck über die Hauptaussagen der interviewten Person. Das weitere Vorgehen bezieht sich darauf, die Informationseinheiten den bereits vor dem Gespräch festgelegten Kategorien zuzuordnen. Aussagen, die zu keiner der festgelegten Kategorien passen, werden bei diesem Arbeitsschritt zunächst ausgesondert und in einem späteren Arbeitsschritt nochmals überprüft, ob eventuell eine neue Kategorie eingeführt werden muß.

Bündelung und Interpretation (Schritt 6).

Bei diesem Arbeitsschritt wird das aus der Kategorienzuordnung ermittelte Fazit interpretierend herausgearbeitet. Eine flexible Handhabung der Kategorien, z.B. deren Veränderung ist in Einzelfällen sinnvoll. Wichtige Aussagen können in ihrem ursprünglichen Kontext betrachtet und gedeutet werden.

Abschließende zusammenfassende Interpretation (Schritt 7).

Der/die Sonderpädagoge/in legt ihre Schlußfolgerungen aus allen Gesprächen schriftlich nieder und macht sie ihren Gesprächspartnern/innen zugänglich (vgl. Abb. 20). Bei diesem Arbeitsschritt werden gleiche bzw. ähnliche Angaben und unterschiedliche Einschätzungen der verschiedenen Gesprächspartner/innen herausgearbeitet und Fragen aufgeworfen, die in der Zusammenschau mit den Gesprächspartnern/innen besprochen werden.

Diskussion der Ergebnisse mit den Gesprächspartnern/innen.

Dieser Schritt findet aus zeitökonomischen und organisatorischen Gründen am Ende einer SKFU-Analyse statt, wenn im Rahmen der Zusammenschau die Ergebnisse aus den drei methodischen Bereichen: Gespräche im Ökosystem, Beobachtung des/der Klassenlehrers/in und freie Sprachproben mit allen Beteiligten erörtert werden.

Bezogen auf den Arbeitsaufwand für die Durchführung und Auswertung der Gespräche ist festzustellen, daß ein ca. fünfzehnminütiges Gespräch eine ca. siebenseitige Transkription erbringt.

Die Abbildung 19 stellt die für die Auswertung notwendigen Arbeitsschritte im Überblick dar.

Arbeitsschritte für die Auswertung der Gespräche im Überblick	
1. Transkription	Protokolltechnik normales Schrift deutsch, Sonderzeichen: Pausen ... ; -Pausenfüller.
2. Auswertung	modifizierte qualitativeInhaltsanalyse -Markieren d. Propositionen; -Kategorienzuordnung;
3. Bündelung	abschließende Deutung.

Abb.19 Überblick: Arbeitsschritte zur Auswertung/Gespräche im Ökosystem

Im Sinne einer Zusammenfassung wird in der auf der nächsten Seite folgenden Abbildung der Ablauf der Gespräche im Ökosystem in seiner Gesamtheit dokumentiert und dessen Bezug zur Zusammenschau der Ergebnisse graphisch verdeutlicht.

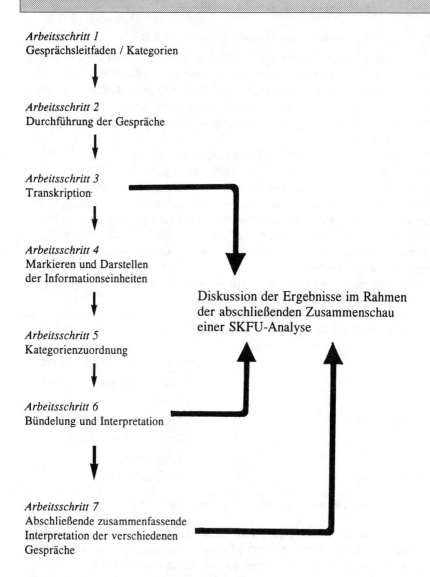

ABLAUFMODELL ZU DEN GESPRÄCHEN IM ÖKOSYSTEM

Arbeitsschritt 1
Gesprächsleitfaden / Kategorien

Arbeitsschritt 2
Durchführung der Gespräche

Arbeitsschritt 3
Transkription

Arbeitsschritt 4
Markieren und Darstellen
der Informationseinheiten

Diskussion der Ergebnisse im Rahmen
der abschließenden Zusammenschau
einer SKFU-Analyse

Arbeitsschritt 5
Kategorienzuordnung

Arbeitsschritt 6
Bündelung und Interpretation

Arbeitsschritt 7
Abschließende zusammenfassende
Interpretation der verschiedenen
Gespräche

Abb. 20 Ablaufmodell zu den Gesprächen im Ökosystem

108

Ziel einer nichtaussondernden Erziehung ist es, die bisher vorwiegend praktizierte Trennung zwischen der Zuständigkeit von Sonderpädagogen/innen für Schwierigkeiten und Abweichungen bei Kindern und den Grundschullehrern/innen für die normalen Persönlichkeitsanteile, aufzuheben. Dies ist ein Grund, weshalb der/die Grundschullehrer/in eine wichtige Rolle im Prozeß der Sprachförderdiagnostik spielt (vgl. auch Kap. 7.4.1.).

Beobachtung ist wohl eine der ältesten Alltagsmethoden, um Informationen über die Umwelt zu erhalten. Mittels unsystematischer Beobachtungen gewinnen Grundschullehrer/innen im normalen Schulalltag einen Eindruck von den sprachlich-kommunikativen Möglichkeiten ihrer Schüler/innen. Sie entwickeln je nachdem, wie weit sie für das Sprachlernen von Kindern sensibilisiert sind, Hypothesen darüber, welche Fähigkeiten oder Defizite bei einem Kind vorliegen. Im Rahmen einer SKFU-Analyse wird dem Erfahrungswissen der Klassenlehrer/innen über die Sprache des Kindes, für das die Analyse gemacht wird, eine hohe Bedeutung für den Förderprozeß beigemessen, deshalb sollen sie ihre Beobachtungen systematisieren.

Da die menschliche Wahrnehmung nicht ausreicht, um alle Reize der Umwelt aufzunehmen und zu Informationseinheiten zu verarbeiten, ist immer wieder eine Auswahl erforderlich, die eine Form der Systematisierung darstellt. Atteslander schreibt:

> „Systematisches, d.h. auf eine Problemstellung bezogenes Beobachten erfordert bei aller Vielfalt möglicher Reize eine systematische Auswahl, und das heißt eine erhebliche Reduktion dieser Vielfalt" (Atteslander 1984, 147).

Somit besteht eine Aufgabe des/der Klassenlehrers/in darin, seine/ihre Beobachtungen und Informationen über Sprache und Kommunikation des betroffenen Kindes zu systematisieren.

Die von mir vorgeschlagene Form der Beobachtung ist weiterhin zu kennzeichnen als teilnehmendes offenes Vorgehen (im Gegensatz zu einem verdeckten und nicht teilnehmenden Arbeiten), d.h. der/die Beobachter/in begibt sich unmittelbar in das soziale Feld (ohne selbst aktiv in die Interaktion einzugreifen), und die Beobachteten wissen um ihre Beobachtung. Für Lehrer/innen, die in Integrationsklassen arbeiten, sind bedingt durch Doppelbesetzung oder Freiarbeit problemlos solche Beobachtungssituationen herzustellen. Es erscheint jedoch im Hinblick auf die Qualität der Beobachtungsergebnisse notwendig, daß der/die Beobachter/in eine passive Rolle einnimmt:

> „Beschränkt sich die Teilnahme jedoch nur auf das Beobachten selbst (bzw. ist die Teilnahme dadurch bestimmt), spricht man von passiv teilnehmender Beobachtung" (Atteslander 1984, 150).

Während bei Alltagsbeobachtungen das Registrieren von Informationseinheiten ohne bewußten Plan vorgenommen wird, soll die von dem/der Klassenlehrer/in durchgeführte Beobachtung theoriegeleitet vorgenommen werden. Bei einer theoriegeleiteten Beobachtung werden im Vorfeld wichtige Beobachtungsdimensionen, z.B. anhand eines Beobachtungsleitfadens festgelegt (vgl. Mayring 1990, 57). Die Anwendung der „Beobachtungshilfe zur Beschreibung von Kommunikation in Kindergarten und Schule", auf die ich im Folgenden eingehen werde, bietet sich in diesem Zusammenhang als Arbeitsmaterial an (vgl. Kolonko/Krämer 1993). Anstelle einer Zusammenfassung gibt die Abbildung 21 einen abschließenden Überblick über Form, Durchführung und Ziele der Beobachtung durch den/die Klassenlehrer/in.

Beobachtung durch den/die Klassenlehrer/in

Form:
systematische (auf Problemstellung bezogene), passive, offene, teilnehmende Beobachtung.

Durchführung:
Selbst- und/ oder Fremdbeobachtung anhand eines Beobachtungsleitfadens.

Ziele der Beobachtung:
systematische Ermittlung relevanter Alltagsinformationen, Sensibilisierung für 'Sprachlernprobleme', Kompetenztransfer zwischen Sonder-pädagoge/in und Klassenlehrer/in.

Abb.21 Überblick: Beobachtung der Sprache und Kommunikation

Beobachtungshilfe Zur Beschreibung von Kommunikation in Kindergarten und Schule Die Beobachtungshilfe (vgl. Kap. 8.3., hier noch in einer Vorabversion unter dem Titel 'Beobachtungshilfe zur Beobachtung von Kommunikation in Kindergarten und Schule' abgedruckt) ist ein Arbeitsmaterial, das speziell für Erzieher/innen und Grundschullehrer/innen konzipiert ist, welche Kinder mit Problemen beim Spracherwerb in ihren Regelgruppen und -klassen haben. Kolonko/Krämer (1993) gehen davon aus, daß die interdisziplinäre Kooperation bei der Sprachförderung von Kindern u.a. durch den sehr unterschiedlichen Kenntnisstand zwischen den verschiedenen Berufsgruppen erschwert wird. Deshalb schlagen sie vor, daß die Regelpädagogen/innen vor dem Erstkontakt mit Sprachtherapeuten/innen ihr Erfahrungswissen und ihre Beobach-tungen über die sprachlich-kommunikativen Fähigkeiten und Probleme des Kindes, für das sie spezielle Hilfe anfordern, systematisieren und mittels der Beobachtungshilfe dokumentieren sollten.

Folgerichtig benennen die Autorinnen als wesentliches Ziel ihres Materials die Überwindung der Kompetenzspaltung zwischen den ausgewiesenen Fachkräften für Sprachbehinderungen und den Regelpädagogen/innen. Die Überwindung der Kompetenzspaltung soll in einem fachlichen Austausch und Kompetenztransfer münden (vgl. Kolonko/Krämer 1993, I).

Die Reflexion des eigenen Verhaltens ist ein Grundprinzip jeder pädagogischen Arbeit, deshalb ist das sprachlich-kommunikative Verhalten des/der Pädagogen/in auch Gegenstand der Beobachtung. Dieser Beobachtungsschwerpunkt wird verständlich vor dem theoretischen Bezugsrahmen, den die Autorinnen gewählt haben. Es handelt sich dabei um den interaktionistischen Spracherwerbsansatz nach Bruner (vgl. Bruner 1977, 1987). Als ein wesentlicher Grundgedanke, der in die Konzeption der Beobachtungshilfe einfließt, wird aus diesem Ansatz abgeleitet, daß das Gesprächsverhalten der Erzieher/innen in engem Zusammenhang mit dem des Kindes steht und deshalb zuerst beobachtet und im Rahmen einer Förderung gegebenenfalls modifiziert werden muß.

Aufbau des Materials

Die Beobachtungshilfe ist in zwei Hauptteile A und B gegliedert. Im Teil A werden Ziele, theoretische Grundlagen und Hinweise zur Handhabung in knapper Form erläutert. Der Teil B umfaßt den eigentlichen Beobachtungsbogen.

Hinsichtlich seines Aufbaues besteht der Beobachtungsbogen aus fünf Teilbereichen. Diese beziehen sich auf:

- allgemeine Angaben
- Kommunikationsverhalten des Kindes
- Kommunikationsverhalten des/der Erziehers/in/, Lehrers/in
- Angaben zu Aussprache, Sprechflüssigkeit, Grammatik und Wortschatz
- abschließende Stellungnahme.

Insgesamt sind beim Einsatz eines Bogens zwanzig Items zu bearbeiten, davon beziehen sich vierzehn Einzelangaben auf den pragmatisch-kommunikativen Bereich (fünf Items für den/die Lehrer/in, neun für das Kind) und sechs auf die Bereiche Artikulation, Wortschatz und Grammatik des Kindes.

Das Gesprächsverhalten des/der Lehrers/in wird beobachtet im Hinblick auf die Arten der Kontaktaufnahme zum Kind, den Einsatz nonverbaler Elemente, das verbale Sprachverhalten. Außerdem soll protokolliert werden, ob er/sie dem Kind besondere Hilfestellungen, wie z.B. Orientierung am Sprachniveau des Kindes o.ä. anbietet.

Bei allen zwanzig Items sind beispielhaft mögliche Beobachtungsaspekte in Klammern aufgeführt; das folgende Beispiel ist dem Teilbereich III. Kommunikation des/der Erziehers/in, Lehrers/in entnommen:

„4. Hilfestellung (z.B. orientiert sich am Sprachniveau der Kinder; stellt Rückfragen zur Verständnissicherung; gibt indirekte Korrekturen; setzt nonverbale Kommunikationsstützen wie Gestik, Mimik ein;...)" (vgl. Kolonko/ Krämer 1993, 7).

Kritische Einschätzung des Materials

Mit der Beobachtungshilfe von Kolonko/Krämer vergleichbare nichtstandardisierte Arbeitsmaterialen, welche der Beschreibung individueller Entwicklungsbereiche dienen, sind in Deutschland bisher wenig verbreitet. Anders in den USA, wo im Rahmen der gemeinsamen Erziehung mit „Individualized Education Programs" (Individualisierten Förderplänen, Übers. I.K.K.) gearbeitet wird. In diesem Zusammenhang werden von Pädagogen/innen in Teamarbeit für einzelne Schüler/innen strukturierte Übersichtspläne für die einzelnen Entwicklungsbereiche erstellt, die auf nicht standardisierten Beobachtungen basieren (vgl. Weber 1992, 13 ff).

Eggert et al. haben in Anlehnung an die amerikanischen Individualized Education Programs für den deutschsprachigen Raum den sog. „Individuellen Entwicklungsplan" - ein Instrument zur individuellen Diagnostik und Förderung- entwickelt (Eggert et al. 1992). Zur Ermittlung des Sprach- und Kommunikationsverhaltens werden Items aus der Beobachtungshilfe von Kolonko/Krämer herangezogen (ebenda 6 f).

Müller untersuchte im Rahmen einer Pilotstudie die Anwendungsmöglichkeiten der Beobachtungshilfe von Kolonko/Krämer im Schulalltag (Müller 1991). Sie befragte fünf Grundschullehrerinnen (es wurden keine Lehrer befragt!) nach deren Erfahrungen bei der Anwendung des Arbeitsmaterials. Das Fazit ihrer Arbeit lautet:

> „Die Bearbeitung der Beobachtungshilfe durch die LehrerInnen hat ergeben, daß das Arbeitsmaterial zur strukturierten und systematischen Beobachtung des Gesprächsverhaltens in der Praxis einsetzbar ist" (Müller 1991, 80).

Weiterhin stellte sich heraus, daß die Beobachtungshilfe den Lehrerinnen eine intensive Beschäftigung mit dem Kommunikationsverhalten des Kindes erleichterte und sie motiviert waren, ihre Beobachtungen nach den vorgegebenen Kriterien zu ordnen und zu notieren (ebenda 80). Die befragten Pädagoginnen zeigten sich erwartungsgemäß überrascht, daß die Betrachtung des Gesprächsverhaltens des Kindes eine Beobachtung der Lehrer/innensprache einschließt. Sie hatten Schwierigkeiten, die entsprechenden Items zu bearbeiten (ebenda 82).

Im folgenden Kapitel werden sog. freie Sprachproben als der dritte methodische Baustein im Rahmen der SKFU-Analyse dargestellt.

7.4.3. Freie Sprachproben

Mit Hilfe freier Sprachproben ist es möglich, die sprachlich-kommunikativen Probleme eines Kindes innerhalb seines Ökosystems zu betrachten, deshalb stellen sie einen Bestandteil der SKFU-Analyse dar. Der/die Sonderpädagoge /in führt freie Sprachproben als sprachdiagnostische Methode durch.

Freie Sprachproben werden in Interaktionssituationen erhoben, in denen Sprache in alltäglichen, natürlichen und unvorbereiteten Gesprächen benutzt wird (vgl. Heidtmann 1988, 19). Die Dokumentation erfolgt per Video- oder Tonbandaufnahme, das Material wird anschließend transkribiert und nach linguistischen Gesichtspunkten ausgewertet.

Eine zunehmende Kritik an den gängigen Sprachentwicklungstests (vgl. Kap.4.2.), die wachsende Bedeutung der linguistischen Pragmatik und interaktionistischer Sichtweisen des Spracherwerbes bildeten Ausgangspunkte für die im deutschsprachigen Raum zu Beginn der 80er Jahre einsetzende Suche nach neuen Wegen der Sprachdiagnostik (Heidtmann 1981, Füssenich/Heidtmann 1984, Füssenich/Heidtmann 1985).

Meine folgenden Ausführungen beziehen sich explizit auf freie Sprachproben und nicht auf sog. Spontansprachanalysen, da mir die von Heidtmann in diesem Zusammenhang getroffene Unterscheidung sinnvoll und notwendig zu sein scheint. Spontan meint in diesem Zusammenhang sprechen, ohne explizit aufgefordert zu sein, also Spontansprache im Gegensatz zum Nachsprechen. Freie Sprachproben hingegen basieren auf folgendem Verständnis:

„(...) es handelt sich bei freien Sprachproben um Äußerungen in interaktiven Handlungszusammenhängen. Zwei oder mehr Kommunikationspartner interagieren in einer face-to-face-Kommunikation freiwillig, ohne daß sprachlicher, kommunikativer oder handlungsmäßiger Verlauf und damit Verhaltensweisen des einzelnen vorgegeben sind. Die Kommunikation ist eingebunden in Handlungsabläufe, wobei nicht ausgeschlossen ist, daß bestimmte (Spiel)Materialien zur Verfügung stehen" (Heidtmann 1988, 18).

Somit geht es bei den freien Sprachproben nicht darum, 'irgendwelche' spontanen Äußerungen einzufangen, sondern um die Achtung der kindlichen Persönlichkeit und darum, nach den Maßgaben förderdiagnostischer Arbeit (vgl. Kap. 7.2.) sprachlich-kommunikative Kompetenzen eines Kindes zu ermitteln.

Die Diskussion um die Relevanz freier Sprachproben wird aus der Perspektive der Theorie wie der Praxis sehr kritisch geführt. Nach meinen Erfahrungen haben freie Sprachproben bisher wenig Eingang in die praktische pädagogische Arbeit gefunden. Diese Behauptung nehme ich zum Ausgangspunkt für weitere Ausführungen über die Durchführung freier Sprachproben und als Anlaß zur Diskussion über deren Praktikabilität für die Arbeit in Integrationsklassen.

Aus theoretischer Sicht wird die Frage der Repräsentativität diskutiert. Angesprochen werden quantitative wie qualitative Gesichtspunkte. Unter quantitativen

Aspekten geht es darum, wieviele Sprachproben erhoben werden müssen, welche zeitliche Einheit zugrunde gelegt wird und wieviele Äußerungen eine unabdingbare Grundlage für die Auswertung darstellen.

Quantitative und qualitative Gesichtspunkte sind jedoch nicht zu trennen. Im Hinblick darauf, daß unterschiedliche Kommunikationspartner/innen verschiedene Möglichkeiten zur Realisierung kommunikativer Absichten bieten, ist es notwendig, mehrere Sprachproben (in der Regel zwei bis drei) mit unterschiedlichen Partnern/ innen durchzuführen (Füssenich 1987, 53ff; Heidtmann 1988, 19ff). Als Gesprächspartner/innen werden ein Elternteil, ein anderes Kind und der/die Therapeut/in vorgeschlagen. Sequenzen von 15 bzw. 30 Minuten werden als zeitliche Einheiten zugrunde gelegt. Die Auswahl der Zeiteinheit ist nicht willkürlich, sondern steht in direktem Zusammenhang mit der Anzahl der notwendigen Äußerungen. Diese wiederum variiert je nach Situation, Alter und Schädigung des Kindes. Beispielsweise muß die Zeiteinheit bei Kindern, die durch eine Schädigung verlangsamt sind, länger gewählt werden, um eine notwendige Zahl von Äußerungen zu erhalten. Damit ist der letzte in quantitativer Hinsicht relevante Aspekt angesprochen, der sich auf die Anzahl der Äußerungen bezieht. Von verschiedenen Autoren werden als Spannbreite 50-200 Äußerungen als notwendige repräsentative Grundlage genannt.

Neben der Reflexion quantitativer Aspekte spielen bei den Überlegungen zur Repräsentativität von freien Sprachproben auch situative Bedingungen eine Rolle (vgl. Füssenich 1987, 52; Heidtmann 1992). Bei der Auswahl des Materials haben sich konkrete Spielmaterialien, die das Kind interessieren, besser bewährt als beispielsweise Bilderbücher. Die räumlichen Bedingungen müssen ebenfalls bedacht werden, sie sollen dem Kind vertraut sein. Resümierend stellt Heidtmann fest,

> „(...) daß man die besten Sprachproben erhält, wenn das Kind entspannt, interessiert und in der häuslichen Umgebung mit einem bekannten Interaktionspartner ist. Bilderbuch betrachten und Fragen des Erwachsenen werden abgelehnt, vielmehr sollen die Kinder die Aktivitäten selbst bestimmen, womit ein natürliches Gesprächsthema gegeben sei" (Heidtmann 1988, 23).

Es folgt ein kurzer Überblick über die Arbeitsschritte freier Sprachproben. Im Anschluß an die Video- oder Tonbandaufnahmen erfolgt die Verschriftlichung des Datenmaterials. Je nach den sprachlich-kommunikativen Problemen eines Kindes kann ein phonetisches oder literarisches Transkriptionsverfahren zur weiteren Bearbeitung verwendet werden. Eine Anleitung zur Erstellung der Transkripte ist bei Heidtmann nachzulesen (vgl. Heidtmann 1988, 36ff).

Meine Ausführungen zur Auswertung freier Sprachproben beschränken sich auf die Nennung der beiden möglichen Auswertungsverfahren, da eine ausführlichere Behandlung die Beschreibung psycholinguistischer Grundlagen erfordert, die jedoch nicht Gegenstand meiner Arbeit sind. Ausführliche Angaben zur Auswertung freier Sprachproben sind bei Heidtmann (1988, 1992) zu finden.

Freie Sprachproben können mit Hilfe von Sprachprofilen und linguistischen Analysen ausgewertet werden (vgl. Heidtmann 1988, 54). Bei der Auswertung anhand von Sprachprofilen werden die kindlichen Äußerungen in ein vorgegebenes Kategoriensystem (Profilbogen) eingeordnet. Die Kategorienbildung erfolgt in Anlehnung an die altersübliche Sprachentwicklung. Das bekannteste Verfahren ist die Profilanalyse nach Clahsen (vgl. Clahsen/Mohnhaus 1985, 76-98).

Das Ziel linguistischer Analysen besteht darin, das individuelle sprachliche Regelsystem eines Kindes aufzudecken und zu beschreiben. Dabei erfolgt die Orientierung nicht an altersüblichen Entwicklungsmaßstäben. Linguistische Analysen können für alle sprachlichen Strukturebenen durchgeführt werden. Als wesentliche Voraussetzung für deren Anwendung nennt Heidtmann „detaillierte und umfassende psycholinguistische Kenntnisse" seitens des/der Pädagogen/in (vgl. Heidtmann 1988, 84).

Die Durchführung freier Sprachproben hat bisher wenig Eingang in die praktische Arbeit der Sprachdiagnostik gefunden. Mögliche Gründe dafür sehe ich darin, daß

- einem Großteil der Sprachbehindertenpädagogen/innen linguistische Kenntnisse fehlen,
- der Arbeitsaufwand für die Durchführung und Auswertung von Sprachproben als zu hoch eingeschätzt wird,
- 'schnelle' diagnostische Lösungen (z.B. die Anwendung von Lautprüfverfahren) unter dem Handlungszwang der praktischen Arbeit naheliegender sind,
- die Arbeit mit einer Methode, welche ein Problem im ökosystemischen Zusammenhang betrachtet, ungewohnt ist,
- die Anwendung freier Sprachproben nicht mit defizitorientiertem Arbeiten zu vereinbaren ist,
- die Erhebung einer breiten Datenbasis, welche zur Bearbeitung verschiedener Fragestellungen benutzt werden kann, ebenfalls ungewohnt ist.

Die Anwendung freier Sprachproben in einer Sonderschulklasse mit acht bis zehn Schüler/innen halte ich aus arbeitstechnischen Gründen für unrealistisch, während ihre Durchführung im Rahmen des nichtaussondernden wohnortnahen Schulbesuches aus pädagogischer und sprachdiagnostischer Sicht hilfreich und notwendig ist. Da in Integrationsklassen kaum mehr als zwei Schüler/innen anzutreffen sind, die individuelle pädagogische Unterstützung beim sprachlich-kommunikativen Lernen brauchen, ist der Arbeitsaufwand vertretbar. Eine wichtige Voraussetzung besteht darin, daß die Auswertung des Datenmaterials vor dem Hintergrund einer bestimmten Problemstellung erfolgt. Auch hier zahlt sich der Arbeitsaufwand insofern aus, als das Datenmaterial eine wichtige Basis für die Kooperation mit dem Kind, den Eltern und dem/der Regelschullehrer/in bildet. Erfahrungsgemäß stellt sich bei mehrmaliger Durchführung und Auswertung freier Sprachproben eine Arbeitsroutine ein, die den notwendigen Zeitaufwand deutlich minimiert.

7.5. Zusammenschau der Ergebnisse einer SKFU-Analyse

Während des Prozesses der Durchführung einer SKFU-Analyse werden umfangreiche Informationen über die sprachlich-kommunikativen Fähigkeiten und Probleme eines Kindes und die Ökosysteme, in denen es diese realisiert, gesammelt. Die inhaltliche Basis für die endgültige Auswertung bilden die Ergebnisse der Gespräche im Ökosystem, die Analyse der Freien Sprachproben und die Aufzeichnung der systematischen Beobachtungen durch den/ die Klassenlehrer/in.

Die erzielten Ergebnisse stimmen nicht immer überein. Das ist zum einen durch die unterschiedlichen, in der SKFU-Analyse angewendeten Arbeitsmethoden bedingt. In der Regel gibt es 'Trends', die sich bei den Gesprächen im Ökosystem andeuten und herauskristallisieren und durch die Analysen der freien Sprachproben bestätigt werden. Aber es gibt ebenso Bereiche, in denen zwischen den Ergebnissen der unterschiedlichen Methoden keine Übereinstimmungen herzustellen sind.

Auftretende Widersprüche in den Ergebnissen sind durch die verschiedenen Motive der beteiligten Personen bedingt. Sie sind weiterhin darauf zurückzuführen,

- daß die Realisierung sprachlich-kommunikativer Möglichkeiten in den unterschiedlichen Ökosystemen Kind-Schule und Kind-Familie betrachtet wird,
- daß Wirklichkeit unterschiedlich erlebt und gedeutet wird,
- daß sprachlich-kommunikative Fähigkeiten in unterschiedlichen Situationen verschieden realisiert werden.

Dieser Tatsache wird durch die Konzeption der SKFU-Analyse Rechnung getragen, indem Widersprüche nicht verschleiert und mittels hierarchischer Strukturen eingeebnet werden. Denn Widersprüche bedeuten aus erkenntnistheoretischer Perspektive Bewegung und beinhalten Möglichkeiten zur Entwicklung und Veränderung.

Im Fallbeispiel der Schülerin Linda (vgl. Kap.8) zeigen sich Widersprüche bei der Auswertung der Gespräche im Ökosystem. Lindas Lehrerin erwähnt die Aussprachestörung des Kindes beispielsweise nicht, während Linda selbst den Wunsch äußert, wie die anderen Kinder sprechen zu können. Sie will wissen: „Was gibt es denn da (im Zusammenhang mit einer Sprachförderung, Anm. I.K.K.) zu üben?" Somit stellt sich die Frage, welche Kriterien heranzuziehen sind, um aus den widersprüchlichen Ergebnissen einer SKFU-Analyse handlungsrelevante Fördermaßnahmen ableiten zu können.

Bei der Zusammenschau der Ergebnisse - als letztem Arbeitsschritt einer SKFU-Analyse - werden ev. widersprüchliche Ergebnisse von dem/der Klassenlehrer/in und dem/der Sonderpädagoge/in gemeinsam diskutiert und im Hinblick auf die Bedingungen in den Ökosystemen abgewogen. Alle übrigen beteiligten Personen müssen in den Prozeß der Ergebnisfindung - soweit es möglich ist - einbezogen werden. Denn neben den genannten Personen werden die Eltern und das Kind als die eigentlichen Experten/innen betrachtet, die sprachlich-kommunikative Lernprozesse im Lebensumfeld unterstützen und Veränderungsprozesse herbeiführen können. Deshalb erhalten sie die Transkripte der Gespräche im Ökosystem und der freien Sprachproben in schriftlicher Form. Positive Auswirkungen auf den Förderprozeß zeigt das gemeinsame Anschauen und Analysieren ausgewählter Teile der Videodokumente, die für Einzelprobleme relevant sind. Mittels dieser Arbeitsweise werden sprachlich-kommunikative Verhaltensweisen, die im alltäglichen Umgang nicht bewußt wahrgenommen werden, Gegenstand der bewußten Reflexion und somit veränderbar.

Handlungsrelevante Fördermaßnahmen werden unter Rückgriff auf den theoretischen Bezugsrahmen einer nichtaussondernden Pädagogik (vgl. Kap. 1), des förderdiagnostischen Vorgehens (vgl. 7.3.) und des interaktionistischen Spracherwerbsansatzes (vgl. Kap. 7.2.) abgestimmt.

Nach der Maßgabe einer nichtaussondernden Pädagogik müssen die Fördermaßnahmen so angelegt sein, daß sie der anthropologischen Prämisse Rechnung tragen und jeglicher Form von Isolation des Kindes entgegenwirken. Fördermaßnahmen müssen darauf abgestimmt werden, daß sie das Kind in der Entfaltung seiner Normalität so wenig wie möglich einschränken. Ein gründliches Abwägen mit allen Beteiligten ist notwendig, um die Fördervorschläge den jeweiligen Rahmenbedingungen der Ökosysteme Kind-Schule und Kind-Familie anzupassen. Dies kann jedoch nur im Einzelfall mit allen Beteiligten erfolgen.

Im Kapitel 8 wird anhand eines Fallbeispieles der Arbeitsprozeß beim Erstellen einer SKFU-Analyse dokumentiert.

V. Zum Beispiel Linda - Exemplarische Darstellung einer SKFU - Analyse

8. Darstellung und Interpretation der Ergebnisse

8.1. Dossier

Im Dossier einer SKFU-Analyse sind alle relevanten Daten einer Analyse zu finden. Es handelt sich dabei um ein Arbeitsmittel für die praktische Arbeit, das auch den Schulakten beigefügt werden kann. Im folgenden Dossier sind nur die Daten ausgefüllt, die zum weiteren inhaltlichen Verständnis des Fallbeispieles notwendig sind.

ANALYSE SPRACHLICH-KOMMUNIKATIVER FÄHIGKEITEN
EINES KINDES IN SEINEM UMFELD (SKFU-ANALYSE)

1. *Daten des Kindes:*
   Name: Linda
   Geburtsdatum: 18.1.1983
   Nationalität: deutsch
   Anzahl der Geschwister: 1 Bruder

Lebenssituation: Linda wohnt gemeinsam mit ihrem Bruder und beiden Eltern in einem Eigenheim am Stadtrand; die Familie lebt in geordneten Verhältnissen, der Vater ist berufstätig, die Mutter bereitet sich in Abendkursen auf das Abitur vor.

2. *Name der Schule:*
   Anschrift:
   Telefon:

3. *Name des/der Klassenlehrers/in:*
   Name des/der Sonderpädagogen/in:

4. *Name der Familie:*
   Anschrift:
   Telefon:

5. *Durchgeführte Methoden:*
   a) Gespräche im Ökosystem zwischen: Linda -Sonderpädagogin; Sonderpädagogin -Klassenlehrerin;Sonderpädagogin - Mutter.
   b) Beobachtungen durch den/die Klassenlehrer/in: Beobachtungshilfe (Kolonko/ Krämer)
   c) Freie Sprachproben: Linda - Mutter (zu Hause); Linda -Freundin (zu Hause)

6. *Gründe für die Durchführung der SKFU-Analyse:*

Die SKFU-Analyse wird durch die Mutter und die Klassenlehrerin des Kindes veranlaßt. Linda (9) besucht gemeinsam mit 18 anderen Kindern die 3.Integrationsklasse der IGS Winterberg. Sie ist das einzige Kind, das zieldifferent unterrichtet wird.

Bei Linda liegt insofern besonderer Förderbedarf vor, als sie durch eine infantile Cerebralparese geschädigt ist. Leistungsminderungen sind in den Bereichen Sensorik, Motorik und Sprache festzustellen.

Linda erhielt ca. fünf Jahre im häuslichen Bereich Sprachtherapie. Im Einvernehmen zwischen den Eltern und und dem Sprachtherapeuten wird die Therapie im häuslichen Bereich beendet. Die Eltern sind von den Grundgedanken der nicht aussondernden Erziehung sehr überzeugt und wünschen deshalb, daß eine Sprachförderung für ihre Tochter in der Schule stattfinden soll.

Die Klassenlehrerin ist zur Kooperation bereit und daran interessiert, wie sie Kinder (besonders Linda) mit Problemen beim sprachlich-kommunikativen Lernen innerhalb ihres Unterrichtes gezielt unterstützen kann.

Die SKFU-Analyse wird durchgeführt, um eine Arbeitsgrundlage für den schulischen (Sprach)Förderprozeß zu haben, auf den sich alle Beteiligten beziehen können.

7. *Zusammenschau der Ergebnisse:*

In Kapitel 8.5. werden die Ergebnisse der SKFU-Analyse ausführlich dargestellt.

8.2. Transkription und Auswertung der Gespräche im Ökosystem

Der folgende Gesprächsleitfaden stellt die Basis für alle drei im Ökosystem geführten Gespräche dar.

Gesprächsleitfaden

1. Beschreiben Sie die Sprache des Kindes. Was können Sie positiv hervorheben, womit sind Sie zufrieden?
2. Was hat das Kind schon alles gelernt, was sollte es im sprachlich- kommunikativen Bereich noch lernen?
3. Die Aufschlüsselung der Sprache in vier verschiedene Sprachebenen erleichtert die Analyse sprachlich-kommunikativer Fähigkeiten und Probleme. Nach linguisti schen Aspekten werden folgende Ebenen unterschieden, auf denen auch Störungen auftreten können:

    1. Aussprache ---------- z.B. Vodel statt Vogel

    2. Grammatik ---------- z.B. ich habe gegeßt

    3. Wortschatz ---------- z.B. Bagger,Bus,Trecker werden 'Auto' genannt

    4. Kommunikation ---- z.B. kein Blickkontakt beim Sprechen.

Auf welcher/ welchen Ebenen sind beim Kind Probleme zu beobachten?
4. Bitte äußern Sie sich zu den Leseleistungen des Kindes.
5. Welche Erwartungen verbinden Sie mit der Sprachförderung?

Erstellen grober Kategorien für die Auswertung

Vor der Durchführung der Gespräche im Ökosystem werden folgende Auswertungs-kategorien festgelegt:

Kategorie 1: Allgemeine Aussagen/Fähigkeiten
Kategorie 2: Sprache/Kommunikation
Kategorie 3: Lesen/Schreiben
Kategorie 4: Erwartung an die Förderung

8.2.1. Das Gespräch mit Lindas Mutter

Transkription des Gespräches mit der Mutter

Datum: 18.11.1992

Ort: Lehrerzimmer der IGS Winterberg

Dauer des Gespräches: 17 Min.

Gesprächsteilnehmer/innen: Mutter, Interviewerin

Situativer Rahmen: Die Mutter, die auch Elternvertreterin an der Gesamtschule ist, kommt zum Gespräch in die Lehrerstation. Sie bedient sich selbst mit Kaffee, fühlt sich offensichtlich nicht fremd.

I.= Interviewerin / M.= Mutter

I.: Linda hatte zu Hause Therapie gehabt, und Du hast dich jetzt entschlossen, einen anderen Weg zu gehen. Das wäre einfach nochmal wichtig zu hören warum.

M: Mm, das ist nicht nur meine Überlegung, sondern auch die Überlegung von ä Bernd, meinem Mann, und mir. Em Linda hat seit Jahren mit ein und derselben Person Sprachtherapie. Die Sprachtherapie lief so ab, daß sie m im häuslichen Bereich spielen konnte, was sie wollte und die Therapie lief versteckt beim Spiel ab. Und em irgendwann, so vor ein paar Wochen, kam uns die Idee, eh jetzt ist alles ..., die Idee mit dem Sprachtherapeuten im Gespräch, es ist alles ausgeschöpft. - Em, Linda bräuchte einfach eh wegen ihrer leisen Stimme, ihrer Atmung noch Dinge, die der Sprachtherapeut, der bisher therapiert hat, nicht machen kann. Er hat gesagt, er hat alles getan, was er kann, er hat lange mit ihr gearbeitet, em aber jetzt ist so seine Grenze gekommen. Und wir haben das offen besprochen und darauf haben wir uns jetzt an Inge (Interviewerin) gewandt.

I: Ja.

M.: Ja, das wars.

I.: Und wenn du jetzt an Lindas Sprache denkst, also was fällt dir ein? Wo würdest du da ..., was kann sie, welche Fähigkeiten hat sie in ihrem Sprachverhalten schon entwickelt?

M.: Also, sie kann sehr viel! - Em, das vorweg. - Em, spricht nur nicht so viel. Ich sehe so das Problem, daß sie em an vielem Interesse hat und das auch ausdrücken kann, aber sie selber macht es sich sehr einfach und redet oft einfach nur in Zwei-/Dreiwortsätzen. Sie bildet kurze Sätze und eh delegiert auch an andere, für sie zu antworten. Das heißt bei uns in der Familie so:" Hans, sag du doch mal oder Mama oder Bernd, sag du doch mal!" Ich denke, in ihr steckt sehr viel drinne und sie nimmt sehr viel auf von der Umgebung, von der Schule, wo sie ist; von den anderen Kindern; von den Lehrern; von uns in der Familie und von Nachbarskindern. Aber sie hat oft auch hm nicht den Mut, will ich mal so sagen, eh das zu sagen, was sie auch denkt.

I.: Hm, ja.

M. Hm.

I: Ja gut. ... Und du hast jetzt ja schon so ein bißchen angedeutet, was Du meinst, was sie noch lernen sollte.

M.: Hm.

I.: Also, jetzt zum Beispiel auch im Rahmen dieser Förderung.

M: Ja.

I.: Würdest du das nochmal konkretisieren weiter?

M.: Ja. Em, sie sollte lernen hm das auszusprechen, was sie denkt, was sie sagen möchte. Also die Fähigkeit eh erwerben, ehm so rückgratstark zu sein, das zu sagen, was sie eigentlich sagen möchte.

I.: Hm.

M.: Das ist eine Sache, die ich möchte, das da verspreche ich mir so ein bißchen von der Psychomotorik. Durch Bewegung kommt auch Sprache in Gang. So sehe ich das jetzt als Mutter. Und em, ich denke durch eh die durch diesen psychomotorischen Unterricht, eh ehm kann sie selber bewegt werden, freier zu sprechen.

I.: Ja.

M.: Das erwarte ich ...

I.: Das hast du echt schön ausgedrückt. Ja.

M.: Ja. ... Ehm ... mal überlegen. Dann erwarte ich noch, daß sie lernt sich auseinanderzusetzen, daß sie nicht zu schnell klein beigibt. Was sie bisher also viel tut. Zu Hause nicht, in der sicheren Umgebung ist es so, da em kann sie sehr schnell em sagen, m was sie möchte und fühlt sich auch sicher. Aber, sobald sie eh em auch in der Schule in anderen Situationen ist, fällt es ihr doch schwer, em sich frei zu äußern. Em das wünsche ich mir auch, daß sie also lernt - jetzt wiederhole ich mich auch, glaub ich nochmal, aber ist egal - daß sie lernt em sich auseinanderzusetzen.

I.: Mm.

M.: Mit einem Thema, mit anderen Kindern ...

I.: Ja.

M.: Und eh ich würde mich freuen, wenn sie in ihrer Stimme lauter werden würde. Denn so der Ausdruck ihrer Stimme ist bisher noch so, daß sie leise ist und mit einer verkürzten Ausatmung spricht, und em ich könnte mir vorstellen, daß diese Art von Therapie sie darin auch unterstützt, daß sie eben kräftiger wird in ihrer Stimme. Mm.

I.: Also, die nächste Frage bezieht sich dann auf die einzelnen Sprachebenen. Da würde ich gerne wissen, wo da der größte Förderbedarf deiner Meinung nach besteht. Also, ob du meinst, am allermeisten müßte auf dieser Ebene der Aussprache getan werden oder am meisten müßte getan werden auf der Ebene der Grammatik oder eben im Bereich des Wortschatzes, damit das, was du vorher als Ziel formuliert hast, tatsächlich dann auch zu erreichen ist.

M.: Also, ich denke in allen Bereichen. Ehm alle Bereiche müßten angesprochen werden, aber im Besonderen ... macht nichts - ehm denke ich mir - ist die Aussprache ganz wichtig. Also, ich denke, die Aussprache ist ganz wichtig. Weil sie sucht oft einfache Worte, eh sie sucht sie auch richtig und macht es sich auch im Sprechen sehr leicht, daß sie ehm Worte wählt, die im Raum sind. Und em sie sucht so den Weg, ehm m der ihr am einfachsten erscheint ohne große Anstrengung.

I.: Du meinst auch zum Beispiel kurze Wörter, die einfach ...

M.: Kurze Wörter ...

I.: Die einfach leicht auszusprechen sind.

M.: Richtig, keine doppelsilbigen Wörter, sondern kurze Wörter und eh m die ihr wenig Mühe machen. Denn sie spricht ja auch zum Beispiel - das hat jetzt, glaub ich, was mit Grammatik zu tun - bestimmte Buchstaben nicht oder die kommen selten wie...

I.: Das hat was mit Aussprache zu tun.

M.: Das hat auch was mit Aussprache zu tun. Tja, hats zu tun. Gut. Gut. Dann noch mal zur Aussprache, so bestimmte Buchstaben wie g und k, g/k, em das bereitet ihr sehr große Schwierigkeiten und sie ersetzt sie dann oft noch durch d ...

I.: Und t.

M.: Genau. Und sie versucht auch diese Wörter, wo diese Buchstaben drin vorkommen, manchmal zu umgehen. Das ist mir richtig aufgefallen. Nicht immer. Wenn sie Zeit zum Überlegen hat, dann umgeht sie sie. Also die Sache mit der Aussprache, denke ich, ist ganz wichtig und daß sie sicher wird. Mir ist es egal, ob sie en k oder n't dafür spricht, aber....

I.: Mm.

M.: Aber, daß sie eben so wie sie spricht, sicher darin ist. Daß sie sagt, ich spreche so und das ist meine Sprache und em, daß sie eben dies auch so spricht.

I.: Ja.

M.: Ne, das ist das mit der Aussprache.

I.: Rita, sonst im Ausprachebereich? Fällt dir sonst noch irgendetwas ein, daß sie Laute wegläßt oder irgendwie falsch spricht?

M.: Nein.

I.: Nicht.

M.: Nein.

I.: Mm.

M.: In der Aussprache, das habe ich schon gesagt, sucht sie die einfachsten Worte, obwohl ich eigentlich meine, daß sie eh ganz andere Worte benutzen könnte.

I.: Mm.

M.: Ihre Sätze sind auch sehr einfach oft, so...

I.: Kurz.

M.: Kurz und einfach, genau! Ja, sie sucht sich irgendwie den Weg des geringsten Widerstandes. So in der Sprache hab ich auch den Eindruck, eh wie auch in der Auseinandersetzung und irgendwie hängt das alles zusammen. Mm.

I.: Ja, das heißt eben keine grammatikalischen Fehler, daß die dir eben nicht aufgefallen sind.

M.: Ja, also in den Sätzen, die sie spricht, sind sie mir eigentlich nicht aufgefallen.

I.: Mm.

M.: Ich weiß jetzt natürlich nicht, wenn sie längere Sätze spricht oder aufsatzmäßig spricht, also Geschichten erzählt, wie es dann ist. Denn sie eh ... spricht schon, em erzählt Geschichten nach, und da ist aber eben auch so in der einfachen Art und da ist mir jetzt in Bezug auf Grammatik eigentlich nichts bewußt.

I.: Mm. Beim Wortschatz geht es also darum, ob jemand für eine Sache mehrere eh Begriffe weiß. Also es gibt Kinder, wenn man mit denen spielt, und hat n'Traktor und n'Bagger und n'Krankenwagen und dann ist alles für die Auto.

M.: Mm.

I.: Und es gibt aber auch andere Kinder, die haben eben diese Differenzierung.

M.: Ja, ja.

I.: Das würde also so den Bereich des Wortschatzes betreffen.

M.: Ja, also ich denke, da em kann sie Förderung gebrauchen, weil durch em die Behinderung - denke ich - fehlt ihr ein Erfahrungsbereich selber zu erkunden und em ihr Wortschatz umfaßt bei manchen Wörtern em schon auch andere Wörter. Oberbegriffe kann sie nennen, aber em es ist nicht im allgemeinen so, und ich denke, da kann sie Förderung gebrauchen.

I.: Hm. Ich habe mit Ellen (Klassenlehrerin) abgemacht, daß ich erst mal bis Februar hier bin. Weil es für Ellen eben auch so ist, sie ...

M.: Mm.

I.: ... findet das zwar sehr gut, aber gleichzeitig gibt sie Deutschstunden dafür und sodaß das also erst mal sone begrenzte Zeit ist, wo ich aber der Meinung bin, daß das nicht mit diesem Mal ...

M.: Mm, ja.

I.: Getan sein soll.

M.: Ja, also ich denke auch, daß das ne längerfristige Sache ist und daß die nicht von heut' auf morgen eh m aufgehoben werden kann. Was ich mir wünsche ist, daß eh Lehrer aus der Therapie was rausziehen können für sich, für ihren Unterricht. Das ist so mein Wunsch und so Erwartungen an die Therapeuten em ... so aus Elternsicht erwarte ich von eh der Therapeutin oder vom Therapeuten, em eine Therapie, die alle Kinder umfaßt...

I.: Mm.

M.: Also nicht nur für das behinderte oder auffällige Kind in der Klasse, sondern daß die Therapie allen Kindern zugute kommt. Und daß die Therapiestunde mit em allen Kindern gemacht wird. Em, daß eh Kinder in der Therapie aber erkennen lernen, daß es Kinder gibt, die besondere Fähigkeiten haben und die eh Kinder gibt, em die auch von den besonderen Fähigeiten, was abgeben können. Daß es Kinder gibt, die dazulernen müssen, ihre Fähigkeiten aber haben. Und em, daß es em also so ein Ziel

- sehe ich so als Mutter - em die Therapie soll eigentlich zum Nutzen aller Kinder in der Klasse sein.

I.: Mm.

M.: Was mir noch dazu einfällt, ist, daß ich eigentlich erwarte von Therapeuten und auch von Lehrern, die in der Therapiestunde sind, daß - wenn Konflikte auftreten innerhalb der Klasse - es sind ja nicht nur Therapeut und Behinderte in der Therapiestunde, sondern alle, daß eben konkret auch in der Stunde eh draufeingegangen wird.

I.: Mm.

M.: Also im Schreiben und Lesen kommt Linda, also Bernd (Vater) und ich, wir staunen und auch alle Freunde, die Linda kennen, was sie da em lernt in dieser Schule. Sie, em wir hätten es nicht für möglich gehalten, als sie am Ende ihres Kindergartenalters stand, daß sie jemals ohne eh Schreibmaschine auskommt. Und nun schreibt sie in Druckbuchstaben ganze Sätze. - Em, sie ist sehr interessiert am Schreiben. Das heißt sie fragt mitten im Spiel:"Mama, wie wird Autobus geschrieben?"

I.: Mm.

M.: Dann buchstabiere ich ihr das, und dann sagt sie's mir nach ohne Druck einfach so, weil sie Interesse dran hat. Und em im Lesen ist es so, daß sie em jeden Abend ihre Gutenachtgeschichte selber liest, immer ne halbe Stunde ohne zu ermüden, obwohl es der Abend ist und nicht der Morgen, wo sie eigentlich total müde sein muß.

I.: Tja ne.

M.: Konzentriert sie sich auf die Bücher und am Anfang hat sie viel über Auswendiglernen gemacht. Und da war sie immer ganz stolz, daß sie was lesen konnte und das hatte sie aber schon zuvor auswendig gelernt. Mittlerweile ist es so, da nimmt sie sich irgendein Buch und rätselt an den Worten und kann schon viele Worte lesen, die ihr eigentlich unbekannt sind. Und em also das ist so ne Sache, die ich so beobachte. Was ich auch so wichtig finde, sie eh versucht anderen Kindern nachzu ..., andere Kinder nachzuahmen. Also die sind irgendwie ein Ansporn für sie. Wenn Kinder aus der Klasse nachmittags bei uns zum Spiel eingeladen sind, em dann setzen sie sich auf die Erde und dann spielen sie manchmal Schule. Und dann fängt Linda an, em irgendwelche Worte zu sagen und dann schreiben sie das wie ne Art Diktat im Spiel. Und Linda ist also immer so drauf bedacht (lacht), daß sie das genauso macht wie die andern. Und wenn die andern das besser machen, dann schreibt sie zwei/dreimal nochmal von sich aus, ohne daß irgendein Kind was sagt, damit sie's genauso schreiben kann. Wenn sie irgendwie ein Rechtschreibfehler oder so gemacht hat im Wort. Es ist ihr vollkommen klar, daß die Kinder aus ihrer Klasse eh die meisten weiter sind im Lesen und im Schreiben, das ist ihr klar aber das ist ihr im Moment egal, sie em m ist eifrig - gerade in den letzten Wochen ist mir das aufgefallen - hat sie so einen Eifer entwickelt zu lernen und ich bremse sie da auch nicht.

I.: Mm.

M.. Also ich denke, daß em ist für ihre ... für ihr Selbstwertgefühl eh wichtig, daß sie ebent em m sich durch Ansporn vieles holt von anderen Kindern. Ja!

I.: Mm.

M.: Ja, das ist so zum Lesen und zum eh zum Schreiben. Also es sind Dinge gekommen, die hätten wir eigentlich nicht so für möglich gehalten als Eltern.

I.: War das erst in der letzten Zeit? Also kann man das zeitlich so festmachen?

M.: Mmmm ja, sie hat im ersten Schuljahr, so wie ich mich erinnere, eh sehr viel noch im Spiel gemacht. Ach da hat se lieber gemalt als zu schreiben. Aber sie konnte es irgendwie trotzdem. Die Dinge, die die Schule verlangt, was heißt verlangt, die sie machen mußte, die konnte sie und trotzdem wollte sie da nicht sitzen und schreiben, sondern hat dann lieber ihre Blumen gemalt und ihre Häuser. Aber sie konnte es trotzdem. Und mittlerweile ist es so, em ist das Malen zumindest ein bißchen mehr ins Abseits gekommen. Was sie eigentlich trotzdem noch sehr sehr gerne macht, sondern mehr so schreiben. So Dinge, von denen sie was hört, irgendein Wort. Meinetwegen: „Mama sag mir dochmal, wie Hubschrauber geschrieben wird." Und dann setzt sie sich hin und schreibt ein paarmal Hubschrauber, bis sie's kann.

I.: Das finde ich echt toll!

M.: Mm.

I.: Daran merkt man auch, welche Energien sie hat.

M.: Und die Energie, die kommt immer mehr durch und das finde ich auch ganz gut. Also, so ne Energie ist so ne gute Basis, denke ich, für alle Bereiche im Lernen, ne?

I.: Ja.

M.: Mm.

I.: Danke.

M.: Bitte.

Auswertung des Gespräches mit Lindas Mutter

Arbeitsschritt 4 (Markieren und Darstellen der Informationseinheiten)

1. kann sehr viel
2. spricht nicht so viel
3. hat an vielem Interesse
4. macht es sich einfach
5. redet oft in 2-3 Wortsätzen
6. bildet kurze Sätze
7. delegiert an andere
8. in ihr steckt viel
9. nimmt viel auf
10. hat nicht Mut zu sagen, was sie denkt
11. soll lernen auszusprechen, was sie denkt
12. zu sagen, was sie möchte
13. durch Bewegung kommt Sprache in Gang
14. kann bewegt werden, freier zu sprechen

15. soll lernen sich auseinanderzusetzen
16. soll nicht klein beigeben
17. gibt viel klein bei
18. kann in sicherer Umgebung sagen, was sie möchte
19. sich in der Schule frei äußern fällt schwer
20. soll lernen sich auseinanderzusetzen
21. Stimme soll lauter werden
22. Stimme ist leise
23. Ausatmung verkürzt
24. Therapie soll alle Bereiche ansprechen
25. Aussprache ganz wichtig
26. Aussprache ganz wichtig
27. L. sucht einfache Worte
28. L. macht es sich beim Sprechen leicht
29. sucht einfachsten Weg
30. spricht kurze Wörter
31. spricht bestimmte Buchstaben nicht
32. bestimmte Buchstaben bereiten Probleme
33. versucht, Wörter zu umgehen
34. bei Zeit zum Überlegen, umgeht sie Wörter
35. Aussprache wichtig
36. soll sicherer werden
37. soll sicher werden, wie sie spricht
38. sucht bei Aussprache die einfachsten Worte
39. Sätze sind einfach
40. kurze einfache Sätze
41. sucht Weg des geringsten Widerstandes
42. kein grammatikalischen Fehler aufgefallen
43. erzählt Geschichten in einfacher Art
44. Mutter ist kein grammatisches Problem bewußt
45. L. braucht Förderung im Wortschatz
46. durch Behinderung fehlt Erfahrungsbereich
47. kann Oberbegriffe nennen
48. kann Förderung im Wortschatz gebrauchen
49. Lehrerin soll was aus Therapie rausziehen
50. Therapie soll alle Kinder umfassen
51. Therapie soll allen Kindern zugute kommen
52. Therapie soll mit allen gemacht werden
53. Therapie soll zum Nutzen aller gemacht werden
54. auf Konflikte soll mit allen (Kindern) eingegangen werden
55. lernt viel im Schreiben und Lesen

56. ist interessiert am Schreiben
57. hat Interesse an Rechtschreibung
58. L. liest jeden Abend Gutenachtgeschichte selbst
59. früher Lesetexte auswendig gelernt
60. entschlüsselt Wörter beim Lesen
61. kann viele Wörter lesen
62. versucht andere Kinder nachzuahmen
63. andere Kinder sind Ansporn
64. L. weiß, daß Klassenkameraden/innen besser lesen und schreiben
65. L. ist eifrig
66. entwickelt Eifer beim Lernen
67. Selbstwertgefühl ist wichtig
68. wollte im 1. Schuljahr nicht schreiben
69. Energie kommt durch
70. Energie ist gute Basis fürs Lernen

Mehrfachnennungen beziehen sich auf folgende Aussagen der Mutter / Information-seinheiten in Klammern:

- L. soll lernen sich auseinanderzusetzen (15, 16) = 2
- die Aussprache ist wichtig (25, 26, 35) = 3
- L. macht es sich einfach (4, 28, 29, 41) = 4
- Therapie sollen allen Kindern der Klasse nützen (50, 51, 52, 53) = 4
- Energie ist wichtig (69, 70) = 2
- L. ist eifrig (65, 66) = 2
- L. soll sicherer werden(36, 37) = 2
- L. braucht Wortschatzförderung (45, 48) = 2.
- L. bildet kurze Sätze (5, 6, 39, 40,43) = 5
- L. versucht Wörter zu umgehen (33, 34) = 2

Die 70 ermittelten Informationseinheiten verteilen sich auf die einzelnen Kategorien wie folgt:

Kategorie 1	(Fähigkeiten/allgemeines Verhalten):	19
Kategorie 2	(Sprache/Kommunikation):	31
Kategorie 3	(Lesen/Schreiben):	8
Kategorie 4	(Erwartungen an die Förderung):	12

Arbeitsschritt 5: Kategorienzuordnung

Kategorie 1: Aussagen zu Fähigkeiten/allgemeines Verhalten
L. ist eifrig
kann sehr viel
hat an vielem Interesse

nimmt viel auf
lernt viel beim Lesen und Schreiben
kann Oberbegriffe nennen
durch Behinderung fehlt Erfahrungsbereich
versucht andere Kinder nachzuahmen
Energie kommt durch
delegiert an andere
gibt viel klein bei
macht es sich einfach

Kategorie 2: Sprache/Kommunikation
spricht nicht so viel
spricht bestimmte Buchstaben nicht
L. sucht einfache und kurze Worte
redet oft in einfachen 2-3 Wortsätzen
sich in der Schule frei äußern fällt schwer
kann in sicherer Umgebung sagen, was sie möchte
L. macht es sich beim Sprechen leicht
versucht, Wörter zu umgehen
Mutter ist kein grammmatisches Problem bewußt
kann bewegt werden, freier zu sprechen
Aussprache ganz wichtig
Stimme soll lauter werden
L. braucht Förderung im Wortschatz
soll lernen auszusprechen, was sie denkt und möchte

Kategorie 3: Lesen/Schreiben
lernt viel im Schreiben und Lesen
ist interessiert am Schreiben
liest jeden Abend Gutenachtgeschichten
kann viele Worte lesen
wollte im 1. Schuljahr nicht schreiben
früher Lesetexte auswendig gelernt

Kategorie 4: Erwartungen an die Sprach- und Kommunikationsförderung
soll sicher werden, wie sie spricht
soll lernen sich auseinanderzusetzen
Lehrerin soll was aus Therapie rausziehen
Therapie soll alle Bereiche ansprechen
Therapie soll alle Kinder umfassen und allen zugute kommen
auf Konflikt soll mit allen (Kindern) eingegangen werden

Arbeitsschritt 6: Bündelung und Interpretation

Lindas Mutter äußert sich positiv über die Fähigkeiten und das Verhalten ihrer Tochter. Mit deren Leistungen im schriftsprachlichen Bereich ist sie zufrieden.

Der größte Teil aller Informationseinheiten (im folgenden Text IE) (32) bezieht sich auf den sprachlich-kommunikativen Bereich. Daran wird die Wichtigkeit dieses Themas für die Mutter deutlich.

Sie geht auf alle Strukturebenen der Sprache ein. Im morphologisch-syntaktischen Bereich (im Leitfaden als „Grammatik" bezeichnet) bemängelt die Mutter, daß ihre Tochter kurze Sätze bildet (5 Mehrfachnennungen).

Sie hält eine Förderung im semantischen Bereich (im Leitfaden als „Wortschatz" bezeichnet) für wichtig (2 Mehrfachnennungen). Sie bringt Lindas einfachen Wortschatz mit ihren - aufgrund der Körperbehinderung - eingeschränkten Erfahrungsmöglichkeiten in Verbindung.

Hinsichtlich der Aussprachestörung ihrer Tochter sagt die Mutter einerseits: „Mir ist es egal, ob sie n' /k/ oder n' /t/ dafür spricht...". Andererseits betont sie dreifach, daß die Aussprache wichtig sei. Die Mutter kritisiert außerdem Lindas leise Stimme (IE 20, 21, 22).

Dem pragmatisch-kommunikativen Bereich (im Leitfaden als „Kommunikation" bezeichnet) scheint die Mutter eine wichtige übergeordnete Bedeutung beizumessen (z. B. IE 12, 15, 36, 37). Sie bemängelt, daß Linda es sich beim Sprechen zu leicht macht. Diese Aussage der Mutter bezieht sich auf die Aussprache (IE 4, 38), auf die Grammatik (z.B. IE 41) und auf die Kommunikation (z.B. IE 6).

Vor allem in der Schule - so die Einschätzung der Mutter - kann Linda sich nicht angemessen äußern und durchsetzen (IE 19). Deshalb hat die Durchführung der Sprachförderung gerade in der Schule für die Mutter einen hohen Stellenwert (insgesamt 12 IE). Sie erwartet eine ganzheitliche Arbeit, in die auch andere Schüler/innen einbezogen werden (IE 50 - 53) und die in Zusammenarbeit mit der Klassenlehrerin durchgeführt wird.

Hauptanliegen der Mutter scheint es zu sein, daß ihr Kind Sprache benutzen kann, um sich anderen Menschen mitzuteilen, seinen Gefühlen und Wünschen Ausdruck zu verleihen. Dies ist zum Beipiel den Informationseinheiten 10, 11, 16 und 19 zu entnehmen.

8.2.2. Das Gespräch mit Linda

Transkription des Gespräches mit Linda

---

*Datum:*14.1.199
*Ort:*Küche der IGS Winterberg
Dauer des Gespräches: 20 Minuten
Gesprächsteilnehmer/innen: Linda, Elvira (Sonderpädagogin), Interviewerin (I.K.K.)
Situativer Rahmen: Linda hat den Kassettenrekorder für die Aufnahme ange-
schlossen, sie ist gespannt und motiviert; die Sonderschullehrerin sitzt abseits
und nimmt nicht direkt am Gespräch teil.

L. = Linda E.=Elvira I.: Interviewerin

I.: Ich wollte als erstes von dir wissen, wie du selbst mit deiner Sprache zufrieden bist.
L.: Ja, sehr schön.
I.: Also du bist sehr zufrieden?
L.: Ja ... ja.
I.: Kommt es manchmal vor, daß dich jemand nicht versteht?
L.: Nein.
I.: Überlegste nochmal bitte? ...
L.: N e i n.
I.: Em, wie ist das denn, wenn du in der Klasse sprichst?
L.: Sehr dut (lacht). ...
I.: Nee, die Elvira die hört erst mal zu. Em, die Ellen (Klassenlehrerin) und deine Mutter
haben gesagt, daß sie finden, daß du noch etwas dazu lernen sollst beim Sprechen.
L.: Ja, das stimmt! ...
I.: Was könnte das denn sein?
L.: Eh ..., daß ich eben mehr sprechen tann.
I.: Mm, das sagt deine Mama. Also die sagt, ehm du solltest irgendwie mehr sprechen,
das wünscht sie sich. Kannst du dir noch etwas anderes vorstellen, was auch noch gut
wäre? Was du noch lernen könntest?
L.: Nein, jetzt nicht.
I.: Em, die Ellen sagt, daß sie sich auch wünscht, daß du noch etwas lauter zu sprechen
lernst, daß du lernst, ein bißchen deutlicher zu sprechen.
L.: (Unverständlich) Ja, das stimmt!
I.: Em und dann gibt es noch ein Problem, daß du manche Buchstaben noch nicht ganz
richtig sprechen kannst. Weißt du, welche das sind?
L.: Nein, ... nein!
I.: Em, du sagst z.B. statt em Kuchen, wie sagst du?

L.: ... Ta

I.: Wenn du Kuchen sagen sollst, wie sagst du dann?

L.: Tuche.

I.: Ja, also es heißt,...

L.: T, t.

I.: Genau, genau! Es heißt K-uchen und du sagst ...

L.: Uchen.

I.: Du sagst Tuchen.

L.:Tuchen.

I.: Und das ist ja nicht ganz richtig.

L.: Nein. ...

I.: Ja, es gibt eben auch noch andere Wörter. Fällt dir noch was ein, Elvira, sonst? Wo Linda manchmal noch etwas falsch spricht? ...

E.: Bei Gabi, sag mal Gabi. ...

L.: Dabi.

I.:Ist dir aufgefallen, was da der Unterschied ist? ... G-abi und du sagst...

L.: Dabi (laut).

I.: Dabi.

L.: Oder wie? Oder wie Dabel?

I.: Genau, da ist es ganz genauso! Richtig, es heißt an sich G-Ga b e l und du sagst aber...

L.: Dabel (laut).

I.: Dabel und das ist ja nicht ganz richtig.

L.: Nee. ...

I.: Jetzt wäre die Frage - da müßtest du genau nachdenken - möchtest du lernen, diese Wörter richtig zu sprechen?

L.: Ja, aber aber was ist da dran zu üben?

I.: Das ist eine sehr wichtige Frage, da wäre zu üben, em die einzelnen Buchstaben oder Laute, z.B. vor dem Spiegel also nochmal ganz genau zu schauen...

L.: Schpie- d e l !

I.: Ne, du hast mich ja gefragt, was ist da zu üben. Du müßtest dann üben mit der Elvira oder vielleicht auch mit mir, wie man die einzelnen em Buchstaben ausspricht. Und ich bin eben sicher, wenn du das möchtest, daß du das dann auch lernen kannst.

L.: Ja (laut). ...

E.: Möchtest du das lernen?

L.: Ja (laut), selbstverständlich!

I. (lacht): Also Linda, ich muß dir sagen, ich finde das toll! Ich, ich würds' an deiner Stelle auch lernen wollen, weil ich finds' eigentlich schon auch wichtig, weil du ja mittlerweile auch sehr groß bist eigentlich...

L.: Hm.

I.: Und, ja ich denke auch, das ist schon ne Sache, die nicht sehr lange dauern würde. Auch, dann könntest du das eben lernen.

134

L.: Ja natürlich.

I.: (lacht).

E.: Schon alleine für deinen Nachnamen Gabel, ne? Damit du ihn immer sagen kannst, wenn dich einer fragt.

L.: Dabel. Dabel. Dabel.

E.: Hm.

L.: Dabel als Nachname, Dabel zum Essen.

I.: Genau, die Gabel, aber halt nicht die D-Dabel, wie du sagst, sondern die G-Gabel.

L.: Dabel.

I.: Das müßten wir aber nochmal ein anderes mal, müßten wir das nochmal üben.

L.: Ja.

I.: Jetzt habe ich noch eine zweite Frage, die bezieht sich auf das Lesen. Das Lesenkönnen. Wie ist es bei Dir mit dem Lesen?

L.: Sehr dut, oder was meinst du? (spricht E. an). ...

E.: Du hast vorhin sehr schön gelesen. Aber wir müssen auch noch weiter üben.

L.: Ja, ja, selbstverständlich!

I.: Also deine Lehrerin, die Ellen hat gesagt, daß du sehr große Fortschritte beim Lesen gemacht hast, daß du ganz viel gelernt hast. Und eh deine Mutter hat auch gesagt, daß du viel gelernt hast, aber daß es noch bestimmte Wörter gibt, em mit denen du noch Schwierigkeiten hast. Ist dir das auch aufgefallen?

L.: Ja, das stimmt selbverständlich.

I.: Welche Wörter sind das? ...

L.. Eh, eh, ...ta und d!

I.: Wörter mit ka und d, hm.

L.: D!

I.: Ja. Hm.

L.: D.

I.: Und sonst noch, wenn du mal an lange oder kurze Wörter denkst? Wie ist es da?

L.: Sehr dut, danteschön!

Alle lachen.

E.: Du machst es dir einfach.

I.: (lacht). ...

I.: Also du meinst, du kannst sowohl lange als auch kurze Wörter schon gut lesen? Oder gibt es da irgendwo noch Schwierigkeiten?

L.: Ja (seufzt). Schwierigteiten nicht.

I.: Nicht.

I.: Nicht?

E.: Na, na, na!

I.: (Lacht). ...

I.: Dann, eh würd' ich jetzt das Gespräch gleich beenden wollen, wenn du einverstanden bist.

L.: Ja, selbverständlich und dann wolln'wer uns anhören, wie wie wir drei desprechen haben.

I.: Wie wir drei gesprochen haben, ne. Allerdings vorher, jetzt ist ja die Elvira da und ich bin auch da, möcht ich dir noch mal Gelegenheit geben, noch etwas dazu zu sagen, was du an uns für Wünsche hast. Also Elvira soll dir ja helfen beim Sprechenlernen und ich soll auch ehm dich dabei unterstützen. Was hast du für Wünsche? Was sollten wir machen? Worauf sollten wir achten? Kannst du ruhig auch dir Zeit lassen und bißchen länger nachdenken darüber, was würdest du uns sagen wollen?

L.: Ja, selbstverständlich (unverständlich). Jetzt wollen wir das Gespräch abhören und jetzt wollen wir ... (lacht).

I.: Was wollen wir? Ich wollte eigentlich noch gerne eine Antwort haben.

L.: Das Bespräch beenden und jetzt wollen wer (lacht) uns anhören. Tschüs!

I.: Vielen Dank für dieses Interview.

Auswertung des Gespräches mit Linda

Das Gespräch mit Linda kann nicht nach dem vorgesehenen Ablaufschema ausgewertet werden und ist insofern nicht repräsentativ. Die Teilnahme der Sonderschullehrerin Elvira war nicht geplant, aus kollegialen Gründen wollte ich ihr Interesse am Ablauf eines Gespräches im Ökosystem nicht zurückweisen. Dadurch ergab sich eine ungleichgewichtige Situation, in der Linda mit zwei Erwachsenen konfrontiert war. Ich selbst fühlte mich durch diese Situation beeinträchtigt.

Die für die Auswertung der Gespräche im Ökosystem vorgeschlagenen Arbeitsschritte 4 (Markieren und Darstellen der Informationseinheiten) und 5 (Kategorienzuordnung) können bei der Auswertung dieses Gespräches aufgrund des knappen und übersichtlichen Textmateriales entfallen.

Das Gespräch mit Linda sollte in kindgemäßer Form in Anlehnung an den Gesprächsleitfaden für die Erwachsenen durchgeführt werden. Zentrale Fragen im Gespräch mit der Schülerin waren:

Wie bist du mit deiner Sprache zufrieden?

Welche Probleme hast du beim Sprechen?

Wie schätzt du deine Leseleistungen ein?

Welche Erwartungen hast du an die Erwachsenen, wie sollen sie dir helfen?

Linda durfte vor dem Gespräch den Kassettenrekorder an das Stromnetz anschließen und das Mikrofon aufbauen. Durch die Erfahrung, dies alles selbst tun zu dürfen und zu können, war sie offensichtlich beeindruckt. Unser Gespräch hatte für sie den Charakter eines 'Interviewspieles'. Das Thema und die Art meiner Fragestellungen trafen deshalb nur bedingt ihre Motivation und Interessenlage, - meine Fragen waren für ein Spiel zu ernst!

Es folgt eine Darstellung und Analyse des Gesprächsverlaufes. Gesprächsthemen werden vorwiegend durch Fragen der Erwachsenen eingeführt (insgesamt 17), während Linda hauptsächlich mit knappen, bejahenden oder verneinenden Antworten reagiert. Ich bin als Gesprächspartnerin unflexibel in meiner Fragetechnik und dominiere das Gespräch, das betrifft sowohl die Einführung von Themen als auch die Länge von Äußerungen betrifft. Bei meinen Versuchen, Linda zu Äußerungen zu bewegen, beziehe ich mich immer wieder auf die Aussagen von Erwachsenen (z.b. auf ihre Mutter oder ihre Lehrerin). Dadurch wird Linda in die Rolle der Reagierenden gedrängt, außerdem nehme ich sie in ihrer Funktion als Expertin nicht ernst.

Als ihre Aussprecheprobleme von mir thematisiert werden, ändert sich ihr Gesprächsverhalten. Sie wird initiativ und bringt inhaltliche Beiträge,

- indem sie fragt, was es zu üben gibt, wenn sie die richtige Aussprache erlernen möchte;
- indem sie Laute, die sie falsch ausspricht, selbst benennt;
- indem sie ihren Familiennamen (Gabel) als weiteres Beispiel für ein Wort mit /g/ im Anlaut nennt, das sie nicht aussprechen kann.

Auch als ihre Leseleistungen thematisiert werden, zeigt sie sich interessiert und befragt die Sonderschullehrerin Elvira (mit der sie häufig liest) nach deren Meinung über ihre Fähigkeiten.

Linda hat offensichtlich keine Lust mehr, meine letzte Frage nach ihren Erwartungen an die Erwachsenen zu beantworten. Ihr situatives Interesse besteht zu diesem Zeitpunkt darin, das aufgenommene Interview abzuhören. Durch eine sprachlich äußerst geschickte Überleitung schafft sie es, das Gespräch zu beenden. Auf meine Frage: „Was wollen wir? Ich wollte eigentlich gerne eine Antwort haben" antwortet Linda: „Das Bespräch beenden und jetzt wollen wir aufhören. Tschüs!"

Das von mir eingeführte „pädagogische Wir" greift sie auf und nutzt es in ihrem Sinne. Dadurch beweist sie Sensibilität und Geschick bei der Durchsetzung ihrer kommunikativen Absichten.

Obwohl es nicht ihrer momentanen Interessenlage entspricht, kann die Schülerin auf der Metaebene ein Gespräch über ihre Sprach- und Leseleistungen führen. Sie äußert Zufriedenheit über ihre Möglichkeiten in diesen Bereichen und zeigt sich interessiert daran, an der Verbesserung ihrer Aussprachestörung zu arbeiten.

8.2.3. Das Gespräch mit der Klassenlehrerin

Trankskription des Gespräches mit der Klassenlehrerin
Datum: 11.1.1993
Ort: Lehrerzimmer der IGS Winterberg
Dauer des Gespräches: 15 Min.
Gesprächsteilnehmer/innen: Klassenlehrerin, Interviewerin (I.K.K.)
Situativer Rahmen: Das Gespräch findet in einer Pause statt, die Lehrerin muß danach wieder unterrichten. Die Atmosphäre ist trotzdem entspannt.

L.= Lehrerin I.: Interviewerin

I.: Wenn du an Lindas Sprache denkst, was fällt dir ein, womit bist du zufrieden?

L.: Ich finde, daß Linda sich ganz stark entwickelt hat in ihrem Sprachvermögen, daß sie zum Beispiel viel mehr auch laut spricht. Das ist zwar etwas, was nicht durchgehend ist, em das hängt auch sehr von ihrer ganz persönlichen momentanen Verfassung ab. Aber grundsätzlich, wenn ich an die ersten beiden Jahre denke, finde ich, hat sich das grundsätzlich doch wesentlich gebessert. Ich finde auch, daß sie - em oder ich finde, nein ich meine - daß sie auch vollständige Sätze macht, was im Anfang - so wie ich das auch gestern berichtet habe - am Anfang hat sie ja nur sehr kurz gesprochen „ich", „dies" oder irgend ne Situation beschrieben mit zwei Wörtern. Während sie jetzt eben zum Beispiel sagt, wenn sie auf Gertrud (Beschäftigungstherapeutin) wartet: „Ich kann Gertrud noch gar nicht sehen" oder „ich sehe Gertrud noch gar nicht".

I.: Ja, mm.

L.: Und als sie neulich beschrieben hat, das war letzte Woche, da hatte sie sich verbrannt an der Herdplatte; da hatte sie uns ausführlichst beschrieben, wie das gekommen ist.

I.: Ja.

L.: Auch mit langen Sätzen - das habe ich auch übrigens bald empfunden - die Mutter eh oder die Eltern sagten immer, daß sie sich doch sehr verkürzt ausdrückt. Em und also so kurz wie die Eltern das beschrieben haben, habe ich das hier bei uns em sowieso nie empfunden. Das fällt mir jetzt gerade nochmal dazu ein.

I.: Denn das habe ich auch von der Mutter in Erinnerung, daß sie nämlich gesagt hat, wenn sie nicht reden muß, dann tut sie es nicht.

L.: Ja gut, ja.

I.: Hier ist dein Eindruck schon ein bißchen anders?

L.: Ja ... sie muß sich hier ja auch äußern, nicht?

I.: Ja mm.

L.: Ihr bleibt ja gar nichts anderes übrig. Das hat sicher auch damit zu tun, mm mit der Situation, daß eben hier nicht jemand sie sofort versteht, wie das vielleicht zu Hause ist, wenn sie sich nonverbal schon verständigen können, ne?

I.: Ja.

L.: Das finde ich sehr positiv bei ihr.

I.: Und dann eben jetzt wäre so dieser zweite Aspekt, was im sprachlichen Bereich deiner Meinung nach noch ...

L.: Was sollte sie noch lernen, ja.

I.: Zum Beispiel im Hinblick auf den Unterricht. Was da deiner Meinung nach wichtig wäre?

L.: Ja, jaa. Sie sollte ... natürlich noch das verstärken mit dem laut und klar sich äußern und versuchen auch ihre, naja sowas wie Schüchternheit abzulegen. Denn es ist für sie schon - glaub ich - immer noch ein Angehen em sich einzubringen. Sie meldet sich ab und zu, dann geht es aber meistens um ne Einwortantwort ...

I.: Ah ja,ah ja.

L.: Ne Frage, wieviel ist dreimal vier oder irgendein Wort mit h oder so, da meldet sie sich auch von sich aus. Manchmal braucht sie noch einen kleinen Anstoß und trägt was dazu bei.

I.: Das ist aber auch ein Fortschritt.

L.: Ja. Aber wenn es jetzt darum geht, vielleicht etwas zu beschreiben, oder mm noch ausführlich etwas zum Unterricht beizutragen, das macht sie von sich aus nicht.

I.: Ja.

L.: Das möchte ich gerne, daß sie sich da einfach auch mehr traut, was von sich einzubringen. Denn sie hat ja auch was von sich einzubringen, denn sie hat ja auch was zu berichten und einzubringen.

I.: Ja, ja.

L.. Also jetzt zum Unterricht, speziell zu einem Thema. Wenn es sie persönlich betrifft, dann ist sie ja schon bereit und macht es ja auch schon. Mm die Geschichte, wenn ihr etwas Besonderes passiert, dann macht sie es. Aber jetzt in Bezug auf Unterricht ist das doch wenig.

I.: Ja. Mm.

L.: (Liest leise Interviewleitfadenfrage 2 vor) Ist in Ordnung! Mein ich schon.

I.: Das war auch der Eindruck von der Kollegin.

L.: Nicht, ja. Ja. Also da fällt mir nicht auf, daß sie - vielleicht benutzt sie nochmal ein Wort nicht ganz richtig. Also wie zum Beispiel, wie war das mit dem 'Behörde'? Da sagte sie dann - hat Elvira (Sonderschullehrerin) sie gefragt, ob sie ... *Das Gespräch wird unterbrochen, weil jemand den Raum betritt.*

I.: Bei der Grammatik waren wir.

L.: Ja. Grammatik... ist mir nichts besonderes aufgefallen. Aber so beim Wortschatz, ach ja, ich war gerade bei diesem Beispiel 'Behörde'. Da sagte sie zu Elvira, ja da springen die Pferde drüber. Und dann kam sie auf die Hürden, nicht! So. Das finde ich schon, daß sie bestimmte Worte, die so übern ganz eh konkreten Erfahrungsbereich von ihr hinausgehen, die versteht sie nicht. Das ist ja sehr verständlich, aber es ist wirklich so.

Bandende

Interviewerin berichtet über eine Situation aus der psychomotorisch orientierten Sprachförderung, wo Linda Tücher als Tischdecken bezeichnet hat.

I.: Da hat sie keine so unmittelbaren Erfahrungen gemacht wie andere Kinder.

L.: Ja mal Tisch zu decken. Wo sind die Tischdecken? Oder leg sie hier rein oder sowas nicht. Das hat sie nicht gemacht. Kommunikation?

I.: Also die Art und Weise sich einzubringen.

L.: Ja. Das kommt ein bißchen drauf an, so wie sie angesprochen wird. Wenn sie sich dann so ein bißchen ...hm gefordert fühlt, dann kann es schon sein, daß sie ein bißchen sich versteckt. Aber von sich aus grundsätzlich, wenn sie uns was erzählt, dann dann hat sie auch einen offenen Blick.

I.: Also eben so - weißt du - diese kommunikativen Aspekte, die es einem erleichtern, eine Botschaft hinzubringen.

L.: Ja.

I.: Meinst du, das ist schon gegeben?

L.: Ja, das meine ich schon. Daß, so wenn sie sich unsicher fühlt mit ner Sache und direkt angesprochen wird, dann zieht sie sich nochmal ein Stückchen zurück. Und ist vielleicht dann auch, wenn sie nicht genau weiß, was ist jetzt eigentlich gemeint und was soll ich bringen, dann kann es sein, daß sie den Blick mal ein bißchen senkt oder sich ein bißchen auch zurückzieht.

I.: Ja, ja.

L.: Mm. In ihrer Haltung.

I.: Ja, sodaß es also jetzt nach deiner Einschätzung es hauptsächlich so wäre, daß du sagen würdest im Bereich des Wortschatzes meinst du, daß da noch ...

L.: Ja und in der Lautstärke.

I.: Hm.

L.: Und im, ja... - wie soll ich sagen - auch einfach ein bißchen mutiger werden. So, daß sie sich auch selber ihrer Sprache sicherer wird. Das kann sie ja, aber - ich glaube - sie ist es noch zu wenig, weil sie doch vielleicht auch zu Hause es wenig ja braucht.

I.: Ja.

L.: Und sich dann hier doch auch ein Stückchen gefordert fühlt.

I.: Jetzt wären noch die Leseleistungen.

l.: Ja. Die haben sich ganz stark entwickelt im Laufe dieses dritten Schuljahres. Bekannte Texte liest sie sowieso, gar kein Problem. Sie kann auch mm unbekannte Texte; ich hab das vor einer Woche in der Bibliothek erlebt, da hatten wir das em Märchenbuch Rotkäppchen. Sie kennt das Märchen, aber sie kannte dieses Buch nicht und wußte auch die Sätze nicht und sie hat lange Sätze auch mit ... Bei langen Wörtern braucht sie noch Hilfe, sodaß sie sich die einfach aufgliedern kann. Aber kurze Wörter so mit mindestens mit 5 Buchstaben, kriegt sie auch raus, d.h. sie weiß wie es geht. Also l- a- la -lau lau f- laufen...

I.: Ja.

L.: Laufen, das ...

I.: Sie hat das Prinzip auf jeden Fall verstanden.

L.: Das Prinzip verstanden, d.h. sie ist nun eben bei schwierigeren und bei längeren Wörtern noch nicht ganz selbständig in der Lage, das dann auch rauszukriegen. Und manchmal wirds auch bei kürzeren Wörtern, gehts noch daneben. Aber grundsätzlich hat sie den Leselehrgang verstanden, also den Lesevorgang verstanden und hat da ne ganz starke Sicherheit bekommen. Da hat mir die Mutter auch erzählt, daß sie jeden Abend vorm so....

I.: Liest sie ihre eigene Gutenachtgeschichte.

L.: Ja und das Lesen - glaube ich - sie ist auch mehr ein sprachlicher Typ, ne also das...

I.: Liegt ihr mehr.

L.: Ja. Also das liegt ihr mehr als Mathe zum Beispiel.

I.: Hast du so ne Hypothese, wieso sie so gute Fortschritte jetzt auf einmal macht?

L.: Nein, das wüßte ich gar nicht. Vielleicht ist es einfach auch ein Stückchen Sicherheit, die sie jetzt so im Laufe der beiden Jahre auch gekriegt hat und daß ihre Situation auch für sie viel klarer ist. Und sie sich nicht doch immer wieder so fragt, was mache ich hier und wer bin ich hier - kann ich mir vorstellen. Ich finde sie ja auch so für sich selber ein Stück stabiler im Vergleich zum zweiten Schuljahr. Und dann glaub ich schon, daß es einfach immer wieder die Anreize sind für sie, die sie ganz stark motivieren mitzuhalten ...

I.: Ja.

L.: Em so nachzustreben und sie hat ein sehr gutes Gedächtnis, das hilft ihr ein Stück dabei, das ist eben dann beim Lesenlernen eh ne große Hilfe. Wo es ja bei Mathematik nichts nützt, da muß man ja irgendwas entwickeln und verstehen.

I.: Neu konstruieren praktisch. Jetzt noch der letzte Aspekt: Welche Erwartungen hast du an die Sprachförderung?

L.: Welche Erwartungen ... *(Lehrerin liest Interviewleitfaden Frage 4)* das ist so, sag ich mal ganz allgemein. Nicht, ich erwarte, daß sie noch ein Stückchen sicherer wird, sich mehr einbringen kann dadurch ..

I.: Ja, ja.

L.: Für sich selber dann auch so zufriedener ist mit sich. Ich glaube, das ist für sie doch was, was ihr sehr klar ist. Nicht also, sodaß sie - wenn sie was kann - das ist für sie auch was ganz Tolles.

I.: Hm.

L.: Zum Beispiel die letzten Diktate, da haben wir fünf Sätze gehabt, sie hat drei mitgeschrieben mit einem Fehler nur. Und sie hat niemanden, der neben ihr sitzt. Sie macht das wirklich alleine.

I.:Mm.

L.: Wir, ich bin dann auch schon weiter, weil sie ja dann auch nicht so schnell schreiben kann. Und dann gehe ich nochmal zu ihr hin und sag ihr nochmal, wo sie nun ist. Das finde ich eine tolle Geschichte.

I.: Ja stimmt.

L.: Und das gehört auch eben mit zu der Gedächtnisstärke bei ihr. Ja, das ist das!

I.: Das wärs? Was meintest du, wo du eine andere Einschätzung hast als die Kollegin (Sonderschullehrerin)?

L.: Das war bei dem hier - ich glaube - bei dem Wortschatz. Ich glaube, da sagte Elvira (Sonderschullehrerin), daß sie so meint, daß sie alles so zur Verfügung hat.

I.: Ja, ja. Und das siehst du anders?

L.: Und das sehe ich anders. Und eh es ist genau an der Stelle aufgefallen; ich glaube einfach, daß sie in dem Moment das nicht ganz so eingeschätzt hat.

I.: Ja.

L.: Du hast - glaube ich - das Beispiel mit dem Tischtuch da auch gebracht.

I.:Ja.

L.: Aber diese Erfahrung hat Elvira letztlich auch gemacht. Weil sie ja dann öfter, wenn wir zum Beispiel einen Text bearbeiten ... sie hat sich jetzt auch vorgenommen für Sachunterricht - wir haben da ja im Moment dieses Thema Bus und Bahn - und da kommen ja 'Busunterhalten' und solche Sachen, da kommen ja dann auch Begriffe und Sachen vor. Ja. Wie istn das zu verstehen? Sie will dann auch mit ihr sich Zeit für sie nehmen. Und dann mit ihr das richtig mal durchsprechen und sie ganz konkret auch fragen, „was ist das? ....

I.: Ja.

L.: ...Was bedeutet das, wie verstehst du das, genau?" Dann eben dazu nochmal ne Erklärung geben.

I.: Okay, vielen Dank.

L.: Bitte.

Auswertung des Gespräches mit Lindas Klassenlehrerin

Arbeitschritt 4 (Markieren und Darstellen der Informationseinheiten)

1. Sprachvermögen stark entwickelt
2. sie spricht mehr laut
3. (Lautstärke) hängt von momentaner Verfassung ab
4. (Lautstärke) hat sich verbessert
5. macht vollständige Sätze
6. am Anfang kurz gesprochen
7. drückt sich nicht so kurz aus, wie Eltern beschreiben
8. muß sich (in der Schule) äußern
9. ihr bleibt nichts anderes übrig (sich in der Schule zu äußern)
10. verständigt sich zu Hause nonverbal
11. wird (in der Schule) nicht sofort verstanden
12. soll sich laut und klar äußern
13. soll Schüchternheit ablegen
14. meldet sich bei Einwortantworten
15. braucht einen Anstoß und trägt (zum Unterricht) bei
16. trägt von sich aus nicht ausführlich zum U. bei
17. soll sich trauen, mehr von sich einzubringen
18. hat was zu berichten
19. trägt etwas bei, wenn Thema sie betrifft
20. (Beitrag) zum Unterricht wenig
21. benutzt manchmal Worte nicht richtig
22. bei Grammatik nichts aufgefallen
23. versteht bestimmte Worte nicht
24. versteckt sich (bei Anforderungen)
25. offener Blick (beim Erzählen)
26. zieht sich zurück (bei Unsicherheit)
27. soll mutiger werden
28. soll sich ihrer Sprache sicherer werden
29. braucht Sprache zu Hause wenig
30. fühlt sich in der Schule gefordert
31. Leseleistungen stark entwickelt
32. liest bekannte Texte ohne Probleme
33. kann unbekannte Texte lesen
34. braucht bei langen Wörtern Hilfe (beim Lesen)
35. kriegt kurze Wörter raus (beim Lesen)
36. Prinzip des Lesens verstanden
37. bei schwierigen und längeren Wörtern nicht selbständig
38. Leselehrgang verstanden

39. hat starke Sicherheit bekommen (beim Lesen)
40. ist sprachlicher Typ
41. in letzten beiden Jahren Sicherheit gekriegt
42. ihre Situation ist für L. klarer
43. ist stabiler
44. Anreize motivieren L.
45. sehr gutes Gedächtnis
46. soll sicherer werden
47. soll sich mehr einbringen
48. soll mit sich zufrieden sein
49. Gedächtnisstärke
50. Lehrerin schätzt L.'s Wortschatz anders ein als Kollegin

Mehrfachnennungen beziehen sich auf folgende Aussagen der Klassenlehrerin / Informationseinheiten in Klammern:

- muß sich in der Schule äußern (8, 9) = 2
- trägt wenig zum Unterricht bei (16, 20) = 2
- soll mutiger werden (13, 17, 27, 46) = 4
- Leselehrgang verstanden (36, 38) = 2
- gutes Gedächtnis (45, 49) = 2

Die 50 ermittelten Informationseinheiten verteilen sich auf die einzelnen Kategorien wie folgt:

Kategorie 1   (Fähigkeiten/allgemeines Verhalten):   23
Kategorie 2   (Sprache/Kommunikation):   14
Kategorie 3   (Lesen/Schreiben):   9
Kategorie 4   (Erwartungen an die Förderung):   4

Arbeitsschritt 5: Kategorienzuordnung

Kategorie 1: Allgemeine Aussagen/Fähigkeiten
L. ist stabiler u. sich ihrer Situation klarer
hat was zu berichten
sehr gutes Gedächtnis
ist ein sprachlicher Typ
offener Blick beim Erzählen
fühlt sich in der Schule gefordert und muß sich äußern
Anreize motivieren L.
braucht Anstoß, um zum Unterricht beizutragen
meldet sich bei Einwortantworten
zieht sich zurück bei Unsicherheit
verständigt sich zu Hause nonverbal

*Kategorie 2:*Sprache/Kommunikation
Sprachvermögen stark entwickelt
Lautstärke verbessert u. abhängig von momentaner Verfassung
wird in der Schule nicht sofort verstanden
versteht und benutzt manchmal Worte nicht richtig
bei Grammatik nichts aufgefallen
macht vollständige Sätze
soll sich laut und klar äußern
Lehrerin schätzt L. Wortschatz anders ein als Kollegin
Eltern sagen, sie drückt sich kurz aus
braucht Sprache zu Hause wenig

Kategorie 3: Lesen/Schreiben
Leseleistungen stark entwickelt
hat starke Sicherheit bekommen
Prinzip des Lesens verstanden
liest bekannte Texte ohne Probleme
kann unbekannte Texte lesen
braucht bei langen Wörtern Hilfe
kriegt kurze Wörter raus

Kategorie 4: Erwartungen an die Förderung
soll sicherer werden
soll sich mehr einbringen
soll mit sich zufrieden sein.

Arbeitsschritt 6: Bündelung und Interpretation

Das Gespräch mit der Klassenlehrerin wird während einer Pause geführt und endet etwas abrupt mit dem Klingelzeichen. Die Lehrerin bezieht in ihre Äußerungen die Perspektive der übrigen - an der Förderung Lindas beteiligten - Erwachsenen ein. Sie wägt ihre persönliche Einschätzung mit der der Eltern und der Sonderpädagogin ab (IE 7, 50). Anhand von 13 kürzeren und längeren Beispielen illustriert sie ihre Aussagen. Die Beispiele habe ich nicht in Informationseinheiten gefaßt, da sie nicht die unmittelbare Einschätzung und Meinung der Lehrerin darstellen und die Deutlichkeit der Position vermindern. Durch diese methodische Herangehensweise soll vermieden werden, daß im Arbeitsschritt 5 falsche Schlußfolgerungen gezogen werden.

Lindas Lehrerin geht hauptsächlich auf das allgemeine Verhalten und die Fähigkeiten des Kindes ein (23 von 50 IE) und beschreibt die Fortschritte des Kindes während der letzten beiden Jahre. Diese führt sie u.a. darauf zurück, daß L. im Rahmen der Integrationsklasse vielfältige Anreize erhält und in positivem Sinne gefordert wird (IE 8, 9).

Sie äußert sich ausführlich zu Lindas sprachlich-kommunikativen Möglichkeiten. Ihre Einschätzungen dazu stimmen mit denen der Mutter nur z.T. überein. Sie stellt keine Probleme im morphologisch-syntaktischen Bereich (im Leitfaden als „Grammatik" bezeichnet) im Gegensatz zu der Mutter fest (IE 5, 7, 22). Das Problem Lindas im phonetisch phonologischen Bereich (im Leitfaden als „Aussprache" bezeichnet) spricht die Klassenlehrerin nicht an. In Übereinstimmung mit der Einschätzung der Mutter hält sie Förderung im semantischen Bereich (im Leitfaden als „Wortschatz" bezeichnet) für erforderlich (IE 21, 23). Sie meint, daß das wesentliche Ziel einer Sprachförderung im pragmatisch-kommunikativen Bereich (im Leitfaden als „Kommunikation" bezeichnet) (IE 13, 17, 46-48) liegen muß. Nach ihrer Meinung sollte Linda mutiger werden und sich mehr zutrauen (4 Mehrfachnennungen).

Zu den Leistungen im schriftsprachlichen Bereich äußert sich die Lehrerin differenziert (9 von 50 IE) und sieht diesbezüglich keinen ausdrücklichen Förderbedarf.

Von der Sprach- und Kommunikationsförderung erwartet die Lehrerin in erster Linie eine psychische Stabilisierung, und in zweiter Linie Auswirkungen auf die Sprachproduktion als solche.

8.2.4. Abschließende zusammenfassende Interpretation der Gespräche

Alle drei Gesprächsteilnehmerinnen sind der Meinung, daß Linda im schriftsprachlichen Bereich sehr gute Fortschritte macht.

Zwischen den beiden Erwachsenen herrscht Übereinstimmung in der Einschätzung von Lindas semantischen und pragmatisch-kommunikativen Fähigkeiten. Ein Unterschied besteht darin, daß die Klassenlehrerin eher Lindas Fortschritte im sprachlich-kommunikativen Bereich hervorhebt, während die Mutter - bezogen auf den Gesamttenor ihrer Aussagen - unterschwellig unterstellt, daß ihre Tocher bei größerer Anstrengung auch besser sprechen könne.

Die von der Mutter geäußerte Meinung, daß Linda sich nur in kurzen Sätzen äußere, teilt die Klassenlehrerin nicht. Sie stellt fest:" (...) so kurz wie die Eltern das beschrieben haben, habe ich das bei uns hier nie empfunden". Die Klassenlehrerin hebt hervor, daß Linda aufgrund der kommunikativen Rahmenbedingungen in der Klasse gezwungen ist, sich zu äußern und zunehmend Fortschritte macht, z.B. was die Lautstärke ihrer Stimme betrifft. Im Rahmen der Zusammenschau sollte diskutiert werden, ob es zu Hause situative und/oder personelle Rahmenbedingungen gibt, die Linda daran hindern, sich entsprechend kommunikativ einzubringen.

Linda selbst zeigt sich im Gespräch über ihre eigene Sprache - im Gegensatz zu den Aussagen ihrer Mutter - engagiert und interessiert. Sie ist der Meinung, daß ihre Aussprachestörung behoben werden sollte und fragt: „Was gibts denn da zu tun?" Im Rahmen der Zusammenschau sollte die Meinung der Mutter zu diesem Bereich zur Diskussion gestellt werden, da sie sich zum Bereich Aussprachestörung widersprüchlich äußert (vgl. Kap. 8.2.1.; Arbeitsschritt 6).

Die hier aufgeworfenen unterschiedlichen Einschätzungen und Problembereiche werden im Rahmen der Zusammenschau vor dem Hintergrund der Ergebnisse der Beobachtungen der Klassenlehrerin und der freien Sprachproben erneut betrachtet und im Hinblick auf die Entwicklung von Fördermaßnahmen berücksichtigt.

8.3. Ergebnisse der Beobachtung von Sprache und Kommunikation durch den/die Klassenlehrer/in

Die Klassenlehrerin entscheidet sich, die Beobachtungshilfe zur Beschreibung von Kommunikation in Kindergarten und Schule (Kolonko/Krämer 1993) bei ihren Beobachtungen einzusetzen. Sie verwendet das Arbeitsmaterial, indem sie ihre eigenen Eindrücke im Rahmen einer längerfristigen Beobachtung im Anschluß an drei - von ihr selbst durchgeführte - Unterrichtsstunden schriftlich niederlegt. Die Selbstbeobachtung wird *nach* dem Gespräch im Ökosystem durchgeführt.

Durch die Beobachtung von Lindas sprachlich-kommunikativem Verhalten in ihrem Unterricht, stellt die Lehrerin fest, daß Linda sprachlich aktiv wird, wenn sie Erlebnisse mitteilen möchte, oder um ein bestimmtes Ziel zu erreichen. Die anderen Kinder - die einerseits sprachliche Reaktionen von Linda fordern und ihr andererseits nicht die Worte aus dem Mund nehmen - stellen für Linda eine große Hilfe beim sprachlich-kommunikativen Lernen im Unterricht dar (vgl. ausgefüllte Beobachtungshilfe Teil IV).

Linda stellt während des Unterrichtes Fragen, um die Bezeichnung für bestimmte Dinge zu erfahren (ebenda Teil II) und wiederholt deren Namen laut für sich selbst (ebenda). Daraus kann geschlossen werden, daß sich Linda im semantischen Bereich in einer aktiven Lernphase befindet. Während der 3 Unterrichtsstunden werden von der Lehrerin keine Störungen im morphologisch-syntaktischen Bereich festgestellt. Einerseits notiert die Lehrerin, daß Linda leise und nasal spricht, andererseits mißt sie der Aussprachestörung keine Bedeutung im Hinblick auf die Verständlichkeit der kindlichen Sprache bei. Dieser Widerspruch sollte im Rahmen der Zusammenschau zur Sprache kommen.

Auffällig ist, daß die Lehrerin keine Angaben zu ihrem eigenen sprachlich-kommunikativen Verhalten im Unterricht macht. In der Zusammenschau sollte die Schwierigkeit der Selbstbeobachtung problematisiert werden.

Auf den folgenden Seiten werden die Beobachtungsergebnisse der Klassenlehrerin an Hand ihrer Aufzeichnungen mit der 'Beobachtungshilfe zur Beschreibung von Kommunikation in Kindergarten und Schule' dokumentiert.

Beate Kolonko / Inge Katharina Krämer

Beobachtungshilfe

zur Beschreibung von Kommunikation in Kindergarten und Schule

Teil A: Informationen zur Beobachtungshilfe

I.   Ziel und Anwendungsbereiche

II.   Theoretische Vorüberlegungen

III.   Hinweise zur Handhabung

Teil B: Beobachtungsbogen

I.   Allgemeine Angaben

II.   Kommunikation des Kindes

III.   Kommunikation der ErzieherIn/LehrerIn

IV.   Angaben zu Aussprache, Redefluß, Grammatik und Wortschatz des Kindes

V.   Abschließende Stellungnahme

A. Informationen zur Beobachtungshilfe

I. Ziel und Anwendungsbereiche

Dieses Arbeitsmaterial ist konzipiert für ErzieherInnen und Grundschul-lehrerInnen. Es dient der Beschreibung von Kommunikation in Kindergarten und Schule. Es soll insbesondere helfen, die Kommunikation von Kindern mit Schwie-rigkeiten im sprachlich-kommunikativen Bereich zu beschreiben.

Vor der ersten Kontaktaufnahme mit der SprachtherapeutIn (Sprachbehinderten-pädagogIn oder LogopädIn) kann die ErzieherIn/LehrerIn mit Hilfe der Beobachtungs-hilfe ihre Beobachtungen systematisieren und festhalten. Dadurch kann eine inhaltliche Basis für die Kooperation in interdisziplinären Teams mit dem Ziel der ge-meinsamen Sprachförderung geschaffen werden. Wir betrachten die Beobachtungshilfe als einen Beitrag zur Überwindung der Kompetenzspaltung zwischen Regel- und SonderpädagogInnen bzw. TherapeutInnen. Im Sinne eines Kompetenztransfers stre-ben wir an, daß die am Erziehungs- und Förderprozeß beteiligten Fachpersonen ihre je-weiligen Kompetenzen einbringen und sich so ergänzen.

Ein weiteres Ziel des Materials besteht darin, bei RegelpädagogInnen Bewußtheit für sprachlich-kommunikatives Handeln zu erzeugen. Das gilt sowohl für die kindliche, als auch für die eigene Kommunikation.

Die Ergebnisse sind für den Einzelfall relevant, jedoch nicht objektiv im Sinne eines standarisierten Verfahrens. Als Mittel zur Sprachdiagnostik ist dieses Material nicht geeignet.

II. Theoretische Vorüberlegungen

Kein Kind lernt Sprache im Alleingang. Wesentlich für den Spracherwerb und spätere Sprachlernprozesse ist der Dialog des Kindes mit der sprachkompetenten sozialen Umwelt.

Im Rahmen des interaktionistischen Spracherwerbsansatzes wird diese Tatsache berücksichtigt[1]. Nach diesem Ansatz wird davon ausgegangen, daß das Kind in der Lage ist, sich zu verständigen, bevor es erste Worte und Sätze sprechen kann. Im vor-sprachlichen Dialog mit den Bezugspersonen lernt es, sich mit dem ihm zur Verfügung

---

[1] (vgl.: BRUNER 1987; FÜSSENICH 1990; HEIDTMANN 1990)

stehenden Mitteln auszudrücken und seine Bedürfnisse mitzuteilen. Die Grundlage für diesen Lernprozeß besteht auf der Seite des Kindes in dem elementaren Bedürfnis, sich aktiv mit seiner Umwelt auseinanderzusetzen, und sich mitzuteilen.[2] Von den Bezugspersonen wird der Dialog aufrechterhalten und weiterentwickelt durch deren Bereitschaft, den kindlichen Äußerungen kommunikative Absichten zu unterstellen und sie zu interpretieren. Es entstehen Dialoge, die aus kindlicher Äußerung (z.B. Schreien) - Interpretation und Reaktion der Bezugspersonen ("Kind hat Hunger", gibt Brust oder Flasche) - und Reaktion des Kindes auf elterliche Interpretation (z.B. hat keinen Hunger, schiebt Flasche weg) bestehen. Innerhalb dieser Dialoge lernt das Kind, sich immer besser und genauer mitzuteilen, lernen die Bezugspersonen, das Kind besser zu verstehen.

Im Rahmen solcher Dialoge und gemeinsamer Handlungsformen zwischen Kind und Bezugsperson beginnt das Kind, erste sprachliche Äußerungen zu verstehen. Es entdeckt, daß mit Worten Dinge bezeichnet werden können, daß Sprache ein geeignetes Mittel ist, um sich mitzuteilen, Wünsche und Bedürfnisse zu äußern, d.h. kommunikative Absichten zu realisieren. Mit anderen Worten: Das Kind lernt Sprache nicht des Sprechens willen, sondern weil es mit Hilfe von Sprache Ziele erreichen will.

Für den Erwerb sprachlicher und kommunikativer Kompetenz sind weiter angepaßte Anforderungssteigerungen der Bezugspersonen von großer Bedeutung: Je vielfältiger die sprachlichen Mittel sind, über die das Kind verfügt, desto höher sind die Anforderungen der sozialen Umgebung an Sprache und Sprachgebrauch des Kindes. Beherrscht ein Kind beispielsweise die Form der mündlichen Frage, um einen Wunsch mitzuteilen, so werden die Bezugspersonen in den meisten Fällen ein reines Zeigen nicht mehr als adäquate Form der Wunschäußerung akzeptieren. Diese dem kindlichen Sprachniveau angepaßten Anforderungssteigerungen halten den Spracherwerbsprozeß in Gang und führen dazu, daß das Kind Regeln des Sprachgebrauchs erlernt. Spracherwerb ist in diesem Spannungsfeld zwischen kindlichem Mitteilungsbedürfnis und Anforderungen der sozialen Gemeinschaft zu verstehen.

Das elementare Bedürfnis des Kindes, sich mit seiner sozialen Gemeinschaft auszutauschen, steht für uns im Zentrum sprachpädagogischen Handelns. Eine Kernfrage ist daher, wie es dem Kind gelingt, mit seinen sprachlichen Möglichkeiten kommunikativen Austausch zu gestalten. In diesem Bereich können ErzieherInnen/LehrerInnen in ihrem pädagogischen Alltag wertvolle und hilfreiche Beobachtungen machen.

---

[2] Entsprechend der Ausrichtung der "Beobachtungshilfe" steht der Erwerb pragmatisch-kommunikativer Fähigkeiten im Zentrum der folgenden Ausführungen. Auf weitere spracherwerbsbestimmende Prozesse u.a. im motorischen, sensorischen und kognitiven Bereich kann an dieser Stelle nicht eingegangen werden. Interessierte Leser seien auf weiterführende Literatur verwiesen. Z.B.: ZOLLINGER, B.: Spracherwerbsstörungen. Bern 1988. HOLTZ, A.: Kindersprache. Hinterdenkental 1989.

Teil II der Beobachtungshilfe dient der Beschreibung der **kommunikativen Fähigkeiten des Kindes.** Die Beobachtungshilfe gibt Anregungen zur gezielteren Beobachtung und trägt so zu einer Systematisierung der Beobachtungen bei.

Für das Gelingen von Kommunikation ist jedoch nicht nur das Kind verantwortlich. Wesentlich ist auch die Frage, wie die erwachsenen Kommunikationspartner ihrerseits Kommunikationssituationen mit dem Kind gestalten und wie sie mit Kommunikationsproblemen umgehen. Durch die Strukturierung von Gesprächssituationen, die Anpassung der eigenen Sprache an das Sprachniveau des Kindes, angemessene Erwartungen an das kindliche Sprach- und Kommunikationsverhalten u.a. kann die ErzieherIn/LehrerIn dem (sprachgestörten) Kind Kommunikation erleichtern und damit indirekt zur Förderung beitragen. Außerdem bestimmt die PädagogIn wesentlich das Klima des kommunikativen und sozialen Umgangs miteinander. Aus diesen Gründen ist in **Teil III** der Beobachtungshilfe eine Beschreibung der **Kommunikation der ErzieherIn/LehrerIn** vorgesehen. Sie soll dazu beitragen, die ErzieherIn/LehrerIn für ihren kommunikativen Umgang mit dem Kind zu sensibilisieren.

Bei den Beobachtungskriterien in Teil II der Beobachtungshilfe steht die Frage im Vordergrund, wie das Kind kommuniziert bzw. **wie es Sprache gebraucht.** Daneben ist auch wichtig, in welcher **sprachlichen Form** es dies tut und welche sprachlichen Mittel ihm zur Verfügung stehen, um Gedanken und Gefühle mitzuteilen und Mitteilungen anderer zu verstehen. Diese Aspekte (Aussprache, Redefluß, Grammatik, Wortschatz und Sprachverständnis) sind Gegenstand der Beobachtung in **Teil IV** der Beobachtungshilfe.

Im letzten Teil (Teil V) schließlich hat die ErzieherIn/LehrerIn Gelegenheit, Beobachtungen und Gedanken zu notieren, die in der Beobachtungshilfe nicht berücksichtigt wurden.

III. Hinweise zur Handhabung

Die Beobachtungshilfe ist im Rahmen von Teamarbeit, z.B. in Integrationsklassen bzw. -gruppen einsetzbar. Die Beobachtungen können dann durch dritte Personen (PraktikantIn, KollegIn etc.) **während des Unterrichtes/Gruppenalltags** festgehalten werden. Die Beobachtungshilfe kann außerdem von der ErzieherIn/LehrerIn im **Anschluß an den Unterricht/Gruppenalltag** zu Darstellung ihrer Eindrücke benutzt werden. Dies gilt sowohl für die Beobachtungen der kindlichen Kommunikation, als auch - im Sinne einer Selbstbeobachtung - für das eigene Kommunikationsverhalten.

Zur Handhabung ist zu beachten, daß es sich um eine längerfristige Beobachtung handeln sollte. Dabei ist es nicht notwendig, eine bestimmte Reihenfolge einzuhalten, oder in jedem Fall eine vollständige Bearbeitung der Beobachtungshilfe durchzuführen. Sehr wichtig ist uns, daß eine **Beschreibung** der Kommunikation, **keine Bewertung** vorgenommen wird. Wenn wir beispielsweise fragen, ob ein Kind sich häufig/weniger häufig am Gespräch beteiligt, so heißt das nicht, daß viel Gesprächsbeteiligung unbedingt anstrebenswert bzw. wenig Gesprächsbeteiligung Ausdruck eines Defizits ist. - Es ist ja möglich, daß das Kind unter bestimmten Bedingungen einfach nicht sprechen will.

Bei einigen Beobachtungspunkten haben wir in Klammern Beispiele angeführt. Sie sollen das Beobachtungskriterium veranschaulichen und sind als Anregung zu verstehen. Es müssen im Einzelfall nicht alle Beispiele relevant sein; andere Beobachtungen, die nicht aufgeführt sind, können hinzukommen.

Literatur:

BRUNER, J.: Wie das Kind sprechen lernt. Bern/Stuttgart/Toronto 1987.

FÜSSENICH, I.: Ich weiß nicht, was soll es bedeuten. Analyse kindlicher Äußerungen in der Interaktion. In: Die Sprachheilarbeit 35 (1990) Heft 2, S. 56-64.

HEIDTMANN, H.: Die Bedeutung der vorsprchlichen Kommunikation für die Sprachentwicklung. Bruners interaktionistischer Ansatz. In: Der Sprachheilpädagoge 22 (1990) Heft 3, S. 1-35.

B. Beobachtungsbogen

I. Allgemeine Angaben

Einrichtung: *I G S Winterberg*

Datum: *12. 1. 1993 , 13. 1. 1993 , 18. 1. 1993 , 21. 1. 1993*

Zeit: *Je 1 Unterrichtsstunde*

Raum/Ort: *Klassenzimmer I G S Winterberg*

Das Kind:	Die ErzieherIn/LehrerIn
Name: *LINDA*	Name:
Alter: *9 JAHRE*	Berufsbezeichnung: *LEHRERIN*
Geschwister: *1 BRUDER*	
Muttersprache: *DEUTSCH*	

154

II. Kommunikation des Kindes

1. Allgemeine Beschreibung des Sprachgebrauchs

Begleitet das Kind seine Handlungen sprachlich und/oder gebraucht es Lautsprache allein (z.B. Erzählungen)? Kann es Hilfen wie Mimik/Gestik einsetzen, um seine Äußerungen zu verdeutlichen? Beteiligt es sich häufig/weniger häufig an Gesprächen?

reagiert auf Nachfragen ; gibt laute vor sich .
beobachtet aufmerksam ; beteiligt sich wenig .
benutzt Gestik alleine oder in Verbindung mit
kurzen Sätze ; reagiert auf Ansprache der Mit-
schüler.

2. Bevorzugte Sprechsituationen

Gibt es Situationen, in denen das Kind sich häufiger sprachlich einbringt und Situationen, in denen es sprachliche Aktivität meidet (z.B. Kleingruppe/Großgruppe, Unterricht, Freispiel; Gespräche mit Erwachsenen/anderen Kindern ...)

äußert sich in der Großgruppe, wenn ihr das
Thema wichtig ist .
spricht viel in Phantasiespielen und wenn
Material benutzt wird .
bringt sich in 2er Gruppe z. T. aktiv ein .

3. Kommunikative Absichten

Setzt das Kind Sprache zum Erreichen von Zielen ein (z.B. bitten, auffordern, Wünsche äußern) oder bedient es sich hauptsächlich nonverbaler Mittel?

benutzt verbale Mittel ; verwendet ich - Botschaften; zielgerichteter Einsatz sprachlicher Mittel .
benutzt kaum nonverbale Hilfen ; äußert selten Wünsche ; lenkt nur bei für sie wichtigen Ereignissen ; macht sich durch lautes Sprechen auf sich aufmerksam ;
Verbale Anteile überwiegen .

4. Dialogfähigkeit

a) Kontaktaufnahme

(z.B. körperliche Aktivität, Dazwischensprechen, meldet sich, ...)

nimmt selten von sich aus Kontakt zu Erwachsenen oder anderen Kindern auf ;
meldet sich kaum ; spricht ebenfalls kaum dazwischen .

b) Beteiligung an Gesprächen

(z.B. eröffnet Gespräche, bringt eigene Themen ein, folgt dem Gesprächsverlauf, bleibt beim Thema,
stellt Fragen, hört aufmerksam zu, nimmt vorwiegend Rolle des Sprechers/Hörers ein ...)

hört aufmerksam zu ; ergreift in 2er Situation
Initiative ; führt kein neues Thema ein , fragt
aber nach bestimmten Begriffen .
spricht im Unterricht vorwiegend , wenn sie
aufgefordert wird .

c) Berücksichtigung des Zuhörers

(z.B. stellt sich in Wortwahl, Gestik, Mimik auf unterschiedliche Gesprächspartner ein; kann Erläuterungen geben, die zum Verständnis notwendig sind; läßt andere zu Wort kommen; ...)

konnte nicht beobachtet werden .

<u>d) sprachliche Selbstkorrekturen</u>

(Kind verbessert sich selbst? Wann und in welcher Form?)

Wenn sie einen Begriff nicht kennt, wiederholt
sie ihn laut, wenn sie ihn hört.
verbessert ihre Aussprachefehler nicht; scheint,
sie nicht bewußt wahrzunehmen.
wiederholt schwierige Wörter.

<u>e) Reaktion auf Nachfragen und Verständigungsprobleme</u>

(z.B. kann auf Nachfrage Erläuterungen geben; zieht sich zurück/wird wütend/wiederholt mit anderen
Worten,wenn es nicht verstanden wird; ...)

Wie reagiert es, wenn es den Gesprächspartner nicht versteht?

Kinder fordern sie öfter zur Wiederholung auf,
wenn sie Linda nicht verstehen; sie wiederholt
geduldig und versucht lauter zu sprechen.

III. Kommunikation der ErzieherIn/LehrerIn

---

1. Kontaktaufnahme:

(z.B. spricht Kind mit Namen an, Art der Ansprache, Blickkontakt, Körperkontakt ...)

durch Selbstbeobachtung nicht ausfüllbar

---

2. Gesprächsverhalten

(z.B. greift Äußerungen des Kindes auf; läßt Kinder ausreden; stellt offene Fragen; sichert Zuhörbereitschaft; lenkt Aufmerksamkeit u.a. durch Betonung, Sprechmelodie; ....)

nicht ausfüllbar

3. Sprache der ErzieherIn/LehrerIn

(z.B.: ruhige und deutliche Sprechweise; angemessene Wortwahl; natürlich modulierte Sprache; ...)

4. Hilfestellung

(z.B. Orientiert sich am Sprachniveau der Kinder; stellt Rückfragen zur Verständnissicherung; gibt indirekte Korrekturen; setzt nonverbale Kommunikationsstützen wie Gestik, Mimik ein; ...)

5. Reaktion auf Verständigungsprobleme

(z.B. wiederholt mit anderen Worten, gibt Erklärungen, ...)

IV. Angaben zu Aussprache, Redefluß, Grammatik und Wortschatz des Kindes

---

1. Angaben zur Aussprache

a) Bitte beobachten Sie die Lippen- und Zungenfunktion

(z.B.: Lippen meist geöffnet/geschlossen; trockene Lippen; Zunge liegt auf der Unterlippe/zwischen den Zähnen ...)

*spricht insgesamt nasal und oft leise ;
Mund ist geschlossen.*

c) Gibt es Laute, die das Kind nicht oder nur manchmal ausspricht? Vertauscht es Laute im Wort oder läßt sie aus (z.B. Taffee statt Kaffee; ule statt Schule)? Notieren Sie ggf. Beispiele.

*spricht statt g ein d , statt k ein t ;
trotzdem ist ihre Sprache verständlich.*

---

2. Angaben zum Redefluß

a) Charakterisieren Sie die Aussprache des Kindes

(z.B. klingt verwaschen; Kind spricht sehr schnell; spricht undeutlich; verschluckt Silben ...)

Bei "Einwortsätzen" spricht deutlich;
Bei längeren Sätzen ändert sich ihre Stimmlage
mitten drin (hoch / tief) und die Aussprache
ist klingt durch n-Lauten verwaschen ; Dadurch
sind oft nur einzelne Wörter im Satz deutlich.

b) Spricht das Kind flüssig, oder eher stockend? Kommt es vor, daß es Laute, Silben oder Wörter wiederholt?

macht mitten im Satz eine lange Pause ;
spricht langsam.

163

3. Angaben zum Grammatikgebrauch

Bitte notieren Sie typische Satzmuster und achten Sie auf den Gebrauch von Artikeln, Pluralbildung, Beugung von Wörtern, Satzlänge und Wortstellung im Satz.

keine grammatikalischen Besonderheiten
aufgefallen ; benutzt wenig Nebensätze .

a) Kennt das Kind für einen Gegenstand mehrere Wörter? Verwendet es Oberbegriffe?
Kommt es vor, daß es die Bezeichnung für ein Ding oder Ereignis nicht weiß? Verwendet
es "passepartout-Wörter" wie "Dings" oder "sowas"? Verwendet es Hilfsverben
(machen, tun) oder Vollverben?

*verwechselt zum Teil Begriffe, wenn diese
außerhalb ihres Erfahrungsbereiches liegen;
sucht jedoch nicht nach Begriffen und
fragt : "Wie heißt das?" und "Was hast
Du gesagt?"*

b)   Konnten Sie Situationen beobachten, in denen das Kind Sie oder andere Gesprächspartner nicht oder falsch verstanden hat? Kommt es vor, daß es mit "ja,ja" antwortet und Sie nicht sicher sind, ob es Sie verstanden hat? Notieren Sie ggf. Beispiele für
solche Situationen.

*Trifft für L. nicht zu; sie hört sehr
aufmerksam zu und fragt nach, wenn
sie etwas nicht versteht.*

IV. Abschließende Stellungnahme:

L. nimmt sehr aufmerksam am Unterricht
und an allen Ereignissen in der Klasse teil,
obwohl sie sich selbst nicht so oft äußert;
Mittlerweile hat sie auch den Mut in der
großen Gruppe (z.B. im Morgenkreis) zu sprechen.
Dies macht sie, wenn sie über ein wichtiges
Ereignis berichten möchte.
Besonders in Gruppenarbeitsphasen wird sie von
ihren Mitschülern angesprochen und in Gespräche
einbezogen. Die von anderen Kindern an sie
gerichteten Aufforderungen und Fragen stellen
für sie eine Herausforderung in sprachlich-
kommunikativer Hinsicht dar. Sie benötigt
länger Zeit, um ihre Antworten zu formulieren,
die ihr von den anderen Kindern jedoch
gewährt wird.
Linda erzählt zum Teil ausführlich und
spricht in längeren Sätzen.

8.4. Transkription und Auswertung der freien Sprachproben

Insgesamt wurden drei fünfzehnminütige freie Sprachproben in Form von Videoaufzeichnungen dokumentiert. In allen drei Fällen handelt es sich um Spielsituationen, von denen eine in der Schule und zwei in der Wohnung von Lindas Familie aufgenommen wurden. Zu Hause spielte Linda in einer Situation zuerst ein Zirkusspiel mit ihrer Freundin (Situation 1 am Ende von Kapitel 8.4. als Transkription beigefügt) und anschließend mit ihrer Mutter (Situation 2 am Ende von Kapitel 8.4. als Transkription bei-gefügt). In der Schule hat Linda mit zwei Mitschülerinnen und einem Schüler ein Kartenspiel durchgeführt (Situation 3).

Die Situationen 1 und 2 wurden in Form einer halbinterpretativen Arbeitstranskription (HIAT) in literarischer Umschrift abgefaßt. Aufgrund des geringen sprachlichen Umsatzes wurde die Situation 3 nicht transkribiert.

Das Material der Sprachproben 1 und 2 wurde unter morphologisch-sytaktischen Gesichtspunkten in Anlehnung an das Entwicklungsgitter nach Bertz (1988) ausgewertet. Im grammatischen Bereich waren keine Schwierigkeiten festzustellen.

Die Analyse nach phonetischen und phonologischen Gesichtspunkten erfolgte in Anlehnung an Khan (1985). Bis auf /k/ und /g/ ist Lindas phonetisches Inventar vollständig. Diese beiden Fehlrealisation kristallisieren sich als Hauptproblem heraus. Da Linda weder /k/ noch /g/ isoliert realisieren kann, ist eine phonetische Störung zu vermuten. Aufgrund von Vorverlagerungen z.B. /ʃlanə/ und /tlaon/ kann eine phonologische Störung nicht ausgeschlossen werden. Vermutlich handelt es sich um eine phonetische und phonologische Störung

Eine Analyse im semantischen Bereich wurde - in Ermangelung geeigneter Möglichkeiten nicht nach einem speziellen Verfahren durchgeführt. Störungen im semantischen Bereich sind durch Beobachtung zu ermitteln, deshalb sollte die Beobachtung und Unterstützung in diesem Bereich einen Schwerpunkt der Förderung darstellen.

Es folgt eine Interpretation der Spielsituation 1 und 2 unter pragmatischen Gesichtspunkten. Die Transkription der Situation 1 verdeutlicht, daß die nonverbalen Handlungen mit den Playmobilfiguren für beide Mädchen im Vordergrund des Interesses stehen. Nicole stimmt ihre eigenen verbalen und nonverbalen Handlungen gezielt auf Lindas motorische und sprachlich- kommunikative Voraussetzungen ab. Das läßt sich u.a. daran verdeutlichen, daß die Gesprächsanteile in Form der Anzahl der verbalen Äußerungen zwischen beiden Mädchen in etwa gleich verteilt sind (Linda 74 Äußerungen, Nicole 88 Äußerungen).

Bei den 74 Äußerungen Lindas besteht die längste aus 9 Wörtern. Die Länge der Äußerungen stellt sich insgesamt wie folgt dar:

1 ----------- Wort-Äußerungen -------------------- 20
2 ----------- Wort-Äußerungen -------------------- 14
3 ----------- Wort-Äußerungen -------------------- 11
4 ----------- Wort-Äußerungen --------------------- 9
5 ----------- Wort-Äußerungen -------------------- 3
6 ----------- Wort-Äußerungen -------------------- 3
7 ----------- Wort-Äußerungen und mehr --------- 6
unverständlich: ------------------------------------- 8

1-Wort-Sätze treten bei Linda am häufigsten auf. 'Lange' Äußerungen erfolgen nach Aktionen ohne Worte, nach handlungsbezogenen Aufforderungen von Nicole (z.B. mach weiter; dann mit loslassen) und, wenn Linda selbst ein Thema einführt oder eine Frage stellt.

Die Situation 2 wird sprachlich von der Mutter dominiert. Sie agiert vielfältig, ist stark auf den Inhalt des Spieles bezogen und bringt die Gesprächsthemen ein. Die Redeanteile sind deutlich ungleich verteilt. Bei insgesamt 211 Äußerungen entfallen 73 auf Linda und 139 auf die Mutter. Die Länge von Lindas Äußerungen stellt sich wie folgt dar:

1 ----------- Wort-Äußerungen -------------------- 24
2 ----------- Wort-Äußerungen -------------------- 8
3 ----------- Wort-Äußerungen -------------------- 7
4 ----------- Wort-Äußerungen --------------------- 6
5 ----------- Wort-Äußerungen -------------------- 5
6 ----------- Wort-Äußerungen -------------------- 7
7 ----------- Wortäußerungen und mehr ---------- 7
unverständlich ------------------------------------- 7

Die mittlere Äußerungslänge im Gespräch mit der Mutter beträgt 3,1. Linda produziert in diesem Gespräch mehr längere Äußerungen, sie treten auf, wenn Linda von sich aus neue Themen einführt oder auf offene Fragen antwortet. Es gelingt Linda immer wieder trotz der Dominanz der Mutter ihre kommunikativen Absichten einzubringen, indem sie laut: „Moment mal" ruft.

Im Anschluß folgt die Dokumentation der beiden freien Sprachproben und der phonetischen und phonologischen Analyse nach Khan.

Freie Sprachprobe

Situation 1 : Zirkusspiel (Linda und ihre Freundin)

Aufnahmedatum: 7.1.1993   Dauer: 15 Min.

Personen: Linda (9) Nadine (8)

Raumskizze:

Aufnahmegerät: Videokamera Telefunken VR 6943

Transkribentin: I. K. Krämer

Situationsbeschreibung: Linda (L) und Nicole sitzen in Lindas Zimmer auf der Erde vor ihnen ist ein Playmobilzirkus mit vielen Figuren aufgebaut.

Raumskizze: Fenster · Deckenlampe · Tür: · Nicole · Linda · Zirkusfiguren · Kamera

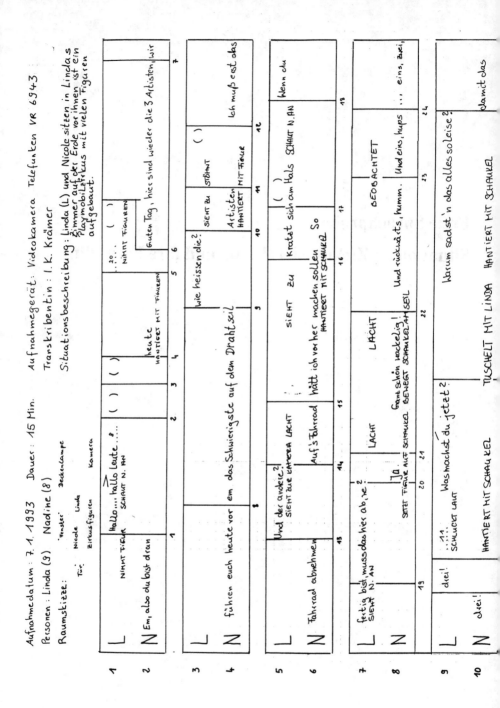

1 L: NIMMT FIGUR SCHAUT N. AN Hallo ... hallo leute ? ......

2 N: Em, also du bist dran ( ) ( ) heute HANTIERT MIT FIGUREN ...20.. ( ) NIMMT FIGUREN Guten Tag, hier sind wieder die 3 Artisten, wir

3 L: ... führen euch heute vor em das Schwierigste auf dem Drahtseil wie heissen die?

4 N: HANTIERT MIT FIGUREN SIEHT ZU STÖHNT ( ) Artisten HANTIERT MIT FIGUR Ich muß erst das

5 L: Und der andere ? SIEHT ZUR KAMERA LACHT ... hätt ich vorher machen sollen SIEHT ZU So Kratet sich am Hals SCHAUT N. AN Wenn du

6 N: Fahrrad abnehmen Auf's Fahrrad HANTIERT MIT SCHAUKEL SIEHT ZU HANTIERT MIT SCHAUKEL

7 L: fertig bist muss das hier ab, ne? SIEHT N. AN LACHT LACHT BEOBACHTET Und rückwärts, humm.. Und eins, hups ... eins, zwei,

8 N: 7a SETZT FIGUR AUF SCHAUKEL Ganz schön wackelig! BEWEGT SCHAUKEL AM SEIL Und eins, hups

9 L: .. 11 ... SCHLUCKT LAUT Was machst du jetzt? Warum saust 'n das alles so leise?

10 N: drei! drei! HANTIERT MIT SCHAUKEL TUSCHELT MIT LINDA damit das

170

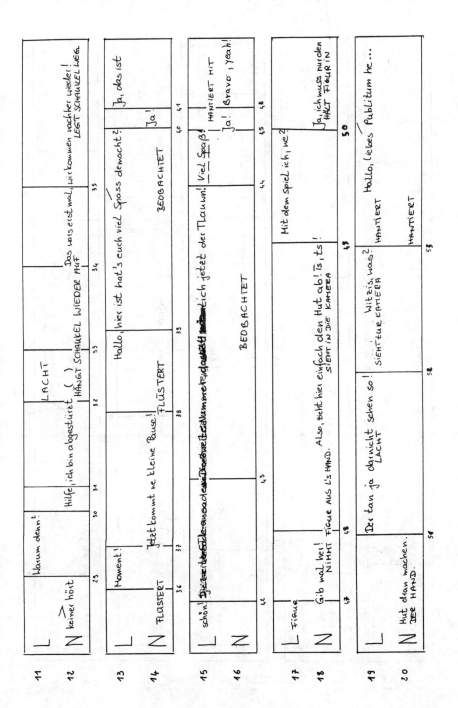

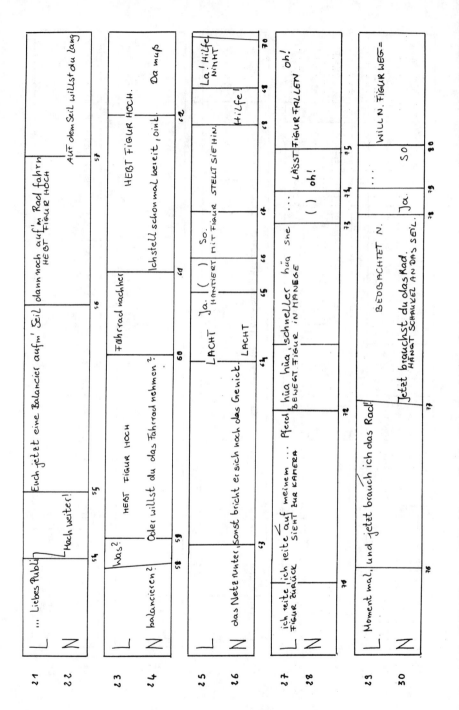

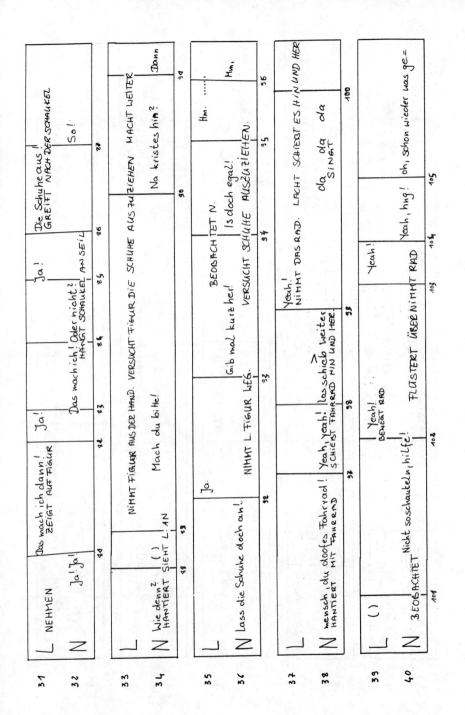

31 L: Das mach ich dann! ZEIGT AUF FIGUR | Ja! | Ja! Die Schuhe aus! GREIFT NACH DER SCHAUKEL | So!

32 N: Ja! Ja! | Das mach ich! Oder nicht? HÄNGT SCHAUKEL ANS SEIL

33 L: NIMMT FIGUR AUS DER HAND. VERSUCHT FIGUR DIE SCHUHE AUSZUZIEHEN MACHT WEITER | Dann

34 N: Wie denn? ( ) HANTIERT. SIEHT L. AN | Mach du bitte! | Na kristes hin?

35 L: Ja. | BEOBACHTET N. | Hm. ...... | Hm,

36 N: Lass die Schuhe doch an! | NIMMT L. FIGUR WEG. | Gib mal kurz her! | Is doch egal! | VERSUCHT SCHUHE AUSZUZIEHEN.

37 L: mensch, du doofes Fahrrad! HANTIERT MIT FAHRRAD | Yeah, yeah! lass schieb weiter SCHIESST FAHRRAD HIN UND HER | Yeah. NIMMT DAS RAD. LACHT SCHIEBT ES HIN UND HER

38 N: | da da da SINGT

39 L: ( ) | Yeah.. BEWEGT RAD | Yeah! | FLÜSTERT ÜBERNIMMT RAD | Yeah, hug! oh, schon wieder was ge=

40 N: BEOBACHTET Nicht so schaukeln, hilfe!

173

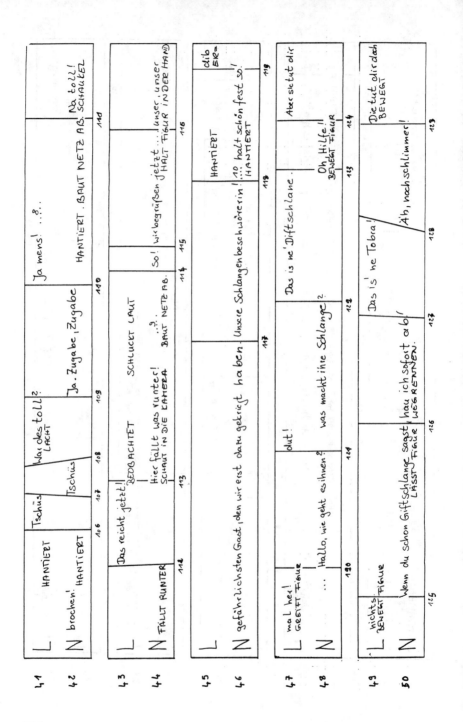

174

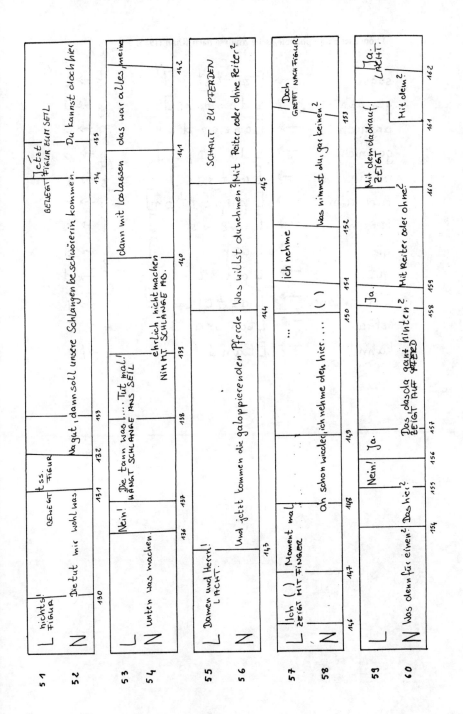

sagst   → [zaːt s̩t]   k → t

gemacht   → [deːmaxt]   g → d

ansagen   → [anz aː d e n]   g → d

gar nicht   → [daːnɪʃt]   g → d

witzig   → [ʋɪ t̩s ɪs]   ş → s

Publikum   → [pupl.ɪt ɔm]   p → t

Mensch   → [m ɛ n s]   ʃ → s

gib   → [dɪp]   g → d

gut   → [d uːt]   ʃ → d

Giftschlange → [dɪ.ft ʃ l a n ə]   ʧ → n   ʒ → d

Kobra   → [to:bra]   k → t

kann   → [t a n]   k → t

Freie Sprachprobe

Situation 2 : Zirkusspiel (Linda und ihre Mutter)

. Aufnahmedatum: 1.1.1995   Aufnahmegerät: Videokamera Telefunken VR 6945
. Personen: Linda (9) Mutter   Transkribentin: I. K. Krämer
. Rohskizze: siehe Situation 1   Situationsbeschreibung: siehe Situation 1
L: Linda   M: Mutter   F: Figur

1 L: Jetzt kommt der berühmteste Tlown | Das isn' Musittlown und der tanzt auf dem Seil mit dem Rad.
HANTIERT MIT F.

2 M: | Guten Tag, der Herr Zirtusdirekt=
(1) (2)

3 L:

4 M: tor hat schon gesagt, daß ich der Musitclown bin. können sie mir sagen, wo soll ich tanzen? | Auf dem Seil dort oben
ZEIGT MIT FINGER AUF SEIL
(3) (4) (5) (6)

5 L: ZEIGT DIE STELLE, WO ER HIN SOLL | Moment Herr Tlown!

6 M: Hm,wie komm ich denn da nur hoch? | Ah, na mal gucken! | Oh,ja, das ist nett! Ich setze mich hier mal
LÄSST CLOWN LAUFEN
(7) (8) (9) (10) (11)

7 L: HANTIERT MIT NETZT | Ja. Herr Tlown. | Sie können das hier dran

8 M: hin und spiele in der Zwischenzeit! | Kann ich helfen? | Was kann ich denn tun?
SINGT
(12) (13) (14) (15)

9 L: befestigen | LACHT

10 M: Moment ach | Entschuldigung, ich versuchs noch mal! Soo. | Herr Direktor, nehmen sie bitte mal hier
FÄLLT UM   HÄNGT NETZ EIN
CLOWN

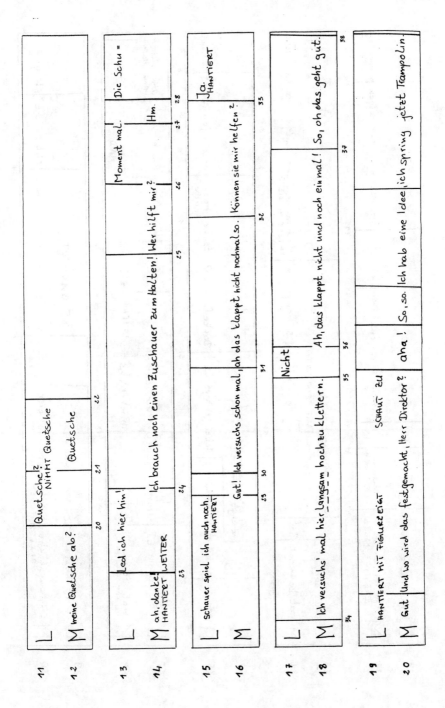

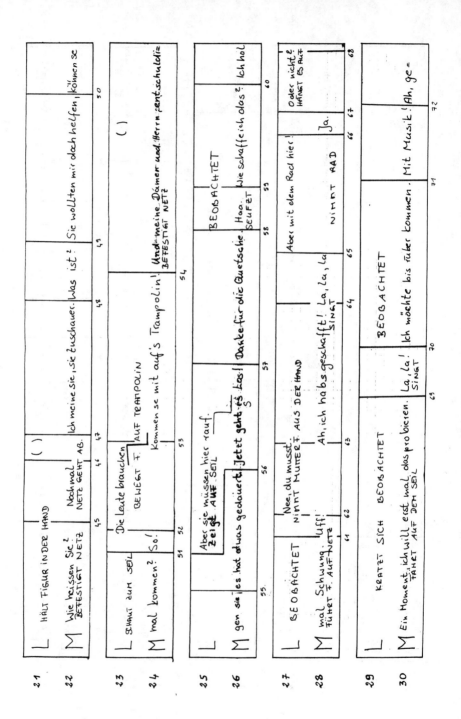

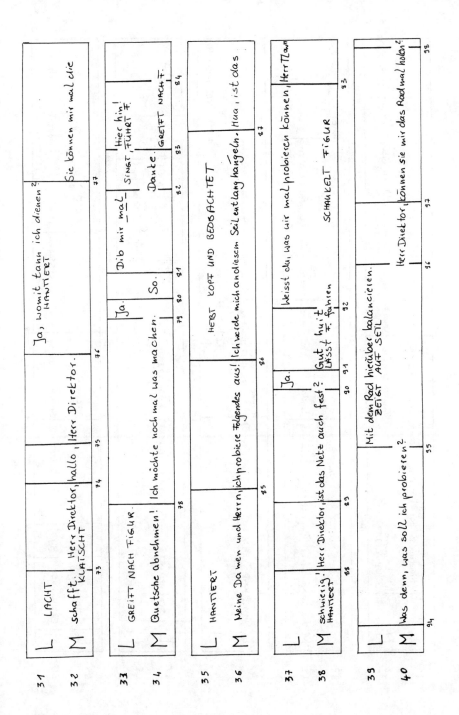

181

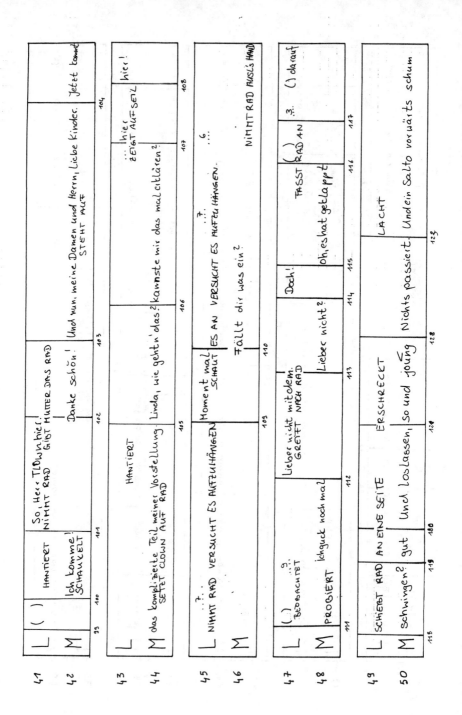

182

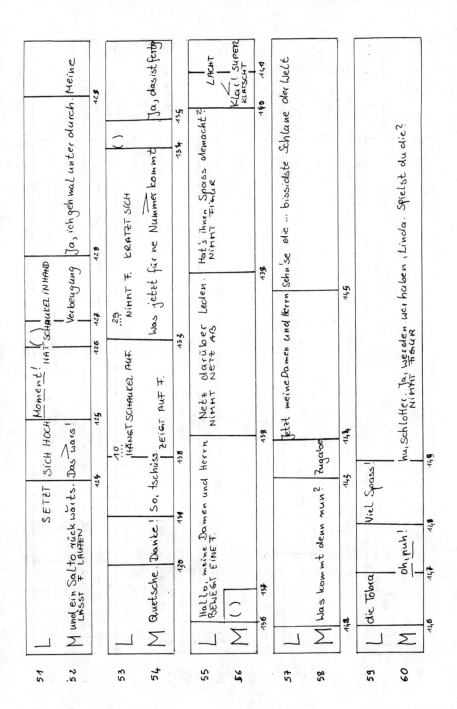

51 L — SETZT SICH HOCH | Moment! | ( ) HAT SCHAUKEL IN HAND

52 M — und ein Salto rückwärts. Das wars! LÄSST F. LAUFEN | Verbeugung | Ja, ich geh mal unter durch. Meine

124 125 126 127 128

53 L — (10: HÄNGT SCHAUKEL AUF) ( )

54 M — Quetsche | Danke! So, tschüss. ZEIGT AUF F. | :29 NIMMT F. KRATZT SICH | Was jetzt für ne Nummer kommt | Ja, das ist fertig

130 131 132 133 134 135

55 L — Hallo, meine Damen und Herrn BEWEGT EINE F. | Netz darüber Leden NIMMT NETZ AB | Hat's ihnen Spass gemacht? NIMMT FIGUR

56 M — ( ) | LACHT | Klar! SUPER KLATSCHT

136 137 138 139 140 141

57 L — Jetzt meine Damen und Herrn | Sehn' se die ... bissichste Schlange der Welt

58 M — Was kommt denn nun? | Zugabe

142 143 144 145

59 L — die Tobra | Viel Spass!

60 M — oh, puh! | hu,Schlotter. Ja, werden wir haben, Linda. Spielst du die? NIMMT FIGUR

146 147 148 149

183

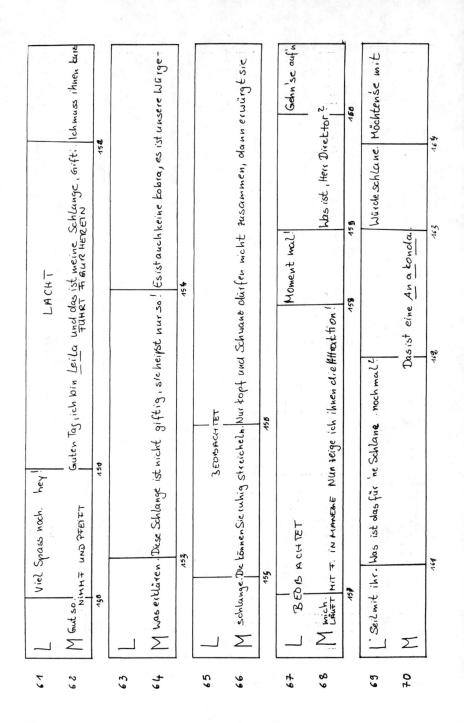

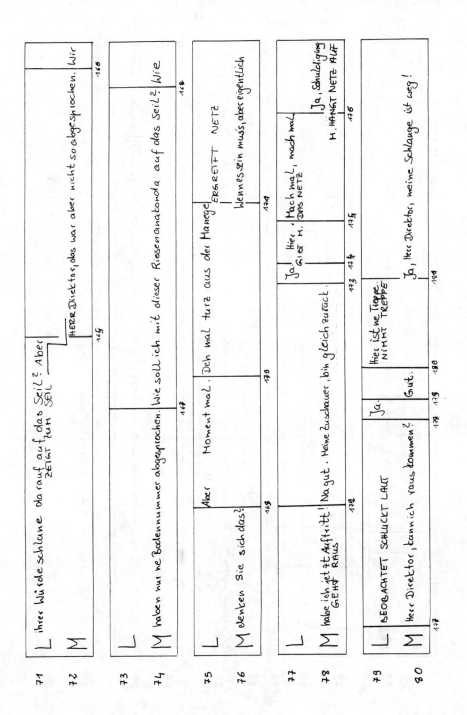

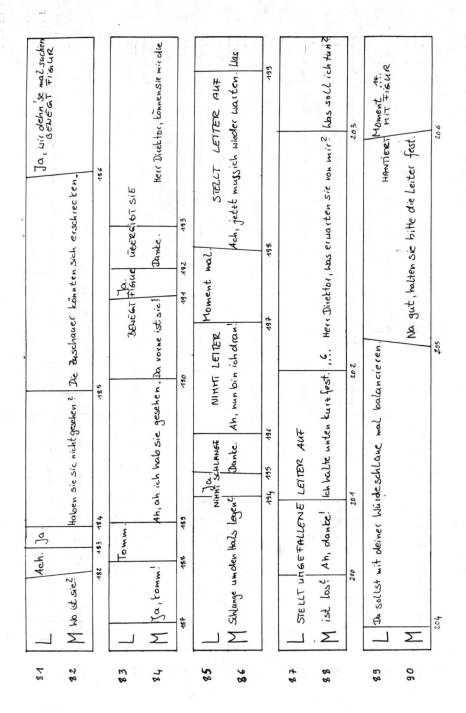

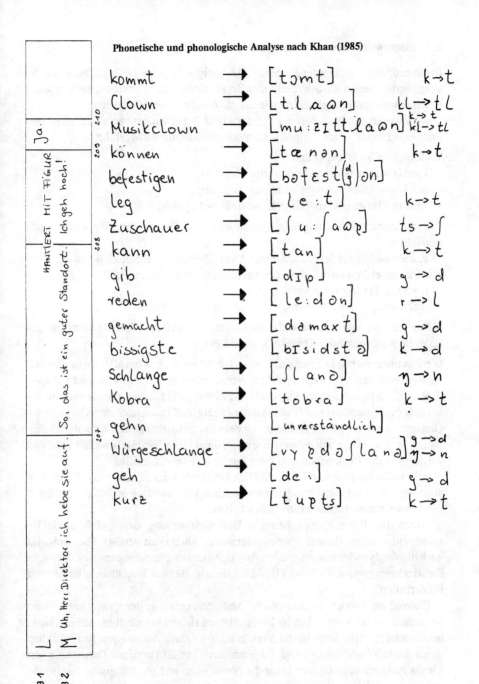

kommt → [tɔmt] k→t

Clown → [t.l a ɵn] kl→tl

Musikclown → [mu:zɪtt.la ɵn] kl→tl k→t

können → [tæ nən] k→t

befestigen → [bəfɛst(d̥g)ən]

leg → [le:t] k→t

Zuschauer → [ʃu:ʃaɵʔ] ts→ʃ

kann → [tan] k→t

gib → [dɪp] g→d

reden → [le:dən] r→l

gemacht → [dəmaxt] g→d

bissigste → [bɪsidstə] k→d

Schlange → [ʃlanə] ŋ→n

Kobra → [tobra] k→t

gehn → [unverständlich]

Würgeschlange → [vʏʔdəʃlanə] g→d ŋ→n

geh → [de:] g→d

kurz → [tupts] k→t

Links margin (vertical):
HANTIERT MIT FIGUR: Ja. Ich geh hoch!
So, das ist ein guter Standort. Ich hebe sie auf.
Uh, Herr Direktor, ich hebe sie auf.

210
209
208
207

L
M
91
92

187

8.5. Zusammenschau der Ergebnisse

In die endgültige Auswertung einer SKFU-Analyse fließen vielfältige Daten ein, die ausgewertet werden mit dem Ziel, einen Sprachförderplan zu erstellen, der sich in der Regel sowohl auf das schulische wie auf das häusliche Umfeld bezieht.
Zum Zwecke der Einschätzung der sprachlich-kommunikativen Fähigkeiten und Probleme Lindas wurden folgende methodische Schritte durchgeführt:

1. Gespräche im Ökosystem mit
- Lindas Mutter (Gesprächstranskript liegt vor)
- mit Linda selbst (Gesprächstrankript liegt vor)
- Lindas Klassenlehrerin (Gesprächstranskript liegt vor).

2. Freie Sprachproben folgende 3 Situationen wurden mit der Videokamera aufgezeichnet:
- Kartenspiel in der Schule mit einem Mitschüler und zwei Mitschülerinnen;
- Zirkusspiel (mit einem Playmobilzirkus) und Lindas Freundin;
  (exempl. Transkription vgl. Kap. 8.4.)
- Zirkusspiel (mit dem Playmobilzirkus) und Lindas Mutter.

3. Beobachtung von Sprache und Kommunikation durch die Klassenlehrerin (ausgefüllte Beobachtungshilfe Kolonko/Krämer 1993).

Die Zusammenschau in Form des Round-Table-Gespräches mit allen an der SKFU-Analyse beteiligten Personen findet im Wohnzimmer von Lindas Eltern statt. Anwesend sind Linda, ihre Mutter, ihr Vater (als Zuhörer), die Klassenlehrerin und ich. Als ich ankomme, berichtet mir Lindas Mutter erfreut, daß Linda nach dem Gespräch im Ökosystem mit mir häufig zu Hause vor dem Spiegel sitze und die Artikulation des /k/ und /g/ übe. Insgesamt nehme sie seitdem ihre eigene Sprache bewußter wahr und verlange häufig Rückmeldung zu ihrer Aussprache von ihren Eltern.

Alle befragten Personen (einschließlich Linda) sind der Meinung, daß Linda sich allgemein und auch hinsichtlich ihrer sprachlich-kommunikativen Möglichkeiten in den letzten beiden Jahren positiv entwickelt hat.

Unter den Erwachsenen herrscht Übereinstimmung darin, daß Linda im grammatikalischen Bereich über altersgemäße Fähigkeiten verfügt. Dies bestätigt auch die Analyse der freien Sprachproben in Anlehnung an das morpho-syntaktische Entwicklungsgitter nach Bertz (1988). In diesem Bereich besteht kein besonderer Förderbedarf.

Obwohl im Bereich der Aussprache Abweichungen von der sprachlichen Norm festzustellen sind, werden Lindas Möglichkeiten sich zu verständigen dadurch nicht beeinträchtigt. Allerdings ist die Verständlichkeit ihrer Äußerungen hauptsächlich durch die Fehlrealisation von /g/, /k/ erschwert. Eine differenzierte Darstellung von Lindas Ausspracheproblemen bietet die phonetische und phonologische Analyse in Anlehnung an Khan (1985, vgl. Kap. 8.4.).

Im semantischen Bereich braucht Linda nach der Meinung ihrer Mutter und der Lehrerin zusätzliche Hilfe. Linda selbst äußert sich nicht zu diesem Bereich. Die Klassenlehrerin hat bei ihrer systematischen Beobachtung von Lindas sprachlich-kommunikativem Verhalten festgestellt, daß Linda im Unterricht gezielt nachfragt, wenn ihr lexikalische Begriffe fehlen. Die Analyse der freien Sprachproben bestätigt diese Beobachtung. Linda fragt häufiger: „Wie heißt das?" Das erfragte Wort spricht sie dann für sich ein oder zweimal vor sich hin. Diese Tatsache werte ich als Anhaltspunkt dafür, daß sich Linda im semantischen Bereich gerade in einer aktiven Lernphase befindet. Sie benötigt ein Lernangebot im Unterricht, das diesem Entwicklungsmoment Rechnung trägt.

Bezogen auf das Gesprächsverhalten zeigen die Auswertungen interessante Ergebnisse. Mutter und Klassenlehrerin äußern als wichtigstes Förderziel, daß Linda lernen soll, sich kommunikativ mehr einzubringen, sich in sprachlicher Hinsicht mehr zuzutrauen, lauter zu sprechen u.ä.

An den Ergebnissen der freien Sprachproben wird deutlich, daß Lindas Kommunikationsverhalten in Abhängigkeit von ihrem Partner/in unterschiedlich ist, je nachdem, welche sprachlich-kommunikativen Handlungsmöglichkeiten ihr eingeräumt werden. Aus quantitativer linguistischer Sicht sind beispielsweise die Anzahl der Äußerungen in einem Gespräch und die mittlere Länge der Äußerungen wichtige Anhaltspunkte dafür, wie die Chancen zu kommunizieren in einem Gespräch verteilt sind.

In der Spielsituation mit der Freundin (15 Minuten) werden insgesamt 162 Äußerungen gezählt, davon entfallen auf die Spielkameradin 88 und auf Linda 74. Es besteht also in etwa ein gleichberechtigtes Verhältnis der Redeanteile.

Anders in der Spielsituation mit der Mutter (15 Minuten), in dem insgesamt 210 Äußerungen gezählt werden, davon entfallen 71 auf Linda und fast doppelt so viele, nämlich 139 auf ihre Mutter.

Kind-Kind Interaktion		*Mutter-Kind Interaktion*	
Dauer:	15 Min.	Dauer:	15 Min
Äußerungen:	162	Äußerungen:	210
Linda:	74/Freundin 88	Linda:	71/Mutter 139
MLU:	2,6	MLU:	3,1

MLU: Mittlere Länge der Äußerung

Anhand der konkreten Situationen kann festgestellt werden, daß in der Kind-Kind Interaktion mehr gehandelt und weniger gesprochen wird und in der Mutter-Kind Interaktion mehr gesprochen und weniger gehandelt wird.

Während Linda im Spiel mit der Freundin häufig neue Themen einführt und sich initiativ verhält, hat sie in der Mutter-Kind-Interaktion die Rolle der passiv Beobachtenden. Die Mutter bringt zwar anregende Spielideen ein, aber sie stimmt ihre Aktionen kaum mit ihrer Tochter ab, dadurch gerät diese in die Rolle der Reagierenden. Linda hat Strategien entwickelt, mit denen sie sich ins Geschehen einbringen kann, z.b. indem sie formelhaft, laut und deutlich „Moment mal" ruft oder kurze knappe Handlungsanweisungen wie „komm runter!" gibt.

Linda ist im Spiel mit der Freundin von Anfang an aktiv, sie stellt Fragen, fordert auf, benennt ihre Absichten und führt Themen ein. Dadurch, daß beide Mädchen auf das Hantieren mit den Spielfiguren konzentriert sind, entstehen längere Gesprächspausen, welche Linda den nötigen Raum bieten, um sich sprachlich einzubringen. Die Spielkameradin regt Linda zur Nachahmung von Äußerungen an, sie spricht Aufforderungen aus und fordert damit Aktivität. Sie unterstützt Linda in ihrem Bedürfnis zur Durchführung konkreter Handlungen, indem sie Spielsachen abgibt und geduldig ist. Daraus schließe ich, daß eine enge Koppelung von Handlung und Sprache notwendig ist, um zum Sprechen zu motivieren. Ebenso erforderlich ist es, daß die Aktionen und die gesamte Interaktion an Lindas Tempo angepaßt wird.

Somit wird deutlich, daß die von der Mutter im Interview beklagte Zurückhaltung ihrer Tochter z.T. durch ihr eigenes sprachlich-kommunikatives Handeln mitbedingt ist. Weiterhin ist festzustellen, daß Linda grundsätzlich über angemessene Strategien im sprachlich-kommunikativen Bereich verfügt. Derzeit bedarf es jedoch noch besonderer Rahmenbedingungen, damit sie ihre Fähigkeiten einbringen und ausbauen kann. Dies geschieht mit Hilfe eines Förderplanes, der an den Erfordernissen der Ökosysteme Kind-Schule und Kind-Elternhaus angepaßt ist.

Vorschläge für die Förderung:

1. In der Schule

- Linda soll eine regelmäßig wiederkehrende Aufgabe bekommen, die sie sprachlich-kommunikativ bewältigen muß, z.B. Tagesplan vorlesen o.ä.;
- Material anschaffen, mit dem Linda z.B. in Freiarbeitsphasen agieren kann (Plastiktiere, Figuren wie Vater, Mutter, Kind), damit ihrem Bedürfnis nach konkreten Tätigkeiten mit sprachlicher Begleitung Rechnung getragen wird;
- Spiele anschaffen, die zur Wortschatzerweiterung beitragen und genaues Benennen erfordern (wie z.B. folgende Spiele einer bekannten Lernmittelfirma: Ratefüchse aufgepaßt; Wer braucht was? Berufe und ihre Werkzeuge);
- Spiegel besorgen und Aussprachefehler, je nach Lindas Wunsch entweder außerhalb oder im Klassenraum korrigieren, Klassenkameraden/innen in die Übungen einbeziehen, damit sie mehr Spaß machen.

Spielangebote - besonders für Linda, aber auch für die Mitschüler/innen:
- Stille Post (Gesamtgruppe)
- Fühlmemory (ca. 5 Kinder, selbstgebasteltes Materiel)

- Tausendfüßler (Partnerübung)
- Wetterkarte (Partnerübung)
- Geheimnisvolle Zeichen (Partnerübung,Gardinenschnur)
- Gegenstände unter einem Tuch ertasten, visuell erkennen
- Deckenmonster
- Bewegen zur Musik (beispielsweise aus den Heimatländern der Kinder).

Folgende *Alltagsmaterialien* aus dem Bereich Psychomotorik sollten in der Klasse zur Verfügung stehen:

- 2-3 Bettücher
- Plastikfiguren
- Musikkassetten
- 10 Gardinenschnüre à 50-60 cm
- Tücher
- Musikinstrumente.

2. *Zu Hause*

Linda findet im häuslichen Bereich eine anregungsreiche Umgebung vor, sowohl was Spielmaterial als auch nichtbehinderte Spielkameraden/innen betrifft, von denen sie in sprachlich-kommunikativer Hinsicht viel profitiert. Bezogen auf das elterliche Verhalten ist es günstig,

- langsam und mit Pausen zu agieren, damit Linda 'mithalten' und eigene Ideen einbringen kann;
- Handlung sprachlich zu begleiten, wie die Mutter es bereits praktiziert;
- Gesten nicht als Antworten zu akzeptieren;
- im Spiel bewußt Widersprüche heraufzubeschwören, damit argumentiert werden muß;
- variable Fragetechniken anzuwenden.

Anhand ausgewählter Videoausschnitte (der Interaktion zwischen Mutter und Tochter) sollten zusammen mit der Mutter Vorschläge entwickelt werden, damit sie lernt, sich selbst als initiative Spielpartnerin zurückzunehmen und ihrer Tochter in Spielsituationen größeren Handlungsspielraum zu lassen.

VI. Resümee

Resümee

Gegenstand der vorliegenden Arbeit ist die Weiterentwicklung der schulischen Erziehung und Bildung für Kinder und Jugendliche, die die Diagnose 'sprachbehindert' erhalten haben. Es wurde aufgezeigt, daß eine der möglichen Folgen dieser Diagnose zur Zeit ein vollständiger Ausschluß der betroffenen Schüler/innen aus der allgemeinen Schule sein kann, indem sie in eine Schule für Sprachbehinderte überwiesen werden. Eine andere Konsequenz kann der teilweise Ausschluß sein, indem sog. unterrichtsbegleitende Sprachförderung (UBS) verordnet wird. Schließlich kann die Einweisung in eine Integrationsklasse erfolgen, wenn die Eltern eines Kindes sich für diesen Weg entscheiden und großes Engagement für die Einrichtung einer Integrationsklasse aufbringen.

Es wurde aufgezeigt, daß Einweisungsentscheidungen in die Schule für Sprachbehinderte auf einer fachwissenschaftlich nicht abgesicherten Basis stattfinden. Ich habe nachgewiesen, daß individuelle sprachbezogene Normvorstellungen der diagnostizierenden Sonderpädagogen/innen, deren große Ermessensspielräume bei der Entscheidungsfindung und regionale Bedingungen die wesentlichen Parameter sind, die bei der Einweisung eines Kindes in eine Schule für Sprachbehinderte eine Rolle spielen.

Weiterhin wurde gezeigt, daß die heutige Schule für Sprachbehinderte eine Institution ist - die entgegen ihrer ursprünglichen Bestimmung - von Schülern/innen mit umfassenden Behinderungen, die nicht nur im sprachlich-kommunikativen Bereich liegen, besucht wird. Umfängliche Störungen der Gesamtentwicklung, körperliche Krankheiten und soziale Deprivationen, die sich z.B. in Konzentrationsstörungen äußern, treten bei einem großen Teil der Schüler/innen auf. Die Einschulung eines Kindes in diese Schulform bedeutet, ihm zusätzlich isolierende Bedingungen für seine Entwicklung aufzuerlegen.

Meine Analyse der unterrichtsbegleitenden Sprachförderung aus fachwissenschaftlicher und schulorganisatorischer Sicht sowie im Hinblick auf die dafür notwendigen finanziellen Aufwendungen erbrachte das Ergebnis, daß Aufwand und positive Auswirkungen der unterrichtsbegleitenden Sprachförderung für das einzelne Kind in einem ungünstigen Verhältnis zueinander stehen. Bei dieser Form der Förderung handelt es sich um eine segregierende Maßnahme, die aufgrund restriktiver Rahmenbedingungen nicht gemäß dem aktuellen fachwissenschaftlichen Stand durchgeführt werden kann. Nimmt ein Kind an der UBS teil, so ist dies mit einem hohen Anpassungsdruck und Zwang zur Normalität für die/den Einzelne/n verbunden.

Erfolgt die Einweisung in eine Integrationsklasse, so sind die Lehrer/innen meistens unsicher, wie sie ein angemessenes Förderangebot für Kinder, die individuelle pädagogische Hilfe beim sprachlich-kommunikativen Lernen brauchen, realisieren sollen. In der integrationspädagogischen Fachliteratur werden behinderungsspezifische Aspekte bisher kaum behandelt. Weder von sonderpädagogischer noch von integrationspädagogischer Seite, geschweige denn in Kooperation wurden bisher Konzeptionen dafür entwickelt, wie eine Sprach- und Kommunikationsförderung in den Unterrichtsablauf einer Integrationsklasse eingebettet werden kann.

Die vorliegende Arbeit beschreibt eine Konzeption für die Sprachförderdiagnostik in Integrationsklassen. An der Analyse sprachlich-kommunikativer Fähigkeiten eines Kindes in seinem Umfeld (SKFU-Analyse) - einer Arbeitsweise, die auf ökosystemischen Grundlagen basiert - sind das Kind selbst, seine Eltern, sein/e Klassenlehrer/in und ein/e Sprachpädagoge/in beteiligt. Von allen innerhalb der Sprachbehindertenpädagogik geläufigen Diagnoseverfahren unterscheidet sich die SKFU-Analyse insofern als sie die Abschaffung hierarchischer Strukturen zwischen professionellen Experten/innen und Betroffenen anstrebt und eine vollständige Abkehr vom defizitorientierten Paradigma realisiert. Weiterhin basiert die Analyse auf einer engen, inhaltlich stukturierten Kooperation zwischen dem/der Sprachpädagogen/in und dem/der Regelpädagogen/in, die die Grundlage für ein gemeinsames methodisches Vorgehen bei der Sprachfiörderung innerhalb des Klassenverbandes einer Integrationsklasse darstellt.

Aus meinen Arbeitsergebnissen ist der Schluß zu ziehen, daß mittel- und langfristig institutionelle Formen der Verbesonderung (wie UBS oder Schulen für Sprachbehinderte) für Kinder, die individuelle pädagogische Unterstützung beim sprachlich-kommunikativen Lernen brauchen, überflüssig sind.

Aus einer in den regulären Unterricht eingebetteten sprachlich-kommunikativen Förderung resultieren besondere Vorteile und Chancen für die Gestaltung sprachlich-kommunikativer Lernprozesse. Diese sind wie folgt schlaglichtartig zu beschreiben:

- tatsächliche sprachlich-kommunikative Notwendigkeiten und Bedürfnisse werden in einer realen und natürlichen Situation diagnostiziert;
- Mitschüler/innen fungieren als wirksame Vorbilder für sprachlich-kommunikatives Verhalten;
- die Anbahnung sprachlich-kommunikativer Lernprozesse kann in Zusammenhang mit dem Schriftspracherwerb erfolgen;
- es bestehen Möglichkeiten zur Modifizierung des sprachlich-kommunikativen Verhaltens der Regelschullehrer/innen
- Förderschwerpunkte können durch Absprachen im Team festgelegt werden.

Eine Auflösung der Schulen für Sprachbehinderte und der perspektivisch anzustrebende gemeinsame Schulbesuch für Schüler/innen mit und ohne Sprachbehinderungen macht den Studiengang für sog. 'Sprachheillehrer/innen' oder 'Sprachbehindertenlehrer/innen' überflüssig. Somit resultiert eine Veränderung der Ausbildungsstruktur als zwingende Konsequenz aus der vorliegenden Arbeit.

Legt man das Modell einer sprachpädagogischen Grundversorgung für Regelschulen mit Sprachpädagogen/innen zugrunde, so erscheint die Konzeption eines Studienganges Diplomsprachpädagogik, ähnlich dem für Logopäden/innen an Schweizer Universitäten oder dem für Speech-Language-Pathologists in den USA, sinnvoll. Aufgabenschwerpunkte von Diplomsprachpädagogen/innen, die in Regelschulen arbeiten und als Experten/innen in Sachen Sprache und Kommunikation fungieren sollten, wären in folgenden Bereichen zu sehen:

- Sprachförderdiagnostik;
- Planung und Durchführung von Unterricht gemeinsam mit Regelschullehrern/ innen;
- Durchführung von sprachlich-kommunikativer Förderung innerhalb der Lebenswelt eines Kindes;
- Verwaltung, und Bereitstellung spezieller Arbeitsmaterialien;
- Bereitstellung alternativer Kommunikationshilfen (z.B. technische Hilfen);
- Einzelfallberatung für Schüler/innen, Lehrer/innen und Eltern;
- Teilnahme an Konferenzen;
- Planung und Durchführung schulinterner Fortbildungen;
- regelmäßige Anfertigung von Berichten über Lernfortschritte einzelner Schüler/ innen im sprachlich-kommunikativen Bereich.

Anhand der skizzierten Aufgabenschwerpunkte wird ein neues Berufsbild entworfen, das der Notwendigkeit zur Verlagerung der Tätigkeit von einer symptomorientierten Arbeit mit dem einzelnen Kind hin zu einer vielfältigeren ökosystemisch orientierten Arbeitsweise gerecht wird.

9. Anhang

9.1. Verzeichnis der Abbildungen

9.2. Verzeichnis amtlicher Quellen

Bundessozialhilfegesetz (BSHG) 1962

Dt. Bildungsrat: Zur pädagogischen Förderung behinderter und von Behinderung bedrohter Kinder und Jugendlicher. Bonn 1973.

Freie und Hansestadt Hamburg Behörde für Schule, Jugend und Berufsbildung: Die Integration behinderter Kinder in der Grundschule. Überarb. Referentenentwurf.

Fürsorgerechtsänderungsgesetz (FÄG) 1954.

Kultusministerium Rheinland-Pfalz: Verwaltungsvorschrift über die Organisation der ambulanten Fördererziehung für sprachgestörte Schüler. Amtsblatt 5.8.1986.

Niedersächsisches Kultusministerium: Verwaltungsvorschrift zur Verordnung über Aufnahme und Überweisung in die Sonderschule und über Sonderunterricht. 30.12. 1977.

ders.: Schulverwaltungsblatt 5 (1978) nichtamtl. Teil

ders.: Referentenentwurf eines Gesetzes zur Änderung des Niedersächsischen Schulgesetzes 19/1991.

ders.: Statistik der allgemeinbildenden Schulen in Niedersachsen.Stand: Schuljahr 1986/1987, 1988/1989, 1991/1992.

Senatsverwaltung für Schule, Berufbildung und Sport: Gemeinsame Erziehung von behinderten und nichtbehinderten Kindern und Jugendlichen. Berlin 1990.

Ständige Konferenz der Kultusminister: Empfehlungen für den Unterricht in der Schule für Sprachbehinderte (Sonderschule). Neuwied 1981.

Ständige Konferenz der Kultusminister: Gutachten zur Ordnung des Sonderschulwesens. Bonn 1960.

Warnock Report: Special Educational Needs. Report of the Commitee of Enquiry into the Education of Handicapped Children and Young Peole. London 1978.

9.3. Literaturverzeichnis

Aab, J. et al.: Sonderschule zwischen Ideologie und Wirklichkeit. München 1974.

Adam, H.: Das Normalisierungsprinzip und seine Bedeutung für die Behinderten-pädagogik. In: Behindertenpädagogik 16 (1977) 2, 73-91.

Ahrbeck, B./Schuck, K.D./Welling, A.: Aspekte einer sprachbehindertenpädagogischen Professionalisierung integrativer Praxis. In: Die Sprachheilarbeit 37 (1992) 6, 287-303.

Atteslander, P.: Methoden der empirischen Sozialforschung. Berlin, New York 1984[5].

Baumann, W.: Soziale Herkunft, Sprachbehinderung und Sprachheilkursbesuch. In: Die Sprachheilarbeit 26 (1981) 1, 65-73.

Baumgartner, S.: Zu den Begriffen Sprachstörung, Sprachbehinderung, Sprach-schädigung und Sprachauffälligkeit. In: Die Sprachheilarbeit 24 (1979) 2, 67-77.

Baumgartner, S.: Empirische Untersuchung zur Schichtzugehörigkeit sprachbehinderter Schulkinder. In: Heese, G./Reinhartz, A. 1981, 58-78.

Beauftragte der Bundesregierung (Hrsg.): Jugend ohne deutschen Paß. Bonn 1992.

Beck, U.: Risikogesellschaft Auf dem Weg in eine andere Moderne. Frankfurt/M.1986.

Becker, K.-P./Sovak, M.: Lehrbuch der Logopädie. Köln 1975[2].

Belusa, A./ Eberwein H.: Förderdiagnostik - eine andere Sichtweise diagnostischen Handelns. In: Eberwein, H. (Hrsg.) 1988, 211-220.

Bertz, F.: Handanweisung für die praktische Arbeit mit dem morpho-syntaktischen Entwicklungsgitter. Unveröff. Manuskript. Bad Salzdethfurt 1988.

Bleidick, U.: Rechenleistungen in Hilfsschulen und das Problem der Rechendidaktik. In: Zeitschrift für Heilpädagogik (1966) 409-26.

Bleidick, U.: Zum Begriff der Behinderung in der sonderpädagogischen Theorie. In: Bürli, A.(Hrsg.): Sonderpädagogische Theoriebildung, Luzern 1977, 25-37.

Bleidick, U.: Betrifft Integration: Behinderte Schüler in allgemeinen Schulen. Berlin 1988.

Bönsch, M. (Hrsg.): Integration - Zur gemeinsamen Schule für behinderte und nichtbehinderte Kinder und Jugendliche -. Hannover 1990.

Borelli, M.: Interkulturelle Pädagogik. Positionen, Kontroversen, Perspektiven. Baltmannsweiler 1986.

Braun, O./Homburg, G./Teumer,J.: Grundlagen pädagogischen Handelns bei Sprachbehinderten. In: Die Sprachheilarbeit 25 (1980) 1, 1-17.

Breckow, J.: Elternarbeit und Gesprächsführung. In: Grohnfeldt, M. (Hrsg.) 1989, 281-293.

Breitenbach, E.: Strukturwandel in der Schülerschaft an Sprachheilschulen - Tatsache oder Einbildung? In: Die Sprachheilarbeit 37 (1992) 3, 11-119.

Bronfenbrenner, U.: Wie wirksam ist die kompensatorische Erziehung? Stuttgart 1974.

Bronfenbrenner, U.: Die Ökologie der menschlichen Entwicklung. Stuttgart 1981[1].

Bruner, J.S.: Wie das Kind lernt, sich sprachlich zu verständigen. In: Zeitschrift für Pädagogik 6 (1977) 829-845.

Bruner, J.S.: Mutter-Sprache. In: Psychologie heute 9 (1980) 60-67.

Bruner, J.S.: Wie das Kind sprechen lernt. Bern Stuttgart Toronto 1987.

Bundesarbeitsgemeinschaft Gemeinsam leben gemeinsam lernen Eltern gegen Aussonderung (Hrsg.): BAG Info Heft 11/12 (1991).

Bundesvereinigung Lebenshilfe für Geistig Behinderte e.V. (Hrsg.): Rechtliche Grundlagen und Probleme schulischer Integration. Marburg /Lahn 1991.

Carrie, W.: Statistik über sprachgebrechliche Kinder in den Hamburger Volksschulen. In: Die Hilfsschule 10 (1917) 237-240.

Clahsen, H./Mohnhaus, B.: Die Profilanalyse - Einsatzmöglichkeiten und erste Ergebnisse. In: Füssenich, I./Gläß, B. 1985, 76-98.

Clahsen, H.: Die Profilanalyse. Ein linguistisches Verfahren für die Sprachdiagnose im Vorschulalter. Berlin 1986.

Cuomo, N.: Schwere Behinderungen in der Schule. Bad Heilbrunn 1988.

Dannenbauer, F.M.: Techniken des Modellierens in einer Entwicklungsproximalen Therapie für dysgrammatisch sprechende Vorschulkinder. In: Der Sprachheilpädagoge 16 (1984) 2, 35-49.

Dannenbauer, F.M.: Vom Unsinn der Satzmusterübungen in der Dysgrammatikertherapie. In: Die Sprachheilarbeit 36 (1991) 5, 202-209.

Demmer-Dieckmann, I.: Innere Differenzierung als wesentlicher Aspekt einer integrativen Didaktik: Beispiele aus dem projektorientierten Unterricht einer Integrationsklasse in der Primarstufe. Bremen 1991.

Deppe-Wolfingen, H./ Prengel, A./ Reiser, H.: Integration in der Grundschule. München 1990.

Deuse, A.: Untersuchungen zur sozialen Herkunft der Schüler an Schulen für Sprachbehinderte. In: Die Sprachheilarbeit 20 (1975) 6, 183-193.

Driesch v.d. J./Esterhues, J.: Geschichte der Erziehung und Bildung Bd. 2, Paderborn 1961[5].

Dt. Ges. f. Sprachheilpädagogik (DGS): Einrichtungen für Sprachbehinderte in der Bundesrepublik und Berlin (West). Hamburg 1987[7.]

Dt. Ges. f. Sprachbehindertenpädagogik (DGS): Sprachbehinderte und Integration. In: Die Sprachheilarbeit 33 (1988) 3,125-127.

Dumke, H.-D.: Erwartungen an die neue Legislaturperiode. In: GEW- Niedersachsen (Hrsg.): E&W Niedersachsen (1978) 7/8, 16.

Dupuis, G.: Sprachbehinderungen im Grundschulalter. In: Die Grundschule 5 (1973) 4, 270-274.

Eberwein, H. (Hrsg.): Fremdverstehen sozialer Randgruppen. Berlin 1987a.

Eberwein, H.: Zum Problem der hinreichenden Förderung von Kindern mit Behinderungen in Grund- und Sonderschulen. In Zeitschrift für Heilpädagogik 38/ (1987b) 328-337.

Eberwein, H.: Behinderte und Nichtbehinderte lernen gemeinsam Handbuch der Integrationspädagogik. Weinheim und Basel 1988.

Eggert, D.: Diagnostisches Inventar psychomotorischer Basiskompetenzen bei lern- und entwicklungsauffälligen Kindern im Grundschulalter. Hannover 1990.

Eggert, D./v. Orlikowsky, I./Weber, S.: Individueller Entwicklungsplan (I-E-P). In: Weber 1992, 47- 63.

Ellger-Rüttgardt, S.: Historiographie in der Behindertenpädagogik. In: Bleidick, U.(Hrsg.): Handbuch der Behindertenpädagogik Bd. 7. Berlin 1985, 87-125.

Ellger-Rüttgardt, S.: Historische Wegmarken des behindertenpädagogischen Selbstverständnisses. In: Zeitschrift für Heilpädagogik 42 / (1991) 76-91.

Ellger-Rüttgardt, S.: Zur Funktion des historischen Denkens für das Selbstverständnis der Behindertenpädagogik. In: Sonderpädagogik 16 (1986) 49-61.

Ernst, A./ Stampfel, S.: Kinderreport Wie Kinder in Deutschland leben. Köln 1991.

Essinger, H.: Interkulturelle Erziehung in multiethnischen Gesellschaften. In: Die Brücke 52 (1990) 22-26.

Fend, H.: Gesellschaftliche Bedingungen schulischer Sozialisation. Weinheim 1974.

Feuser, G.: Integration statt Aussonderung Behinderter? In: Behindertenpädagogik 20 (1981) 5-18.

Feuser, G.: Integration. In: Reichmann, E. (Hrsg.) 1984, 299-305.

Feuser, G./Wehrmann, I.: Informationen zur „Integration". Bremen 1985a.

Feuser, G.: Gemeinsame Erziehung behinderter und nichtbehinderter Kinder (Integration) als Regelfall?! In: Behindertenpädagogik 24 (1985b) 4, 354-391.

Feuser, G./Meyer, H.: Integrativer Unterricht in der Grundschule - Ein Zwischen bericht. Solms-Oberbiel 1987.

Feuser, G.: Allgemeine integrative Pädagogik und entwicklungslogische Didaktik. In: Behindertenpädagogik 29 (1989) 4-49.

Feuser, G.: Perspektiven einer Behindertenpädagogik im Wandel - Aspekte der Tätigkeit von Erzieherinnen und Sozialpädagoginnen. In: Behindertenpädagogik 29 (1990) 354-377.

Feuser, G.: Integrative Pädagogik und Didaktik - Kooperation statt Integration? In: Behindertenpädagogik 30 (1991) 137-155.

Füssenich, I./ Gläß, B.(Hrsg.): Dysgrammatismus. Theoretische und praktische Pro bleme bei der Beschreibung gestörter Kindersprache. Heidelberg 1985.

Füssenich, I./ Heidtmann, H.(Hrsg.): Kommunikation trotz „Sprachstörungen". In: Osnabrücker Sprachtheorie (OBST) Beiheft 8, Hannover 1984a.

Füssenich, I./ Heidtmann, H.: Bedeutung und Anwendung der Gesprächsanalyse innerhalb von Sprach- und Kommunikationsdiagnostik. In: Sonderpädagogik 14 (1984b) 2, 49-62.

Füssenich, I./ Heidtmann, H.: Probleme bei der Diagnose dysgrammatisch sprechen der Kinder. In: Füssenich, I./ Gläß, B. (Hrsg.) 1985, 13-48.

Füssenich, I.: Gestörte Kindersprache aus interaktionistischer Sicht. Fragestellungen, methodische Überlegungen und pädagogische Konsequenzen. Heidelberg 1987.

GEW-Niedersachsen (Hrsg.): Erziehung und Wissenschaft 9/1977, 5/1978.

Giesecke, Th./ Harbrucker, F.: Wer besucht die Schule für Sprachbehinderte? In: Die Sprachheilarbeit 36 (1991) 4, 170-181.

Glinz, H.: Der Anteil der Gundschule am Gesamtprozeß des Spracherwerbs. In: Die Grundschule 6 (1974) 297-305.

Grohnfeldt, M: Zur Sozialpsychologie sprachbehinderter Schüler. Rheinstetten 1976.

Grohnfeldt, M.: Zur Situation der Einschulungsdiagnostik in der Sprachbehinderten-schule. In: Die Sprachheilarbeit 23 (1978) 53-61.

Grohnfeldt, M.: Diagnose von Sprachbehinderungen Theorie und Praxis der Felddiagnostik bei Sprachbehinderten. Berlin 1979.

Grohnfeldt, M.: Zum Selbstverständnis der Sprachbehindertenpädagogik als son-derpädagogische Disziplin. In: Zeitschrift für Heilpädagogik 32 (1981) 425-429.

Grohnfeldt, M./ Werner, L.: Ein Beitrag der Sprachbehindertenpädagogik im Rahmen interdisziplinärer Sprachförderung - Aspekte zur Standortbestimmung und Entwicklungsperspektiven. In: Die Sprachheilarbeit 29 (1984).

Grohnfeldt, M.(Hrsg.): Handbuch der Sprachtherapie Grundlagen der Sprachtherapie Band 1. Berlin 1989.

Grohnfeldt, M. et al.; Ansatzpunkte einer veränderten Sprachheilpädagogik in Deutschland. In : Die Sprachheilarbeit 36 (1991) 6, 252-269.

Günther, H.: Sprachförderunterricht in saarländischen Grundschulen. In: Die Sprachheilarbeit 30 (1985) 145-153.

Günther, K.-K./Hoffmann, F./ Hohendorf, G. u.a.: Geschichte der Erziehung. Berlin 1987.

Gutzmann, A.: Das Stottern und seine gründliche Beseitigung durch ein methodisch geordnetes und praktisch erprobtes Verfahren. Berlin 1889.

Gutzmann, H.: Das Stottern - eine Monographie für Ärzte, Pädagogen und Behörden. Frankfurt /M. 1898.

Gutzmann, H.: Die soziale Bedeutung der Sprachstörung. Klinisches Jahrbuch Bd. 12. Jena 1904, 51-59.

Hacker, D.: Untersuchung kindlicher Aussprachestörungen. Unveröff. Manuskript, Wilhelmshaven 1989.

Hallahan, D.P./Kauffman, J.: Exceptional children Introduction to special Education. Prentice Hall New Jersey 1988[4].

Hannig, Chr.(Hrsg.): Zur Sprache des Kindes im Grundschulalter. Kronberg 1974.

Hansen, K.: Die Problematik der Sprachheilschule in ihrer geschichtlichen Entwicklung. Halle 1929.

Hausstein, J.: Verhütung und Bekämpfung von Sprachfehlern. In: Die Hilfsschule 7 (1913) 188-189.

Heese, G./ Reinartz, A.: Aktuelle Beitrage zur Sprachbehindertenpädagogik. Berlin 1981.

Hegarty, S.: Meeting Special Needs in Ordinary Schools. London 1987.

Heidtmann, H.: Sprachdiagnostik - eine kritische Reflexion. In: Die Sprachheilarbeit 26 (1981a), 341-348.

Heidtmann, H.: Ausländer als Zielgruppe der Sprachbehindertenpädagogik. In: Heese, G./Reinartz, A. 1981b, 224-241.

Heidtmann, H.: Der Heidelberger Sprachentwicklungstest (HSET) von Grimm und Schöler. In: Sonderpädagogik 13 (1983), 34-39.

Heidtmann, H./Füssenich, I.: Bedeutung und Anwendung der Gesprächsanalyse. In: Sonderpädagogik (1984) 49-62.

Heidtmann, H.: Neue Wege der Sprachdiagnostik. Berlin 1988.

Heidtmann, H.: Die Bedeutung der vorsprachlichen Kommunikation für die Sprachentwicklung - Bruners interaktionistischer Ansatz. In: Der Sprachheilpädagoge 22 (1990) 3, 1-36.

Heidtmann, H.: Analyse freier Sprachproben und grammatische Entwicklungsstörungen - Profilanalysen aus interaktionistischer Sicht. In: Der Sprachheilpädagogie 3 (1992) 12-26.

Heilmann, S. et al.: Die sonderpädagogischen Diagnose- und Förderklassen in Bayern. In: Dt. Gesellschaft für Sprachheilpädagogik (Hrsg.): Modelle und Perspektiven Mainz 1988.

Helwig, K.: Warum Sprachheilschulen? In: Die deutsche Sonderschule 2 (1935), 39-56.

Herbst, L.D./ Yilmaz, C.: Sozialisationsbedingte Spracherwerbsstörungen bei türkischen Schülern in der Eingangsstufe der Schule für Sprachbehinderte. In: Zeitschrift für Heilpädagogik 36 (1985) 3, 180-191.

Heyer, P./ Preuss-Lausitz, U., Zielke,G.: Wohnortnahe Integration. Gemeinsame Erziehung behinderter und nichtbehinderter Kinder in der Uckermark-Grundschule in Berlin. Weinheim/München 1990.

Heyer, P.: Schule ohne Aussonderung. In: Behinderte in Familie Schule und Gesellschaft (1988) 4, 5-21.

Hiller, G.G.: Arbeit und Beruf - für benachteiligte und behinderte Jugendliche? In: Senator f. Schulwesen, Berufsausbildung und Sport (Hrsg.): Sonderpädagogik heute - Bewährtes und Neues. Berlin 1987.

Hofmann, C.: Innere Schulreform - Was heißt reformpädagogische Erneuerung heute? In: Preuss-Lausitz, U. (Hrsg.) 1991, 69-78.

Holtz, A.: Kindersprache Ein Entwurf ihrer Entwicklung. Hinterdenkental 1989.

Homburg, G.: Pädagogik der Sprachbehinderten. Rheinstetten 1978.

Homburg,G.: Integration - die falsche Priorität? In: Die Sprachheilarbeit 31 (1986) 208-213.

Hötsch, B.: Die Bedeutung des Landauer Sprachentwicklungstests bei der Diagnose sprachbehinderter Vorschulkinder. In: Die Sprachheilarbeit 24 (1979) 1, 19-26.

Huschke-Rhein, R.: Systemische Pädagogik Band I Systempädagogische Wissenschaftslehre als Bildungslehre im Atomzeitalter. Köln 1988[2].

Huschke-Rhein, R.: Systemische Pädagogik Band II Qualitative Forschungsmethoden. Köln 1991.

Huschke-Rhein, R.: Systemisch-ökologische Pädagogik. Band III Systemtheorien für die Pädagogik. Köln 1992[2].

Jantzen, W.: Zur Sozialpsychologie des Sonderschülers. Berlin 1972.

Jantzen, W.: Sozialisation und Behinderung. Gießen 1974.

Jantzen, W. et al.: Zur sozialen Herkunft sprachgeschädigter Kinder. In: Heilpädagogische Forschung Bd. 6 (1976) 3, 289-98.

Jantzen, W.: Allgemeine Behindertenpädagogik Band 1 Sozialwissenschaftliche und psychologische Grundlagen. Weinheim 1987.

Jervis, G.: Die offene Institution. Frankfurt/M. 1979.

Jüttemann, G. (Hrsg.): Qualitative Forschung in der Psychologie. Weinheim 1985.

Kalkowski-Otto, H./ Sieling, H.: Die Arbeit in den schulischen Einrichtungen für Sprachbehinderte: Vorschläge zur Beschulung sprachbehinderter Schüler/innen in Niedersachsen. In: Die Sprachheilarbeit 35 (1990) 6, 308-319.

Katz-Bernstein, N.: Aufbau der Sprach- und Kommunikationsfähigkeit bei redeflußgestörten Kindern. Ein sprachtherapeutisches Übungskonzept. Luzern 1992[5].

Kautter, H.: Einige sozialpsychologische Aspekte förderdiagnostischer Arbeit. In: Kornmann, R./Meister, H./Schlee, J. 1983, 2-8.

Keller, P.: Schule für Sprachbehinderte versus integrierte Gesamtschule. In: Die Sprachheilarbeit 17 (1972) 12-17.

Keseling, G. u.a.: Sprach-Lernen in der Schule Die Funktion der Sprache für die Aneignung von Kenntnissen und Fähigkeiten. Köln 1974.

Khan, L.M.L.: Basics of Phonological Analysis. A programmed Learning Text. San Diego 1985.

Kirsten, M.: Fürsorgerechtsfragen auf dem Gebiet des Taubstummenwesens. In: Neue Blätter für Taubstummenbildung 6 (1954) 7/8, 202-211.

Kleinert-Molitor, B.: Das Spielgeschehen als Sprachlernort - psychomotorisch orientierte Sprachentwicklungsförderung. In: Grohnfeldt, M. (Hrsg.) 1989, 222-246.

Kleinert-Molitor, B.: Überlegungen zu einer psychomotorisch orientierten Sprachförderung im Kindergarten und Anfangsunterricht. In: Die Sprachheilarbeit 30 (1985) 104-116.

Klemm, K./ Rolff, H.-G./ Tillmann, K.-J.: Bildung für das Jahr 2000 Bilanz der Reform, Zukunft der Schule. Hamburg 1985.

Knura, G.: Sprachbehinderte und ihre sonderpädagogische Rehabilitation. In: Dt. Bildungsrat (Hrsg.): Gutachten und Studien der Bildungskommission 35. Stuttgart 1977².

Knura, G./ Neumann, B. (Hrsg.): Pädagogik der Sprachbehinderten. Berlin 1982.

Kobi, E.: Veränderte Begriffsbildung und Begründung eines integrationspädagogischen Verständnisses. In: Eberwein, H. (Hrsg.) 1988, 54-62.

Kolonko, B./Krämer, I.K.: Beobachtungshilfe Zur Beschreibung von Kommunikation in Kindergarten und Schule. Hinterdenkental 1993.

Kolonko, B./Krämer, I.K.: Heilen separieren brauchbar machen Aspekte zur Ge schichte der Sprachbehindertenpädagogik. Pfaffenweiler 1992a.

Kolonko, B./Krämer,I.K.: Sprachbehindertenpädagogik und „Integration „-ein ambivalentes Verhältnis. In: Die Sprachheilarbeit 37 (1992)b, 119-128.

Kolonko, B.: Stottern als ansteckende Krankheit? - Ein Beitrag zur Ideengeschichte der Sprachbehindertenpädagogik. In: die Sprachheilarbeit 35 (1990) 3, 128-132.

Kornmann, R./ Meister, H./ Schlee, J. (Hrsg.): Förderungsdiagnostik Konzepte und Realisierungsmöglichkeiten. Heidelberg 1983.

Kost, F.: Die „Normalisierung" der Schule. Zur Schulhygienebewegung in der 2. Hälfte des 19. Jahrhunderts. In: Zeitschrift für Pädagogik 30 (1983), 769-782.

Krämer, I.K.: Anmerkungen zur Aussonderung sprachgestörter Kinder aus der Volks- schule - der historische Kontext einer aktuellen Diskussion. In: Die Sprachheilarbeit 35 (1990) 4, 186-190.

Lambert, F.: Zur historischen Einordnung der Entwicklung nichtaussondernder Erzie- hung in Dänemark. In: Schöler, J. 1990, 25-33.

Lamnek, S.: Qualitative Sozialforschung Band 2 Methoden und Techniken. München 1989.

Lesemann, G. (Hrsg.): Beiträge zur Geschichte und Entwicklung des deutschen Sonderschulwesens. Berlin 1966.

Loeper: Zur Fürsorge für unsere sprachlich belasteten Kinder. In: Die Hilfsschule (1912) 5, 325-332.

Lotzmann, G. (Hrsg.): Elternberatung und Familientherapie bei Sprach-, Sprech- und Hörstörungen. München 1981.

Mayring, Ph.: Qualitative Inhaltsanalyse. In: Jüttemann 1985, 187-212.

Mayring, Ph.: Einführung in die qualitative Sozialforschung. München 1990.

Meister-Steiner, B.u.a.: Blinder Fleck und rosarote Brille. Thaur 1989.

Milani-Comparetti, A./Roser, O.: Förderung der Normalität und der Gesundheit in der Rehabilitation - Voraussetzung für die reale Anpassung behinderter Menschen. In: Wunder, M. (Hrsg.) 1982, 77-97.

Milani-Comparetti, A.: Grundlagen der Integration behinderter Kinder und Jugendlicher in Italien. In: Behindertenpädagogik 26 (1987) 3, 227-234.

Möckel, A.: Geschichte der Heilpädagogik. Stuttgart 1988.

Motsch, H.-J.: Sprach- oder Kommunikationstherapie? In: Grohnfeldt, M. (Hrsg.) 1989, 73-96.

Mühlhausen, G.: Hat sich die Struktur der Schülerschaft der Sprachheilschule geändert? In: Die Sprachheilarbeit 31 (1986) 1, 37-38.

Mühlum, A. et al.: Umwelt, Lebenswelt - Beiträge zur Theorie und Praxis ökosozialer Arbeit. Frankfurt/M. 1986.

Müller, E.: Hilfe gegen Schulstreß. Hamburg 1984.

Müller, P.: Die Förderung der Kooperation zwischen PädagogInnen auf der Grundlage einer Beobachtungshilfe. Unveröff. Examensarbeit Universität Hannover, 1991.

Müller-Heisrath, A.: Testergebnisse und Spontansprache bei Kindern einer Eingangsklasse. In: Füssenich, I./ Heidtmann, H.: 1984a, 15-51.

Muth, J.(Hrsg.): Behindertenstatistik, Früherkennung, Frühförderung. Stuttgart 1973.

Muth, J.: Integration von Behinderten Über die Gemeinsamkeit im Bildungswesen. Essen 1986.

Nave-Herz, R.: Familie heute, Familie in der Zukunft - familiale Lebensformen in der Bundesrepublik. In: Diakon. Werk Bremen (Hrsg.): Familie, Kindheit und Arbeitswelt im Wandel. Bremen 1989.

Neumann, B.: Sprachbehindertenpädagogische Diagnostik. In: Knura, G./Neumann, B. (Hrsg.) 1982, 95-124.

Orth-Jung, E./Isenbruck, K.: Ambulante Sprachsonderpädagogische Förderung im Regelschulbereich - Rheinl.-pfälz. Modell. In: DGS LG Rheinland-Pfalz. Förderung Sprachbehinderter: Modelle und Perspektive. Hamburg 1989, 349-354.

Orth-Jung, E.: Ambulante sprachsonderpädagogische Förderung im Regelschulbereich - rheinland-pfälzisches Modell. In: DGS-Landesgruppe Rheinland-Pfalz: Förderung Sprachbehinderter: Modelle und Perspektiven. Mainz 1989, 349-355.

Orthmann, W.: Geschichte der Sprachbehindertenpädagogik. In:Knura, G./Neumann, B. 1982, 67-95.

Orthmann, W.: Zur Struktur der Sprachgeschädigtenpädagogik. Berlin 1969.

Papuzzi, A.: Jetzt bringt mir den, der singt. Frankfurt 1982.

Piaget, J./ Inhelder, B.: Die Psychologie des Kindes. Frankfurt/M. 1977.

Preuss-Lausitz, U.: Fördern ohne Sonderschule. Konzepte und Erfahrungen zur integrativen Förderung in der Regelschule. Weinheim/Basel 1981.

Preuss-Lausitz, U. (Hrsg.): Pädagogik zwischen Reform und Umbruch. aktuelle Probleme der Erziehungswissenschaften in alten und neuen Bundesländern. Berlin 1991.

Preuss-Lausitz, U.: Zentrale Probleme von Schule und Familie in beiden Teilen Deutschlands in den 90er Jahren. In : ders. 1991, 6-17.

Probst, H./ Metz, D.E.: Führt der Besuch einer Sonderschule für Lernbehinderte zu einer positiven Veränderung affektiver Persönlichkeitsmerkmale? In: Heil-pädagogische Forschung, Bd. V/ Heft 2, Berlin (1974).

Probst, H.: Lernbehinderung als Isolation. In: Behindertenpädagogik 17 (1978) 1, 2-11.

Probst, H.: Entspricht der Ausbau der Sonderschule für Lernbehinderte dem Verfassungsgebot der Chancengleichheit? In: Behindertenpädagogik 18 (1979) 2, 98-110.

Raidt, P./ Sander, A.: Integration und Sonderpädagogik Saarbrücker Beiträge zur Integrationspädagogik Bd. 6, St. Ingbert 1992[2].

Reichmann, E. (Hrsg.): Handbuch der kritischen und materialistischen Behinderten-pädagogik und ihre Nebenwissenschaften. Solms-Oberbiel 1984.

Reichmann, E.: Isolation. In: ders.(Hrsg.) 1984, 310-317.

Repper, T.: Geschlechtypische Merkmale in der Erziehung sprachgestörter Kinder. Unveröff. Examensarbeit Universität Hannover, 1992.

Rockemer, H.: Wem hilft die Hilfsschule? In: päd. extra (1978) o.Jg., Heft 12, 23-27.

Rodenwald, H.: Ambulante sprachsonderpädagogische Förderhilfen im Bereich der Regelschule - ein neues Handlungsfeld für Sonderschullehrer im Rheinland-Pfalz. In: Behindertenpädagogik 30 (1991), 421-429.

Rolff, H.G.: Sozialisation und Auslese durch die Schule VII. Heidelberg 1973[6].

Rolff, H.G./ Zimmermann, P.: Kindheit im Wandel. Weinheim 1985.

Rolff, H.-G.: Schubkräfte der Schulreform. In: Braun, K.-H./Wunder, D. (Hrsg.): Neue Bildung Neue Schule. Weinheim/Basel 1987.

Rolff, H.-G./Klemm, K./Pfeiffer, H./Rösner, E.(Hrsg.): Jahrbuch der Schulentwicklung Bd. 5. Weinheim 1988.

Rolff, H.-G.: Wandel der Gesellschaft - Wie reagiert die Schule? In: GEW Nds. (Hrsg.): Die SEK I der allgemeinbildenden Schulen im Umbruch. Krise und Chance? Hannover 1992, 3-16.

Roser, L. O.: Wo es keine Sonderschulen gibt. In: päd. extra o.Jg. (1981) 3, 16-21.

Roser, L.O.: Hilfe für Behinderte in der Gemeinde - Ursache oder Folge der Auflösung von Behindertenzentren und Sonderschulen? In: Behinderte in Familie, Schule und Gesellschaft. (1982) 2, 21-25.

Roser, L.O.: Gegen die Logik der Sondereinrichtung. In: Behinderte in Familie, Schule und Gesellschaft. (1987) 2, 38-53.

Rühle, O.: Das proletarische Kind. München 1922².

Sander, A.: Die statistische Erfassung von Behinderten in der Bundesrepublik Deutschland. In: Muth, J.(Hrsg.): Behinderung, Statistik, Früherkennung, Frühförderung. Stuttgart 1973.

Sander, A.: Welche Schule für welche Schüler? - über die unterrichtliche Ineffizienz der Lernbehindertenschule bei globaler Zuweisung der Grundschulversager. In: Behindertenpädagogik 17 (1978) 152-166.

Sander, A.: Zum Problem der Klassifikationen in der Sonderpädagogik: Ein ökologischer Ansatz. In: VHN 54 (1985) 15-31.

Sander, A.: Zur ökosystemischen Sichtweise in der Sonderpädagogik. In: Eberwein, H. (Hrsg.) 1987, 207-221.

Sander, A./ Hildeschmidt, A.: Der ökosystemische Ansatz als Grundlage für Einzelintegration. In: Eberwein, H. (Hrsg.) 1988a, 220-227.

Sander, A.: Behinderungsbegriffe und ihre Konsequenzen für die Integration. In: Eberwein, H. (Hrsg.) 1988a, 75-83.

Sander, A.: Schule und Schulversagen aus ökosystemischer Sicht. In: Huschke-Rhein, R. 1990a, 65-72.

Sander, A.: Statement auf der Veranstaltung „Schule für alle" - Integration der Sonderschulen im WIS Bremen am 21.10.1988. In: Wiss. Institut für Schulpraxis (Hrsg.): Arbeitsberichte Folge 75'90. Bremen 1990b, 27-32.

Sander, A./ Raidt, P. (Hrsg.): Integration und Sonderpädagogik Saarbrücker Beiträge zur Integrationspädagogik Bd. 6. St. Ingbert 1992².

Sander, A.: Integration behinderter Schüler und Schülerinnen auf ökosystemischer Grundlage. In: Sander, A./ Raidt, P. 1992², 41-47.

Schleuß, W.: Über die sprachliche Behandlung der Kinder mit Gaumenspalten. In: Hasenkamp, E.: Das sprachkranke Kind. Halle 1930, 113-125.

Schley, W./ Boban, I./ Hinz, A.: Integrationsklassen in Hamburger Gesamtschulen. Hamburg 1989.

Schlippe von, A.: Familientherapie im Überblick Basiskonzepte, Formen, Anwendungsmöglichkeiten. Paderborn 1991.

Schnoor, D./Zimmermann, P.: Kinder, Kabel, Keyboards - Wie Grundschulkinder Bildschirmmedien nutzen. In: Rolff, H.-G. et al. 1988, 217-244.

Schöler, J.: Schule ohne Aussonderung in Italien. Berlin 1983.

Schöler, J.: „Italienische Verhältnisse" insbesondere in den Schulen von Florenz. Berlin 1987a.

Schöler, J.: Die Arbeit von Milani-Comparetti und ihre Bedeutung für die Nicht-Aussonderung behinderter Kinder in Italien und in der Bundesrepublik Deutschland. In: Behindertenpädagogik 26 (1987b), 2-16.

Schöler, J.: Nichtaussonderung von „Kindern und Jugendlichen mit besonderen pädagogischen Bedürfnissen". Auf der Suche nach neuen Begriffen. In: Eberwein, H.(Hrsg.) 1988, 83-91.

Schöler, J.: Die Fähigkeiten aller Kinder fördern - die Normalität der behinderten Kinder entdecken. Unveröff. Vortragsmanuskript TU Berlin 1989b.

Schöler, J.: Kinder mit Behinderungen nicht aussondern! ...und was haben die Nichtbehinderten davon? Unveröff. Vortragsmanuskript. Berlin 1989.

Schöler, J.: Integration ist Privileg. In: enfant Zeitschrift für Kindheit 3/ (1990) 1-3.

Schöler, J.(Hrsg.): Ansätze zur Integration behinderter Kinder und Jugendlicher in den Ländern der europäischen Gemeinschaft. Berlin 1990b.

Schöler, J.: Gemeinsame Erziehung von Kindern mit Behinderungen und Kindern ohne Behindnrung ist Normalität. In: Die Sonderschule 36 (1991) 1, 11-26.

Schöler, J.: Integrative Schule - integrativer Unterricht Ratgeber für Eltern und Lehrer, Hamburg 1993.

Scholz, H.-J.: Sprachwissenschaftliche Aspekte. In: Knura, G./Neumann, B. 1982, 621-648.

Schudel Jeltsch, B.: Interpretative Auswertung eines offenen Interviews nach drei Grundformen der Beziehung. In: Eberwein, H.(Hrsg.) 1987, 366-384.

Schuster, D.: Die deutsche Gewerkschaftsbewegung DGB. Düsseldorf 1976.

Sickinger, A.: Arbeitsunterricht, Einheitsschule, Mannheimer Schulsystem. Leipzig 1920.

Speck, O./Warnke, A.(Hrsg.): Frühförderung mit den Eltern. München/Basel 1983.

Speck, O.: System Heipädagogik - eine ökologisch reflexive Grundlegung. München 1991.

Steinig, K.: Warum Fürsorge für sprachleidende Kinder? In: Neue Blätter für Taubstummenbildung 11 (1957) 27-32.

Switalla, B.: Läßt sich kindliche Dialogfähigkeit testen? Argumente für eine 'reflexive Sprachdiagnostik'.In: Boueke, D./Klein, W.(Hrsg.) Untersuchungen zur Dialogfähigkeit von Kindern. Tübingen 1983, 269-298.

Szagun, G.: Sprachentwicklung beim Kind Eine Einführung. München/ Weinheim 1986³.

Teumer, J.: Zur Struktur der Sonderschule für Sprachbehinderte. In: Die Sprachheilarbeit (1972)1, 1-12.

Teumer, J./ Schwarze, A.: Spricht ihr Kind wie andere Kinder? Materialien zur Öffentlichkeitsarbeit. Selbstverlag der Verfasser. Hamburg 1982.

Teumer, J.: Die Lautprüfverfahren - beliebt und dennoch unnütz? In: Die Sprachheilarbeit 33 (1988) 3, 110-118.

Thimm, W.: Das Normalisierungsprinzip - Eine Einführung. Marburg 1984.

Timm, W./von Ferber,Ch./Schiller,B.: „Ein Leben so normal wie möglich führen".Zum Normalisierungskonzept in der BRD und in Dänemark. Marburg 1985.

Voigt, P.: Beitrag zur geschichtlichen Entwicklung der Sprachheilschulen in Deutschland. Halle 1954.

Weber, S.: Individuelle Entwicklungspläne als Grundlage eines differenzierten Unterrichts in der Grund- und Sonderschule. Unveröff. Examensarbeit Universität Hannover. 1992.

Webster, A./ McConnell, Chr.: Children with Speech and Language Difficulties. London 1987.

Werner, L.: Sprachtherapie im Schulalter. In: Grohnfeldt, M. (Hrsg.) 1989 161-191.

Wocken, H./Antor, G (Hrsg.): Integrationsklassen in Hamburg. Erfahrungen- Untersuchungen- Anregungen. Solms-Oberbiel 1987.

Wocken, H.: Integrationsklassen in Hamburg. In: Wocken, H./Antor, G.(Hrsg.) 1987, 65-90.

Wocken, H.: Schulleistungen in Integrationsklassen. In: Wocken, H./Antor, G.(Hrsg.) 1987, 276-307.

Wocken, H/ Antor, G/ Hinz, A.: Integrationsklassen in Hamburger Grundschulen. Hamburg 1988.

Wocken, H.: Integrative Prozesse. In: Rosenberger,M.(Hrsg.): Ratgeber gegen Aussonderung. Heidelberg 1988, 123-129.

Wulff, J.: Die Sprachkrankenschule von heute. In: Neue Blätter für Taubstummenbildung 6 (1952), 201-214.

Wunder, M. (Hrsg.): Sie nennen es Fürsorge. Behinderte Menschen zwischen Vernichtung und Widerstand. Berlin 1982.

Zeitschrift für Heilpädagogik ohne Autor/in: Sonderschulen in der Statistik. In: Zeitschrift für Heilpädagogik 40 (1989) 11, 808.

Zeitschrift für Schulgesundheitspflege XIV (1901) 265.

Zellerhoff, R.: Sprachstörungen bei Mehrsprachigkeit. In: Die Sprachheilarbeit 34 (1989) 4, 181-183.

Zuckrigl, A.: Organisationsformen des Sprachheilwesens. In: Knura/ Neumann 1982, 95-120.